GOOD TO GREAT

Why Some
Companies
Make the Leap…
and
Others Don't

从优秀到卓越

[美] 吉姆·柯林斯（**JIM COLLINS**） 著
俞利军 译

中信出版集团 | 北京

图书在版编目（CIP）数据

从优秀到卓越 /（美）吉姆·柯林斯著；俞利军译.
-- 5 版. -- 北京：中信出版社，2019.11（2026.1 重印）
书名原文：Good to Great: Why Some Companies
Make the Leap... and Others Don't
ISBN 978-7-5086-8537-3

I. ①从… II. ①吉… ②俞… III. ①企业管理
IV. ①F272

中国版本图书馆 CIP 数据核字 (2018) 第 008193 号

从优秀到卓越

著　　者：［美］吉姆·柯林斯
译　　者：俞利军
出版发行：中信出版集团股份有限公司
（北京市朝阳区东三环北路27号嘉铭中心　邮编　100020）
承 印 者：北京通州皇家印刷厂

开　　本：880mm × 1230mm　1/32　　印　　张：10.25　　字　　数：262 千字
版　　次：2019 年 11 月第 5 版　　印　　次：2026 年 1 月第 35 次印刷
京权图字：01-2009-2466
书　　号：ISBN 978-7-5086-8537-3
定　　价：69.00 元

服务热线：400-600-8099
投稿邮箱：author@citicpub.com

目　录

第五章　刺猬理念

第六章　训练有素的文化

第七章　技术加速器

第八章　飞轮和厄运之轮

第九章 从《从优秀到卓越》到《基业长青》

前　言

在本书的手稿即将完成之际，我来到了位于科罗拉多州博尔德的埃尔多拉多–斯普林斯峡谷。这个峡谷就在我家南面。我沿着一条陡峭多石的山间小路登上山顶，在我最喜爱的一个休息地驻足。远方的腹地依然是银装素裹。正在那时，一个奇怪的问题突然闪现在我脑海中：要出多少钱才能让我放弃出版《从优秀到卓越》呢?

这个问题的确很有趣，因为此前我已经花了 5 年时间调研和撰写本书，因此给多少钱我都不会放弃。而当我的思绪跨越上亿美元的门槛后，我已经到了该沿原路返回的时候了。本来就乐于分享新知的我，无法想象如果不能把自己的知识与全世界的好学之士一同分享会怎样。而本书也正是在这种学而不厌、诲人不倦的精神鼓舞下才得以问世的。

在度过几个月僧侣式的隐居生活后，我很乐意收到其他人的反馈，了解本书哪些部分能给他们带来益处，哪些不能。我希望大家能从本书中获益，并将学到的知识运用于大到社会事业、公司事务，小到生活琐事的处理之中。

吉姆·柯林斯，于科罗拉多州博尔德

jimcollins@aol.com

www.jimcollins.com

第一章

优秀是卓越的大敌

令死神望而却步的，是永无止境的好奇心。

——《夜航西飞》，柏瑞尔·马卡姆

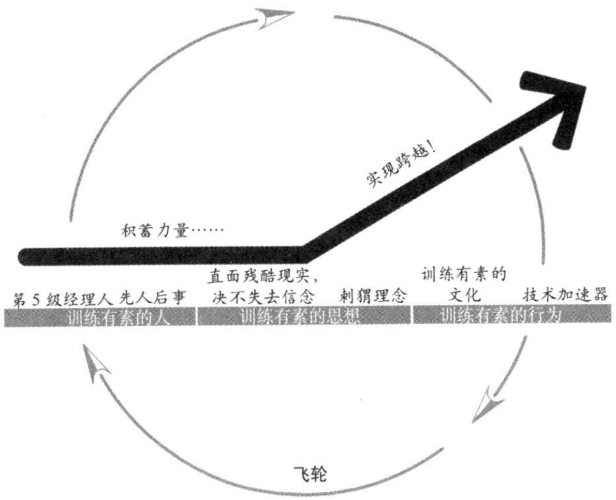

优秀是卓越的大敌。

这就是鲜有优秀者实现卓越的主要原因。

我们没有卓越的学校，主要是因为我们有优秀的学校。我们没有卓越的政府，大抵是因为我们有优秀的政府。很少有人能过上美满的生活，基本是因为过上好生活很容易。绝大多数公司始终未能成为卓越的公司，是因为它们绝大多数都是优秀的公司，而这正是它们的主要问题。

1996年，这一想法在我头脑中已经变得相当清晰明确了。当时，我正与思想界的一群精英一道进餐，讨论组织业绩问题。麦肯锡公司旧金山办事处的总经理比尔·米汉探过身来，漫不经心地向我吐露："喂，吉姆，我们都很喜欢《基业长青》那本书。你和另一位作者在调研和著书方面都干得非常出色。但遗憾的是，那本书毫无用处。"

我很好奇，请他解释一下。

"你所写的大部分公司自始至终都非常卓越，"他说，"它们不必将自己从优秀公司变为卓越公司。这些公司有像戴维·帕卡德（Dave Packard，惠普公司创始人）和乔治·默克（George W. Merck，默克制药公司创始人）那样的创始人，他们从一开始就塑造了公司的卓越气质。但是大多数公司都是中途觉醒，发现自己只是优秀公司而非卓越公司。它们该怎么办？"

回想当时的情景，我感到米汉做出"毫无用处"的评价虽然有些夸张，但是他的观察是正确的——大部分真正卓越的公司自始至终都是卓越的，而大多数公司却一如既往地未能成为卓越公司。米汉的评价的确是千金难买。他的那个问题犹如播下的一粒种子逐渐成长为本书的根基，那就是优秀公司能否转变为卓越公司。如果可以，我们怎样才能做到？换句话说，“安于现状”的顽疾是否真的无药可治？

5 年后的今天，我们可以很肯定地说，优秀公司变为卓越公司的案例确实存在，而且我们已经掌握了促成这种转变的潜在因素。受到米汉的启发，我和我的研究小组开始了一项历时 5 年的研究工作，试图探索从优秀公司成长为卓越公司的内在机制。

图 1–1 能使你很快领会这一项目的思路。实际上，我们找出了一些公司，它们实现了从优秀到卓越的跨越，并至少将这一业绩保持了 15 年之久。另外，我们还精选出一批未能实现这一跨越或实现了跨越但不能持之以恒的公司作为参照。我们将这些公司进行对比，挖掘出其中最根本、最显著的决定性因素。

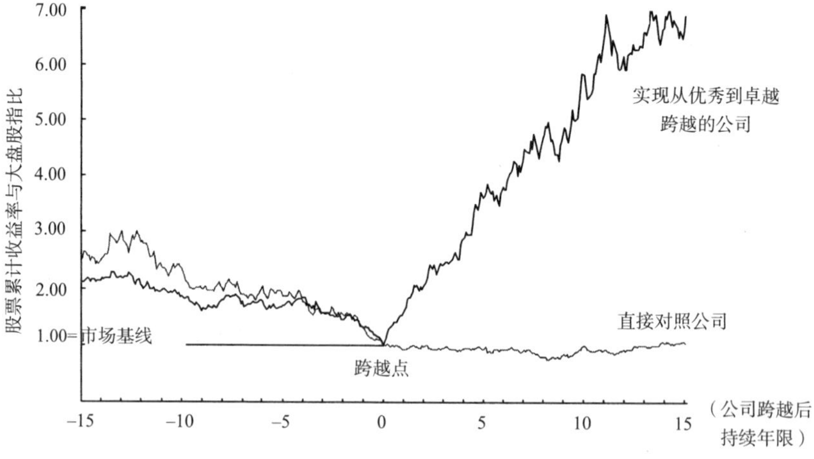

图 1–1　相对于大盘股指的股票累计收益率

注：1.00= 市场基线，表示平均收益率，各公司在跨越期的收益率定为 1.00

所有最终入选实现从优秀到卓越跨越的公司，都拥有非同寻常的骄人业绩。在它们实现跨越的 15 年里，公司股票的平均累计收益率是大盘股票平均累计收益率的 6.9 倍。举个例子，通用电气（20 世纪末公认的拥有最杰出领导者的美国公司）在 1985 年至 2000 年的这 15 年间，其股票累计收益率是市场一般股票的 2.8 倍。再比如，如果你在 1965 年向这些实现跨越的公司中的一家共同基金投资 1 美元，并以市场平均价格持股一直到跨越点，同时向市场上一般的股票基金投资 1 美元，那么到 2000 年 1 月 1 日，前者将增长 471 倍，与之相比，后者只增长 56 倍（见图 1–2）。

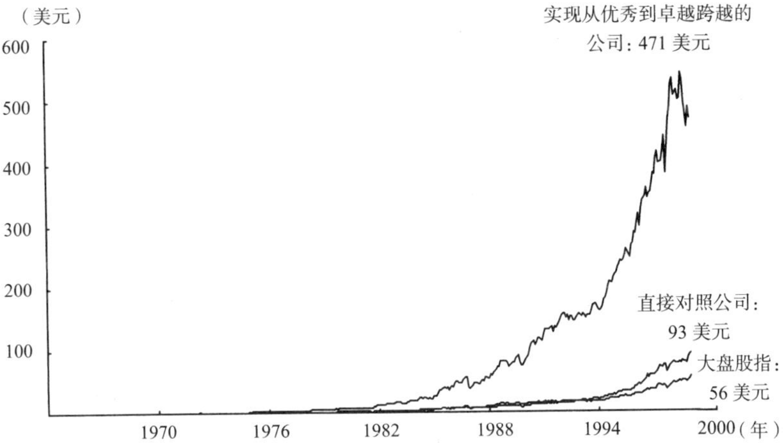

图 1–2　投资 1 美元的股票累计收益（1965—2000 年）

注：（1）1965 年 1 月 1 日，在两类公司中分别投入 1 美元；（2）每个公司按市场平均收益率持股，直到跨越日期；（3）每种基金的累计价值截至 2000 年 1 月 1 日；（4）再投入股息，调节分摊至所有股票

这些都是令人注目的数字，要知道这些收益都是由曾经默默无闻的公司创造出来的。沃尔格林公司是其中一个很好的例子。40 多年来，沃尔格林一直是一个业绩平平的普通公司，其业绩接近大盘指数基金。

然而在1975年，沃尔格林的股票突然开始一路攀升，并一直保持强劲增长的势头。1975年12月31日—2000年1月1日，向沃尔格林投资1美元的收益几乎是投资科技巨星英特尔公司所获收益的2倍，通用电气的5倍，可口可乐的8倍，大盘指数基金的15倍（包括在1999年年底猛增的纳斯达克股票）。

长期以来，沃尔格林一直是一个不起眼的公司，而现在它的业绩却超过了部分世界一流的公司。它是怎样完成这一转变的？在资源配置相似、机会均等的条件下，为什么沃尔格林公司能获得跨越式发展，而其同行，如埃克德公司，却无法实现这一跨越？这个案例集中体现了我们探索的本质。

本书要探讨的不是沃尔格林公司本身，也不是我们研究过的某公司，而是要找出一个问题的答案：一家优秀的公司能否转变为卓越公司？如果可以，我们应该怎样转变？我们寻找的答案不受时间、地域的限制，而且普遍适用于任何机构。

> 这次历时5年的不懈探索卓有成效。其中有些结果令人惊奇，它们与传统的看法截然相反。但是有一点可以肯定，我们相信，只要采纳我们得出的一整套观点并认真贯彻执行，绝大多数公司都能极大地改善自己的经营状况，甚至可能成为卓越公司。

本书致力于将我们的研究成果传授给大家。开篇第一章的剩余部分主要介绍了此项探索的过程，勾勒出我们的研究方法，并说明我们的研究成果要点。在第二章里，我们将从最有启发意义的一点——第5级经理人开始，深入探讨我们的研究成果。

无所畏惧的好奇心

经常会有人问我："是什么促使你从事这项艰巨的研究项目的？"这个问题问得很好。最简单的答案只有一个：好奇心。选择一个不知道答案的问题，然后着手找答案，没有什么比这更能令我兴奋的了。这就好像刘易斯和克拉克①那样，爬上船，向西而行。他们说："我们不知道在那里会发现什么，但我们回来时，一定会把我们的发现告诉你。"这是一种由衷的满足感。在此，我们将向你简要介绍这次特别的求知之旅。

第一阶段：搜索

带着这个问题，我开始组建研究小组。在本书中，我用"我们"指代整个研究小组。我们共有 21 名成员从事这个项目中所有关键问题的研究工作，通常是 4 至 6 人一组。

我们的第一个任务，就是找出具有图 1–1 中实现从优秀到卓越跨越模式的公司。为此，我们开始了一项为期 6 个月的"财务分析"研究。我们的目标公司必须具备以下基本特征：它的股票累计收益率在 15 年内与市场平均水平持平或低于市场平均水平，此后有一个明显的转折点，在随后的 15 年中，其股票累计收益率至少是市场平均水平的 3 倍。我们选择以 15 年为限，是为了排除诸如暂时的成功和一时的运气等干扰因素（因为你不可能一直走运 15 年），而且这一期限也超过了大多数首席执行官的任期（这有助于我们将真正的卓越公司与那些只拥有卓越

① 1804 年，克拉克和刘易斯率领探险队，成功地进行了美国历史上第一次横跨美国大陆的考察。——编者注

领导者的公司区分开来）。我们之所以采用3倍这一标准，是因为它意味着公司业绩超出了大多数公认的卓越公司的业绩。为了说明问题，我们观察到1985—2000年，“侯爵级”公司的平均业绩仅是市场平均业绩的2.5倍，这些公司包括3M、波音、可口可乐、通用电气、惠普、英特尔、强生、默克、摩托罗拉、百事可乐、宝洁、沃尔玛和迪士尼。这些公司绝非等闲之辈。

我们对在1965—1995年这30年中出现在《财富》美国500强排行榜上的公司，进行了系统的搜索和筛选，最终确定了11家实现卓越的公司（关于我们的搜寻工作，我在附录1.1中有详细的说明）。但是，其中有几点必须在此做出说明：第一，一个公司表现出的从优秀到卓越的模式必须独立于本行业。倘若整个行业都是如此，我们就放弃这个公司。第二，我们曾讨论过除了采用股票累计收益率之外，是否应该采用其他一些附加指标，比如对社会的影响力或员工的福利，但对这一问题，最终我们还是决定将选择标准限定为从优秀到卓越结果的模式，因为我们无法想出其他任何更合理、一致的方法，可以保证我们在根据这些附加指标做出选择时不会带入个人偏见。在最后一章里，我将阐述公司价值观和卓越公司长盛不衰之间的关系。但是整个项目的研究焦点在于，如何将一个优秀的组织变成一个能创造可持续卓越业绩的组织。

初见这份清单（见表1–1），我们大吃一惊：谁料到房利美能击败像通用电气和可口可乐这样的大公司呢？我们更不会料到沃尔格林会击败英特尔。这份令人惊奇的清单上所列出的公司看似名不见经传，却给我们上了重要的一课：即使在最不可能的情况下，优秀公司也有可能转变为卓越公司。这一令人惊奇的发现，引导我们重新审视我们关于公司卓越性的看法。

表 1–1　实现从优秀到卓越跨越的公司

公司	从跨越点到此后 15 年间的业绩 *（倍）	起始和终止年份（年）
雅培公司	3.98	1974—1989
电路城公司	18.50	1982—1997
房利美	7.56	1984—1999
吉列公司	7.39	1980—1995
金佰利公司	3.42	1972—1987
克罗格公司	4.17	1973—1988
纽柯公司	5.16	1975—1990
菲利普·莫里斯公司	7.06	1964—1979
必能宝公司	7.16	1973—1988
沃尔格林公司	7.34	1975—1990
富国银行	3.99	1983—1998

注：* 相对于大盘股指的股票累计收益率的倍数

第二阶段：与谁相比

接着，我们进行了可能是整个研究过程中最重要的一个步骤：将实现跨越的公司，与精心挑选出的对照公司做对比。我们的研究中最关键的问题，并非“这些实现跨越的公司之间有什么共同点”，而是“这些公司有哪些共同点令它们区别于对照公司”（见表 1–2）。你可以这样想：你打算研究在奥林匹克运动会中是什么令运动员成为金牌得主的，如果你只研究那些金牌得主，你就会发现他们都有教练。但要是再看看奥林匹克运动会上其他从未得过金牌的运动员，我们就会发现他们同样有教练！问题的关键在于，“令金牌得主与那些从未得过金牌的运动员有区别的根本原因是什么”。

表 1–2 全部研究对象

实现卓越的公司	直接对照公司	间接对照公司
雅培公司	普强公司（Upjohn）	宝来公司（Burroughs）
电路城公司	Silo	克莱斯勒公司（Chrysler）
房利美	大西部金融公司（Great Western）	哈里斯公司（Harris）
吉列公司	华纳–兰伯特公司（Warner-Lambert）	孩之宝公司（Hasbro）
金佰利公司	斯科特纸业（Scott Paper）	乐柏美公司（Rubbermaid）
克罗格公司	大西洋和太平洋食品公司（A&P）	特利丹公司（Teledyne）
纽柯公司	伯利恒钢铁公司（Bethlehem Steel）	
菲利普·莫里斯公司	雷诺烟草公司（Reynolds）	
必能宝公司	信件和文件复印机公司（Addressograph）	
沃尔格林公司	Eckerd	
富国银行	美洲银行（Bank of America）	

我们共选出了两组对照公司。第一组是“直接对照公司”——在跨越点与实现跨越的公司在同一行业，拥有相似资源、相同机会，但未能实现跨越的公司（有关挑选过程的细节请见附录 1.2）；第二组是“未能保持卓越的对照公司”——这些公司在短期内实现了从优秀到卓越的跨越，但未能保持这一发展势头，不符合持久性的要求（挑选细节详见附录 1.3）。我们总共挑选了 28 家公司——11 家实现了从优秀到卓越跨越的公司（以下称实现跨越的公司），11 家直接对照公司和 6 家未能保持卓越的对照公司（以下称间接对照公司）。

第三阶段：黑匣子之内

现在，我们将注意力集中到对每个案例所进行的深层分析之中。我们收集了过去 50 年甚至更早发表的有关这 28 家公司的所有文章。经过系统分析，我们将这些资料归入战略、技术及领导等类别。接着，我们采访了实现跨越的公司的很多主管，他们都在公司跨越期位居要职。我们还进行了一系列大范围的定性和定量分析：从收购到经理人薪酬，从商业策略到公司文化，从裁员到领导风格，从财务分配比值到管理层更替，不一而足。所有这些工作，耗费了 10 人 5 年的心血。我们阅读并系统整理了近 6 000 篇文章，记录了 2 000 多页的专访内容，创建了 3.84 亿字节的电脑数据（我们所有的分析和调查，详见附录 1.4）。

我们的研究活动好像在窥视一个黑匣子。在此过程中每走一步，我们就好像又安装了一盏灯，照亮了从优秀到卓越过程中的内在机制（见图 1–3）。

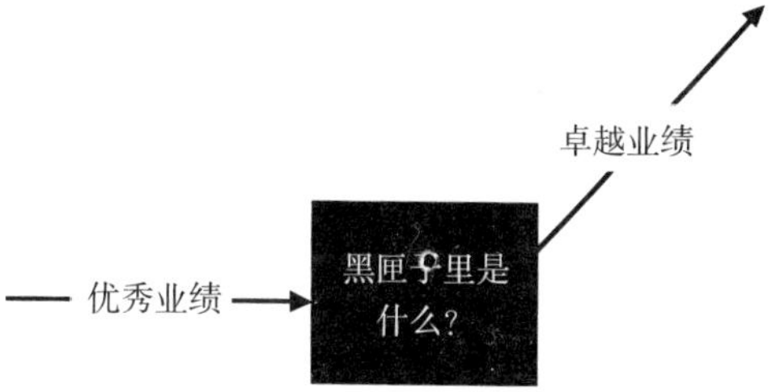

图 1–3

收集到所有数据后，我们展开了一系列每周小组讨论。对这 28 家公司中的每一家，我和研究小组成员都会系统地阅读所有文章，并对它们进行分析、采访和调研归类。我会针对每个公司做一个专题介绍，得出初步结论，然后向研究小组成员提问。此后我们总会展开辩论，大家各抒己见，甚至拍桌子、提高嗓门大喊。之后我们也会冷静下来，进行反思，再辩论，再反思，再讨论，最后达成一致意见，但我们也可能就“这些数据究竟意味着什么”再进行提问和辩论。

> 本书中的所有理念都是直接从数据中得出的经验性推论，了解这一点很重要。我们开始这个项目不是为了测试或证明某理论，而是想直接在这些证据的基础上建立某理论。

我们的方法的核心，就是将实现跨越的公司与对照公司进行系统对比，并不断问自己二者的不同点在哪里。

我们对“不叫的狗”也做了专门记录。在福尔摩斯经典故事《银色马》中，福尔摩斯将“一只狗出现在午夜的奇怪事件”断定为案件的关键线索。福尔摩斯认为，那只狗出现在午夜却什么也没做，这很奇怪，并由此推定本案的首要犯罪嫌疑人应该是一个熟悉这只狗的人。

在整个研究过程中，那些我们没有找到的东西——我们认为本应该叫而没有叫的狗，反而成了揭示从优秀到卓越的内在机制的最好线索。当步入黑匣子内部打开灯时，我们会吃惊地发现那些一度被我们忽视的东西。

从公司外部请来被奉若神明的名人做领导，往往对公司从优秀到卓越的跨越过程起消极作用。在 11 家实现跨越的公司中，有 10 家的首席执行官是从公司内部提拔的。而对照公司向外部求援的次数，大约是实现跨越公司的 6 倍。

我们没有发现任何能将经理人的特定薪酬形式与从优秀到卓越的过程联系起来的系统模式。认为经理人薪酬结构是公司经营业绩主要推动力的观点，没有得到任何数据的支持。

战略本身并不能将实现跨越的公司与对照公司区分开来。两组公司都制定了明确的战略，而且也没有证据表明，那些实现跨越的公司在制定长期战略上花的时间比对照公司多。

实现跨越的公司不仅关注做哪些事才能成为卓越公司，而且关注哪些事不该做，哪些事应该停止。

技术以及技术推动的变革，实际上并不能激发从优秀到卓越的跨越。技术能加速其转变，却不能促使其实现跨越。

合并和收购在推动从优秀到卓越的跨越中并没有起到任何作用。两个平庸的公司，即使规模都很大，合并后也不可能变成一家卓越的公司。

实现跨越的公司，不刻意创造转型或者激励员工或者营造公司上下一致的气氛。在适当的条件下，一切诸如责任感、一致性、动机、变革的问题都会迎刃而解。

实现跨越的公司在发生质变时，没有任何名称、标志、事件或计划表明其已发生变化。实际上，一些公司高管甚至表示，他们在当时并未意识到实现了巨大的飞跃，他们只是在事后反思时，才清醒地意识到这一转变。这些公司的确实现了革命性跨越，但它们并非通过革命性的过程才取得这样的结果。

整体来说，实现跨越的公司从事的并非景气行业，有些甚至是处境艰难的行业。在这些卓越的公司中，我们还没遇到一个公司是因为“碰巧在火箭发射时坐在火箭头上”而取得成功的。卓越并非环境的产物，在很大程度上，它是一种慎重决策的结果。

第四阶段：从千头万绪到理念明晰

我一直试图用一个最简单的办法，找出隐含在这些数据、分析、辩论和“不叫的狗”中的有用信息，并将其汇集到本书中。我所知道的最佳答案是：这是一个循环往复的互动过程，先得出一些观点，再用数据对其进行检验，然后修正原有的观点，构建一个理念框架，看它能否承载事实的重量，直到所有的观点都能融合汇集成一个前后贯通的理念框架。每个人都有一两项特长，我认为自己的特长是从一堆纷繁的信息中发现其内在的结构和顺序——从千头万绪中提炼出明确的理念。

尽管如此，我仍然要再次强调，最终框架中的理念并非我个人的“观点”。虽然在这次研究中，我不能完全排除自己的观点和成见，但是所有结论只有在经过严格的检验之后，才能得到整个研究小组的认可。最终框架中的每个基本理念，都作为一个变量出现在所有实现跨越的公司发生转变的关键几年中，但这些变量只出现在不到30%的对照公司中。所有不符合这一标准的观点，都不能在本书中作为一个章节性的概念出现。

这里提供了一个整体理念框架概要，以及本书其他章节内容的预览。我们可以把这一过程想象为积蓄力量，接着实现跨越，然后进入三个更开阔的阶段：训练有素的人、训练有素的思想、训练有素的行为。在这三个阶段中，每一个阶段都包含了两个关键的理念，我们用图1–4对此进行了展示，并在图上做了标注。环绕在整个框架周围的是被称作“飞轮”的理念，它囊括了从优秀到卓越全过程的整体特征。

第5级经理人。最终找到实现跨越所需的领导者类型时，我们都感到大为惊奇，震撼不已。与一些个性十足、惹人注目、上头条、做名流的公司领导者相比，实现跨越的公司领导者似乎是从火星上来的。他不爱抛头露面、沉默寡言、内向，甚至害羞——这些领导者都是矛盾的混合体：个性谦逊，但表现专业。与其说他们像巴顿和恺撒，不如说他们更像林肯和苏格拉底。

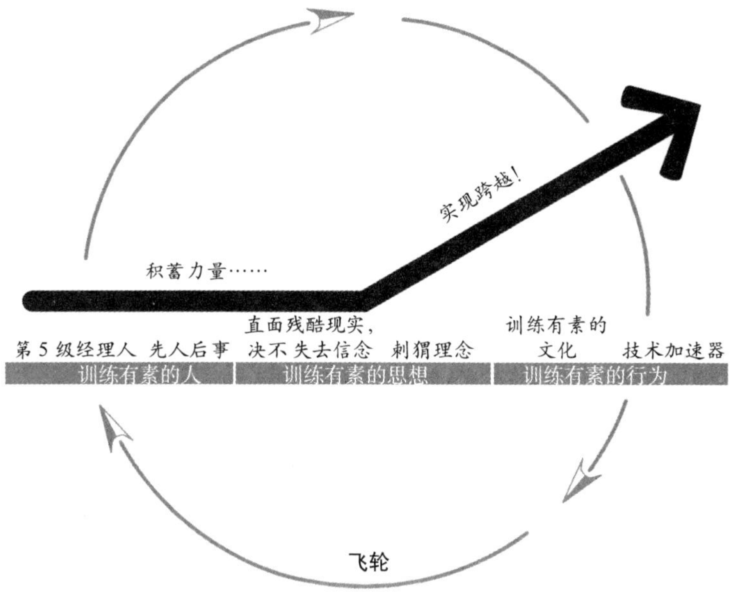

图 1–4　从优秀到卓越的框架

先人后事。我们原以为，实现跨越公司的领导者会从建立一套新构想、新策略入手。相反，我们发现，他们首先集合合适的人选，剔除不合适的人选，并令合适的人选各就其位，然后再考虑下一步该怎么走。“人是最重要的资产”这句格言现在看来也是错误的。人不是最重要的资产，合适的人才是最重要的资产。

直面残酷现实，决不失去信念。我们知道，一位战争的幸存者，比任何一本关于公司策略的书更能教会我们如何找到一条通往卓越的道路。每个实现跨越的公司，都认同我们所说的“斯托克代尔悖论”（The Stockdale Paradox）：不管遭遇什么困难，我们都必须坚信自己最终一定能够获胜；与此同时，不管现实有多么残酷，我们都必须具有与之对抗的素质。

刺猬理念。我们要想完成从优秀到卓越的转变，就必须超越能力紧箍咒。如果因为某项业务是你的主营业务，或仅仅因为你在这一行已经干了几年甚至几十年，你就认为自己在这一行能做到最好，那就大错特错了。如果你在主营业务上不能做到最好，那么这项业务不能成为一个卓越公司的基石。必须有一种理念来取代它，这种理念既简单，又能反映出对三环相交部分的深刻理解。

训练有素的文化。每家公司都有自己的文化，有些公司训练有素，但是具有训练有素的文化的公司却很少见。拥有训练有素的员工时，你不必在公司设置等级制度。拥有训练有素的思想时，你不需要在公司设置层层科室。拥有训练有素的行为时，你不需要进行过多的控制。当把训练有素的文化和企业家的职业道德融合在一起时，你就会得到神奇的能创造卓越业绩的炼金术。

技术加速器。实现跨越的公司对技术的作用有不同的理解。它们不把技术当作引发转变的首要工具，但与之矛盾的是，它们都是运用技术的先锋。当然，这些技术都是它们精心挑选出来的。由此我们得出结论：技术本身从来不是走向卓越或坠入衰落的首要、根本的原因。

飞轮和厄运之轮。那些发起革命、推行激动人心的变革和实行翻天覆地重组的公司，几乎都注定不能完成从优秀到卓越的飞跃。无论最终结局有多么激动人心，从优秀到卓越的转变从来都不是一蹴而就的。在这一过程中，根本没有单一明确的行动、宏伟的计划、一劳永逸的创新，也绝对不存在侥幸的突破和从天而降的奇迹。相反，这一过程酷似将一个沉重的巨型飞轮朝一个方向推动，一圈又一圈，积蓄势能，一直到达突破点，并完成飞跃。

从《从优秀到卓越》到《基业长青》。有意思的是，我现在觉得《从优秀到卓越》不是《基业长青》的续篇，而应该是它的前篇。本书讲的是如何将一个优秀的企业，转变为一个能持续创造非凡业绩的卓越企业。而《基业长青》则是讲如何管理一个卓越企业，使其具有非凡的气质并长盛不衰。完成这一最终的转变需要核心价值和一个超越盈利的目的，再加上一个保持核心或激励进步的关键动力。

《从优秀到卓越》的理念 → 可持续的卓越业绩 + 《基业长青》的理念 → 长盛不衰的卓越公司

你如果已经是《基业长青》的忠实读者，就可以先把对这两本书之间的联系的疑问放到一边，先把注意力放到本书的研究成果上来。在最后一章，我会回到这个问题，将两本书的研究成果联系起来。

从优秀到卓越的永恒的“物理学”

有一次，在一个会议上，我刚向一群互联网的领军人物介绍完我的研究成果，这时其中一位举手向我发问：“你的这些研究成果能继续运用于新经济时代吗？我们是否需要抛弃所有的旧观念重新开始？”这个问题问得好，因为我们生活在一个瞬息万变的时代。这个问题出现的频率太高，所以我想先正面解决这个问题，再讨论本书中有价值的东西。

不错，这个世界正在不断变化，也将继续如此。但这并不意味着我们不应该探索永恒的规律。我们可以这样想：工程学的实践在不断演化、改变，而物理学原理却相对保持不变。我想，我们的工作也是对永恒规律的一种探索——卓越企业所具有的永恒的“物理学原理”——不管我们周围的世界如何变化，它都保持着正确性和相关性。具体的运用（如工程学）确实会发生变化，但是某些关于有组织的人类行为的永恒规律（如物理学）却经久不衰。

事实上，新经济中也没有什么新东西。电、电话、汽车、收音机、半导体的发明，对于有幸目睹它们的人来说，不也是一种新经济吗？难道我们可以说，他们对新经济的感觉没有我们今天的感觉强烈吗？在新经济的每一种形态中，最优秀的领军人物都会严格遵循特定的基本原理。

有人指出，无论是从范围还是从速度来说，如今的变化都远远大于过去任何时候。这话也许有道理。但即便是这样，在我们的研究中，一些公司面临的变化之大都可以与新经济中的任何变化匹敌。例如，20世纪80年代初，随着金融自由化的全面展开，在大约3年的时间里，银行业彻底转变。金融自由化对于银行业来讲无疑是新经济！但富国银行依然运用本书中的每一条结论，创造出了卓越业绩，在金融自由化的大潮中以不变应万变。

当你埋头于后面几章时，请记住关键的一点：本书既不是关于旧经济的，也不是关于新经济的。它甚至不是关于你所读到的那些公司的，更不是关于商业本身的。它最终只跟一件事有关：从优秀到卓越的永恒规律。不管你的公司对业绩是如何定义的，它都能教你如何管理一个优秀的公司并将其变为一个能持续创造非凡业绩的卓越公司。

这听起来可能有些令人吃惊，但我不认为我所做的是关于商业的研究，甚至我并不认为本书从本质上说是一本商业书。相反地，我认为，我的工作是对可令任何一种卓越组织长盛不衰的规律的探索。我对卓越和优秀、杰出和平庸之间有哪些本质区别感到很好奇。我只是将公司作为进入黑匣子之内的一种手段而已。

我之所以这样做，是因为公开上市的公司不同于其他类型的组织，前者具有两大研究优势：一是对业绩有一个公认的标准（由此我们可以严格地选出一组公司作为研究对象）；二是有大量数据可供参考。

优秀是卓越的大敌，这一现象并非仅是一个经济问题，它也是人类普遍面临的问题。我们如果能解读从优秀到卓越的各种奥秘，就能为任何类型的组织提供一些有价值的东西：优秀的学校就能成为卓越的学校，优秀的报纸就能成为卓越的报纸，优秀的政府部门就能变成卓越的政府部门，而优秀的公司也能变成卓越的公司。

因此，我请你们和我一起开始一次探索之旅，发挥你们的聪明才智，找出从优秀到卓越所必需的要素。我也鼓励你们对所学的东西提出质疑，正如我最喜欢的一位教授所说过的那样："最杰出的学生往往是那些不迷信教授的学生。"千真万确。但同时他又说道："你不能仅仅因为不喜欢数据中隐含的意义，就将数据统统扔掉。"在此我将提供所有的资料供你参考，而不是让你盲从我们的结论。你们就是法官和陪审团。

我们让数据说话。

第二章

第 5 级经理人

你只要不计功利，就能做成任何一件事。

——哈里 · S. 杜鲁门

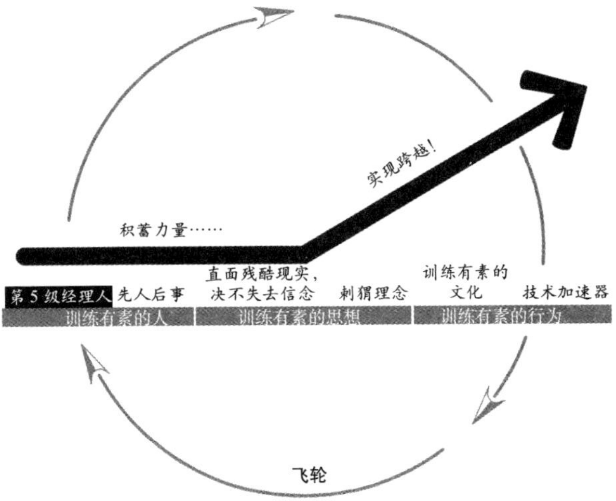

1971年，一个看似普通，名叫达尔文·E.史密斯的人当上了金佰利公司的首席执行官。在此前20年中，这家墨守成规的纸制品公司的股价，已跌至低于市场水平的36%。史密斯此前长期担任该公司的法律顾问，性情温和的他似乎也不能确信董事会的这一决策是否正确——当一位董事将史密斯拉到一边，提醒他缺乏担当此重任的资格时，这种感觉更强烈了。但是他确实成了该公司的首席执行官，并连任了20年。

这是怎样的20年！在此期间，史密斯创造了令人震惊的转变，将金佰利转变为世界一流的纸制品生产公司。在他的任期内，金佰利的股票累计收益率是市场平均水平的4.1倍，一举击败其直接竞争对手斯科特纸业和宝洁公司，并取得了比诸如可口可乐、惠普、3M和通用电气这样令人尊敬的公司还要骄人的业绩。这是一个令人钦佩的业绩，是20世纪实现从优秀到卓越跨越的最佳范例之一。但即便是这样，也很少有人，包括学管理和公司历史专业最勤奋的学生，知道史密斯的任何事情。也许他倒乐于这样：史密斯不是一个妄自尊大的人，他喜欢与管道工、电工结伴。他的假期都是在威斯康星州的农场度过的：驾驶一辆耕田机轰隆隆地绕着农场转，挖坑，搬石头。他从不将自己塑造成一个英雄或知名企业家。当记者问及他的管理风格时，他只是透过那副笨拙的黑框眼镜盯着那名记者。他当时就如一个农场男孩第一次穿上从杰西·潘尼服装店买来的西服那样不自在。经历一段漫长、拘束的沉默后，他仅仅说道："特立独行。"《华尔街日报》也没有为史密斯写过任何引人注目的专访。

但如果你就此认为史密斯是一个温顺的人，你就大错特错了。他笨拙害羞和不事张扬的性格中，流露出一种强烈的、决不向命运低头的坚毅。史密斯成长于印第安纳州的一个农场，家境贫寒，因此他半工半读，念完大学：白天在农场打工，晚上在印第安纳大学上课。史密斯在一次工作中失去了一根手指，但据说他那天晚上仍坚持去上了课，并在第二天照常工作。虽然这可能有些夸张，但他确实没有因为失去一根手指而推迟毕业。史密斯依然白天工作，晚上上课，并获准进入哈佛大学法学院。后来，在他成为首席执行官两个月后，医生诊断出他患有鼻咽癌，并预言他活不过一年。他将病情告知了董事会，同时声明他还没死，也不准备马上死。史密斯依然坚持完成日程表上密密麻麻的工作，同时每星期往返于威斯康星州和得克萨斯州接受放疗。最终，他比医生的预言多活了 25 年，而且在大部分时间里他仍承担首席执行官的工作。

正是凭着这种决心，史密斯重塑了一个金佰利，尤其是他在当时做了一个该公司历史上最不寻常的决定：卖掉所有的造纸厂。走马上任后不久，史密斯和他的研究小组得出结论：金佰利传统的核心业务——铜版纸，注定会走向平庸，因为这一行业经济不景气，竞争也不激烈。同时，研究团队成员意识到，如果金佰利投身到纸制消费品这一行业中来，世界级的竞争对手，例如宝洁会迫使金佰利要么走向辉煌，要么走向毁灭。

当史密斯决定破釜沉舟，宣布卖掉所有造纸厂的时候，一位董事会成员表示，这是他所见过的首席执行官做出的最有魄力的决定。所有工厂，甚至包括位于威斯康星州、与公司同名的金佰利工厂也被卖掉了。此举所获得的收益全部被投入消费品行业，投资到诸如好奇和舒洁这样的品牌上。

商业媒体称这一举措愚蠢至极，华尔街的金融分析师也给金佰利的股票降了级，但史密斯毫不动摇。25 年后，金佰利收购了斯科特纸业，其 8 个产品系列中有 6 个超越了宝洁公司。退休后的史密斯回想起他创造的非凡业绩时，仅仅说道："我从未放弃试图胜任这项工作的努力。"（见图 2–1 和图 2–2）

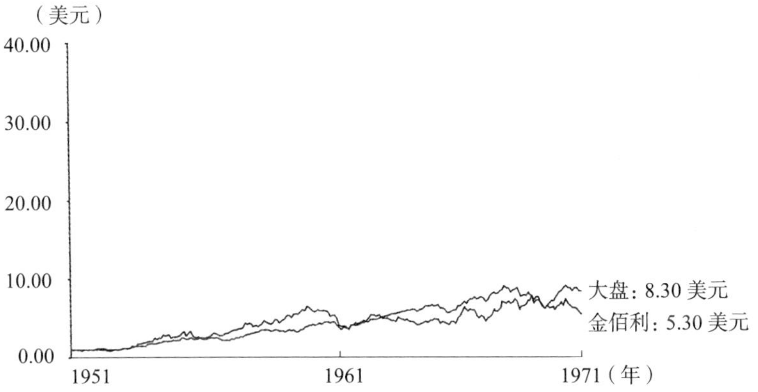

图 2–1　在达尔文 · E. 史密斯上任之前，在金佰利投资 1 美元的累计收益（1951—1971 年）

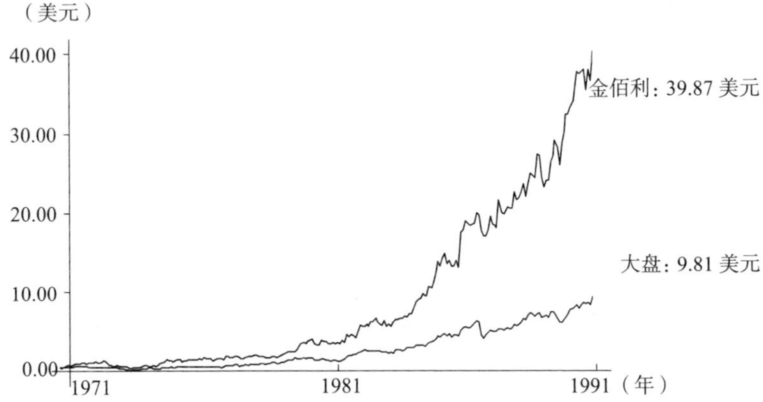

图 2–2　在达尔文 · E. 史密斯任期内，在金佰利投资 1 美元的累计收益（1971—1991 年）

出人意料

达尔文·E.史密斯是一位典型的第5级经理人——他身上混合了极端谦逊的性格和强烈的专业意志这两种素质。我们发现，在每个实现跨越的公司的过渡期内，处于中心领导地位的都是这样的领军人物。他们和史密斯一样都不爱抛头露面，但他们表现出不惜一切要使公司走向卓越的坚定意志。

> 第5级经理人抛开自我需要，投身到建立卓越公司的宏伟目标中。第5级经理人不是没有自我或自身利益，实际上他们个个都胸怀大志，但是他们的雄心壮志都是以公司的利益为第一位，而不是首先考虑自己的利益。

在研究中，我们将公司经理人的能力划分为5个等级，而第5级经理人就是其中最高的一级（见图2–3）。你不必从第1级到第5级依次浏览，那些较低的等级你可以以后再看，第5级经理人充分代表了金字塔上所有5个层次。这一章将着眼于讨论第5级经理人的特点，即实现跨越的公司领导不同于对照公司领导的特点。

但是首先请允许我暂时搁置这个主题，先说明一个重要的前提。我们要寻找的不是第5级经理人或类似的条件。实际上，我很明确地要求研究小组的成员不要太看重首席执行官所起的作用，这样我们才能避免陷入“成也萧何，败也萧何”这种在当今很普遍地将问题简单化的思维方式。

打个比方，“上帝就是一切问题的答案”的看法在中世纪曾一度阻碍了我们对物质世界的科学理解，而“领导就是一切问题的答案”的看法就是这一情况的现代版。16 世纪，人们将一切不能理解的事物都归结于上帝的安排。为什么庄稼歉收？这是上帝使然。为什么会发生地震？这是上帝使然。是什么使行星各就各位？这是上帝使然。但是到了启蒙运动时期，我们开始寻求一种更科学的解释——物理、化学、生物和板块构造论等。这不是因为我们成了无神论者，而是因为我们对宇宙有了更深层次的了解。

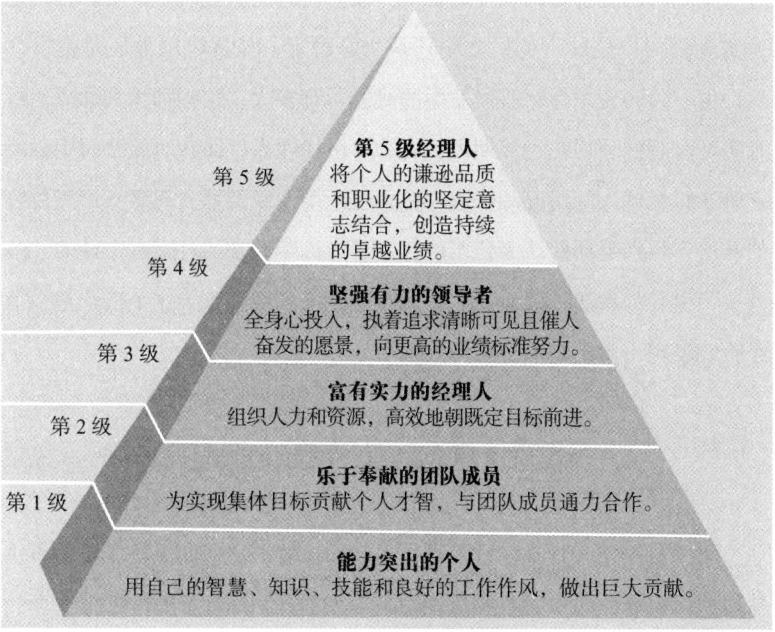

图 2–3　5 级经理人体系

同样的道理，我们如果还将所有问题的答案都归结于“领导能力”，就和 16 世纪的人没什么区别了。这样做只是承认我们的无知。并不是说我们不应当相信领导（领导当然很重要），但是每当我们沮丧地放弃某项工作，回到认为“问题出在领导身上”的想法时，我们是在阻止自己更深刻、更科学地理解卓越公司的本质。

所以，在这个项目刚开始时，我就主张要“忽略公司经理人”。但这个提议总是被研究小组驳回：“不！他们身上一定有与众不同的地方。”我回答道：“但是作为对照的那些公司也有领导者，有些人也是非常优秀的。区别在哪里？”辩论就这样来来回回激烈地进行着。

最后，往往是数据赢得了胜利——也本该如此。

实现跨越的公司的领导者如出一辙。无论这些公司是消费品公司还是实业公司，是处于危机之中还是状态稳定，是提供服务还是提供产品，也不管转变是什么时候发生的或公司有多大，这些都无关紧要。所有实现跨越的公司在过渡期内都有第5级经理人，而在对照公司中，缺乏第5级经理人的情况却普遍存在。鉴于第5级经理人理念有悖于传统的看法，特别是那些认为公司的转变是由被奉若神明且富有个性的“救世主”引导的看法，因此我们必须注意，第5级经理人这个概念是一个经验性发现，而不是理念上的发现。

谦逊＋意志＝第5级经理人

第5级经理人具有双重人格：平和而执着，谦逊而无畏。要想很快掌握这一概念，可以想一想美国总统亚伯拉罕·林肯（美国历史上少数几个第5级总统之一）。他从不允许自我意识阻挡他将美国建设成一个长盛不衰的伟大民族的雄心壮志。那些将林肯先生谦虚、羞涩的个性和笨拙的举止误认为是懦弱的表现的人，最终都发现自己犯了一个极大的错误，其中包括美国南北战争中25万名南部邦联的支持者和36万名北方联邦的支持者，以及林肯本人。

虽然将实现跨越公司的首席执行官比作林肯可能有些夸张，但他们确实表现出相同的双重人格。看一看在 1975 年至 1991 年担任吉列公司首席执行官的科尔曼·莫克勒的情形吧。在莫克勒的任期内，吉列公司曾三次面临失去转变为卓越公司机会的严重威胁。其中有两次威胁来自露华浓公司的恶意收购，其领导者罗纳德·佩雷曼惯于叼着雪茄，并以瓦解公司，用现金支付垃圾债券，再发起更猛烈的收购攻势而著称。第三次威胁来自 Coniston 合伙公司。这家投资集团买下了吉列公司 5.9% 的股份，并发起了一场代理战，试图控制吉列公司的董事会，将公司卖给出价最高的收购者，以期从中捞一笔股份收入。如果按佩雷曼的出价抛售吉列的股份，股东们本可以立即在股票上获利 44%。看着 1.16 亿股份带来的 23 亿美元的短期股票收益，大部分经理人本可以屈服，抛售手中的股票大赚一笔，并可以乘机把股票兑换成现金。

科尔曼·莫克勒没有屈服，尽管他本可以在自己的股票上大赚一笔，但是他选择了为吉列的辉煌未来而战。他话语不多、性格内向，总是彬彬有礼，人们把他看作一位和蔼可亲、有着贵族气质的绅士。结果那些将莫克勒含蓄的个性误解为懦弱的人都被他击败了。在代理战中，吉列公司所有的资深经理人与成千上万名投资者面谈或电话联络，最终吉列赢得了胜利。

现在你可能会想："这听起来好像是深陷绝境的管理层为了私利而战，牺牲的是股东的利益。"从表面上看好像确实如此，但请考虑以下两个关键事实。

第一，莫克勒和他的支持者将公司的未来押在了最新、最尖端的技术系统上（后来被称作感应剃须刀和锋速 3）。如果那次收购成功了，这些项目极可能被削减或取消，我们就不可能如此快速地使用上感应剃须刀、女用感应剃毛刀和"锋速 3"剃须刀了，大部分人每天要忍受相关烦恼的时间会更久。

第二，在进行反收购战时，感应剃须刀这款产品正处于秘密研发中，其利润没有在股价上反映出来，这也保证了吉列在将来会有一笔可观的利润。抱着对感应剃须刀的信心，董事会和莫克勒都相信，即使加上收购者开出的溢价，股票将来的价值也会远远超过目前的收购价格。抛售股票可能会令短期投资者高兴，但对长期投资者却极不负责任。

莫克勒和董事会的决定被证明是正确的。持股人如果接受了罗纳德·佩雷曼在 1986 年 10 月 31 日提供的 44% 的溢价，然后将全部所得投资到市场上，经过 10 年，也就是到 1996 年年底，他的盈利就会比一个一直支持莫克勒和吉列的持股人低 2/3。事实上，如果莫克勒当时向狙击者屈服，带着大量股票收入退休享清福，吉列公司、其产品消费者和股东就会遭受巨大损失（见图 2–4）。

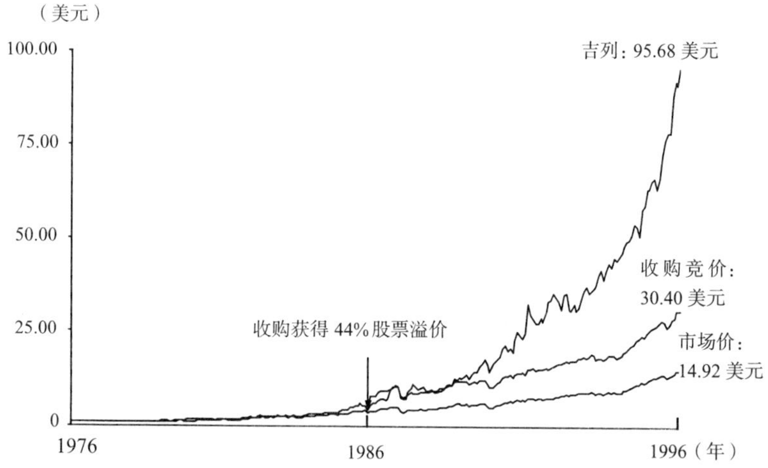

图 2–4　科尔曼·莫克勒的胜利

注：该图显示在下列情况下，一个投资者的境况：

（1）向吉列投资 1 美元，并从 1976 年 12 月 31 日持股到 1996 年 12 月 31 日。

（2）向吉列投资 1 美元，从 1976 年 12 月 31 日开始持股，到 1986 年 10 月 31 日将股票卖给罗纳德·佩雷曼赚得 44% 股票溢价，然后将全部所得投资到股票市场。

（3）向股票市场投资 1 美元，从 1976 年 12 月 31 日开始持股一直到 1996 年 12 月 31 日。

不幸的是，莫克勒没有享受到因他的努力而带来的丰硕果实。1991 年 1 月 25 日，吉列高层收到《福布斯》杂志封面的一张清样，封面上莫克勒手握一把巨大的剃须刀高举过头，以一种胜利者的姿势站在山顶，而他的手下败将则在山腰上憔悴不堪。看到他被描绘成职场版的《胜利者科南》，其他经理人都打趣他。而莫克勒是一个在公开场合十分腼腆的人，从一开始他就拒绝把自己作为杂志封面人物。莫克勒走回办公室，看到了公众对他 16 年来奋斗的评价，然后不到几分钟时间，他跌倒在地板上，死于突发性心脏病。

不知道莫克勒是否愿意以这种方式离世，但我确信，作为一名首席执行官，他一定不会改变自己的做事方法。在他温和的外表下隐藏着一种内在的强烈情感，一种尽可能追求完美的献身精神——这样做并不是为了以后得到好处，而是因为除此之外他想不出还有什么别的处世态度。将公司交给那些为了榨取利益而不惜阻碍其走向卓越的人，这种做法不可能出现在科尔曼 · E. 莫克勒的价值观中，这正如林肯不肯为图一时和平，而放弃将美国变成一个长盛不衰的伟大民族的机会一样。

将雄心壮志倾注到公司上，为公司的成功培养接班人

1981 年，戴维 · 麦克斯韦成为房利美的首席执行官。当时这家公司在每个营业日都损失 100 万美元。在其后的 9 年中，麦克斯韦把房利美变为一个高绩效、可与华尔街最赚钱的公司相匹敌的公司。房利美在每个营业日都可以赚 400 万美元，是股市一般收益的 3.8 倍。麦克斯韦仍处于事业巅峰时却退休了，并将公司交给了一个同样有能力的后继者吉姆 · 约翰森，因为他感到，如果自己继续干下去会影响公司的发展。不久，由于房利美的业绩猛增，麦克斯韦的一揽子退休金也增至 2 000 万美元，但这在国会引起了争议（房利美是在政府许可下运营的）。为此，

麦克斯韦写信给他的继任者。在信中，麦克斯韦对这一争议可能引起华盛顿方面对公司做出不利反应，影响公司前途表示忧虑，他授意约翰森不要支付给他剩余的550万美元，并要求将这些钱全部捐给房利美的低收入者住房基金。

与达尔文·E.史密斯和科尔曼·E.莫克勒一样，戴维·麦克斯韦身上充分体现了第5级经理人具有的一项关键品质：公司的利益永远是第一位的，公司的成功高于个人的财富和名誉。他们希望看到公司在下一代经理人的领导下取得更大成功。哪怕大多数人都不知道没有他们的努力就没有公司今天的成功，他们也心甘情愿。正如一位第5级经理人所说的那样："希望有一天我能站在自家的阳台上，看着世界上最卓越的公司说，我曾在那里工作过。"

与此相反，对照公司的领导者往往更关心自己的名誉，因此他们常常不能使公司在下一代领导者手中继续保持成功。毕竟，假如当你离开后公司就分崩离析，还有比这能更好地证明你个人的卓越品质的吗？

> 在对照公司中，我们发现有3/4的经理人或者为其接班人留下了隐患，或者选择了无能的接班人，或者两种情况皆存在。

有些公司的经理人则患有"最大的狗"综合征——只要他们一直是"最大的"，就不理会身边的情况。据说，一位对照公司的首席执行官对待他的继任者就像"亨利八世对待他的妻子们"一样。

下面看看乐柏美的案例。这是一家未能保持卓越的对照公司。它从无名小卒曾一跃成为在《财富》最受尊敬的公司榜上雄居榜首的公司，但很快它就分崩离析了，最后落得被纽威尔公司收购以求自保的下场。这个不同寻常的故事的主人公斯坦利·高尔特是一个极具魅力、才华横溢的领导者。20 世纪 80 年代，他成了公司成功的代名词。在我们收集到的 312 篇有关乐柏美公司的文章中，高尔特被描述成一名勤恳工作且以自我为中心的公司经理人。在一篇文章中，当他被指责为独裁者时，他的反应是："没错，但我是一个真诚的独裁者。"另一篇文章直接引用了他关于领导力变革的评论，其中"我"这个字眼出现了 44 次（我能做出表率，我拟定了 12 个目标，我提出并解释了这些目标），而"我们"一词却只出现了 16 次。高尔特的确有理由为他职业生涯的成功而感到骄傲。在他的领导下，乐柏美的收入连续 40 个季度持续增长——这一业绩令人刮目相看，确实值得尊敬。

但是高尔特没有留下一个离开他也照样能保持卓越的公司，这是很关键的一点。他选择的接班人只在任了一年，而后面的继任者面对懦弱的管理层，不得不暂时兼任 4 份工作，同时艰难地寻找新的二号决策人。高尔特的继任者都发现自己不但面临管理空缺，而且面临战略空缺，这些因素最终导致该公司失败。

当然，你可能会说："离开了高尔特，乐柏美就分崩离析了，这正好证明了他作为领导者的成功。"对极了！高尔特的确是一个了不起的第 4 级经理人，这就是乐柏美只经历了从优秀到卓越的短暂闪光，然后迅速从卓越到销声匿迹的原因。

令人佩服的谦虚

与对照公司领导者以自我为中心的领导风格相反，实现跨越的公司的领导者从不谈论自己，这给我们留下了深刻的印象。采访实现跨越公司的领导者时，他们常常乐于谈论公司和其他经理所做的贡献，但当被要求谈谈他们自己时，他们会说，"我不希望让人觉得我是一个重要人物""如果不是董事会选出了如此卓越的继任者，你今天可能不会想同我谈话”“我与这些成功有很大关系吗？哦，这样说显得有些太自以为是了。我不认为应该把这些功劳归于自己。能得到这些了不起的人的帮助，我真的很幸运”“公司还有很多人比我更能胜任这项工作”。

这并非虚伪的谦虚。无论是与他们共事的人，还是写文章报道他们的人，都不断地使用诸如安静、谦逊、平和、沉默寡言、羞怯、和蔼、温顺、不爱抛头露面、不惹眼、不自以为是等词来形容他们。纽柯公司的首席执行官肯·艾弗森曾将该公司从濒临破产的困境中拯救出来，并使它成为世界上最成功的钢铁公司之一。董事会的一名成员吉姆·莱弗赛克曾这样描述他：

> 肯是一个非常平和谦逊的人。我在很多大公司里与许多首席执行官共过事。我没见过一个和他一样既成功又谦虚的人。他在私人生活中也是如此，他总是那样简朴。我指的是一些生活小事，比如他总是领养狗。他在那间简朴的房子里已经住了几十年。他只有一个露天的车棚。有一天他向我抱怨，他不得不用信用卡刮掉车窗上的霜，还把信用卡折断了。“肯，有一个解决办法，给你的车棚加一个顶。”他却说：“啊，不要紧，没那个必要……”他就是这样一个谦逊、简朴的人。

《财富》美国500强中只有11家公司符合这些严苛的标准，能被列入这个研究项目，所以这11家实现跨越的公司的首席执行官，的确是20世纪最杰出的企业管理者。尽管他们创造了杰出的业绩，但几乎没有人评价他们：乔治·凯恩、艾伦·沃泽尔、戴维·麦克斯韦、科尔曼·莫克勒、达尔文·E.史密斯、吉姆·赫林、莱尔·埃弗林厄姆、乔·库尔曼、弗雷德·艾伦、查尔斯·R.科克·沃尔格林、卡尔·赖卡特。在这些非凡的公司经理人中，你听说过几个？

> 将所有 5 979 篇文章进行系统编排后，我们发现，涉及实现跨越的公司过渡期的文章比对照公司的少，前者是后者的 1/2。另外，我们很少发现有关实现跨越的公司的首席执行官的文章。

这些实现跨越公司的领导者从来不想成为不食人间烟火的英雄。他们不希望被当作十全十美的人，或不可接近的偶像。他们是看似平凡，却默默创造不平凡业绩的人。

而一些对照公司的领导与他们形成了鲜明对比。金佰利的对照公司斯科特纸业，聘请了一位名叫阿尔·邓拉普的人担任首席执行官。阿尔·邓拉普是一个与达尔文·E. 史密斯截然不同的人，他总爱拍着胸脯对那些愿意听他夸夸其谈的人（也包括那些不爱听的人）吹嘘自己的丰功伟绩。《商业周刊》曾引用他在斯科特纸业任首席执行官的 19 个月里所说过的大话："斯科特纸业将作为最成功的公司之一，被载入美国商业史年鉴。公司将在最短的时间内扭亏为盈，这令其他公司黯然失色。"

《商业周刊》报道，邓拉普在斯科特纸业工作的 603 个工作日中，他个人积累了 1 亿美元的财富（平均每天积累 16.5 万美元），其主要手段是裁员、将研发预算削减一半、将公司人工催肥以便卖个好价钱。在卖掉公司猛赚一笔后，邓拉普写了一本自传。在书中，他自封为"穿着条纹西装的兰博"。"我喜欢关于兰博的电影。"①他在书中写道，"他是一个在没有任何机会成功的情况下，却总能赢得胜利的人。兰博总会遇到各种出乎意料的情况，甚至随时可能被杀，但他总能大难不死。在最

① 兰博的电影，指《第一滴血》系列电影。——编者注

终获胜时，兰博把所有坏人都消灭了。他于战争中创造和平，我也是这样做的。”达尔文·E.史密斯可能也很爱看这种不需要动脑子的兰博电影，但我猜想他不会在走出电影院之后对他的妻子说：“我真的很欣赏兰博这个角色，他和我非常像。”

> 不错，在我们的研究中，斯科特纸业的案例颇富戏剧性，但这不是一个孤立的案例。我们注意到，2/3 以上的对照公司或毁灭或持续平庸的案例中，都出现了自我意识过于强大的领导。

我们发现，这种模式在那些间接对照公司中表现得尤为突出——在一个才华横溢，但又以自我为中心的人物的领导下，公司业绩实现了跨越，但后来公司衰败了。例如，李·艾柯卡曾将克莱斯勒从毁灭的边缘拯救出来，并创造了美国商业史上最著名的扭亏为盈的案例。在其任职的中期，克莱斯勒的股票价格涨到市场平均水平的 2.9 倍。但从那之后，他开始把注意力转移到如何使自己成为美国商业史上最有名气的首席执行官上。《投资者商业日报》和《华尔街日报》按时间顺序记录了艾柯卡会定期出现在《今日访谈》《拉里·金现场直播》等访谈节目上。艾柯卡个人做过 80 多次电视广告，还考虑过竞选美国总统。（他曾说：“管理克莱斯勒比管理一个国家的工作量还大……我可以在 6 个月内把全国的经济管理好。”）他还广泛宣传他的自传,《艾柯卡自传》一书的各版本一共发行了 700 多万册，这使他声名鹊起。在到达日本时，他被成千上万名热情如火的崇拜者团团围住，俨然一个摇滚歌星的架势。艾柯卡身家一路狂飙。但在他任期的后半段时间里，克莱斯勒的股票价格跌至低于市场平均水平的 31%。

不幸的是，让艾柯卡离开领导岗位，放弃首席执行官所享有的待遇却很困难。他多次推迟退休，克莱斯勒内部的人都取笑他想成为“克莱斯勒永远的主席”。等到他终于肯退休时，他又要求董事会继续为自己提供私人专机和股票期权。后来，他与以擅长收购而闻名的柯克·科克里恩联手向克莱斯勒发起恶意收购攻势。

在艾柯卡退休后的 5 年中，克莱斯勒又经历了一段短暂的辉煌。但公司本身潜在的弱点使它最终被德国汽车制造商戴姆勒公司收购。当然，作为一个独一无二的公司，克莱斯勒的毁灭也不能完全归咎于艾柯卡（毕竟是下一代管理层决定将公司卖给德国人的）。但事实不可否认，艾柯卡在 20 世纪 80 年代早期创造的辉煌业绩并未保持下去。克莱斯勒也未能成为长盛不衰的卓越公司。

永不放弃，做应该做的事情

第 5 级经理人并不是只有谦虚和平和的品质。他们同样需要有无所畏惧的决心——一种为了使公司走向卓越而甘愿做任何事情的决心。

事实上，我们整个研究小组花了很长时间讨论如何描述实现跨越的公司的领导者。最初我们想到了诸如“无私的经理人”“公仆式的领导者”等字眼，但小组成员强烈反对这些说法。

“这些说法都不贴切。”安东尼·齐里克斯说道，“这使他们显得很懦弱或温顺，可我认为达尔文·E.史密斯和科尔曼·莫克勒不完全是那样。为了使公司走向卓越，他们甘愿做任何事情。”

然后，伊夫·李建议：“我们为什么不干脆称他们为‘第 5 级经理人’？如果我们使用像‘无私的’或‘公仆式的’等词语，只会将人们引向错误的方向。我们需要让人们理解整个理念，看到这个理念的两面而不是一面。我们如果只看到谦逊的一面，就没有真正理解整个理念。”

> 这让我认识到了很关键的一点：第5级经理人都被创造业绩的渴望驱动和感染。只要能使公司走向卓越，他们就会卖掉厂房或解雇自己的兄弟。

在乔治·凯恩成为雅培公司的首席执行官时，该公司在药品行业垫底。这个暮气沉沉的公司几年来就是靠它的摇钱树——红霉素惨淡经营。凯恩不具备能够使公司振奋起来的鼓舞人心的个性，但他有更强大的武器——卓越的标准。他既不能忍受任何形式的平庸，也不能容忍那些觉得达到优秀就心满意足的人。于是凯恩开始扫除造成雅培公司平庸的一个关键问题：任人唯亲。凯恩起用能找到的最合适的人才，系统地重组公司的董事会和管理层。他明确规定，关系的亲疏远近和任期长短都不能决定一个人能否在公司里位居要职。如果一个人不能胜任，他就会失业。

面对如此严格的重组，有人可能以为公司要外聘一个人来管理公司。但是凯恩是一个有着18年工作经验的内部人，还是一位“家族成员”（他的父亲是雅培公司的前总裁）。凯恩家族的节日聚会气氛一度相当紧张——“对不起，我不得不解雇你。还想再来一块儿火鸡肉吗？”然而，家庭成员最终对他们的股票收益都十分满意，因为凯恩开动了赚钱机器。从1974年到2000年的过渡期，这台赚钱机器创造的股票收益率是市场平均水平的4.5倍，并轻而易举地击败了行业超级巨星——默克公司和辉瑞公司。

普强公司作为雅培公司的直接对照公司，在同一时期与雅培公司类似，也是由家族领导的。但与乔治·凯恩不同的是，普强的首席执行官对打破任人唯亲的局面，从未表现出同样坚定的决心。当雅培公司不计较家族背景，起用最合适的人担当各项重任时，普强公司的所有要职仍被第二代家族成员占据着。在雅培公司开始转变前，这两家相似公司的股价基本相同。但在之后的 21 年中，普强的股价比雅培低了 89%。1995 年，普强公司最终被法玛西亚公司（Pharmacia）兼并。

有趣的是，达尔文 · E.史密斯、科尔曼 · 莫克勒和乔治 · 凯恩都来自公司内部，而斯坦利 · 高尔特、阿尔 · 邓拉普和李 · 艾柯卡则是被当作救世主从公司外部请进来的。这正好印证了我们研究中的一个更加系统的发现。有证据表明，你不需要从公司外请人来对公司进行整顿改组，从而完成公司从优秀到卓越的转变。事实上，从公司外请名人做领导与从实现优秀到卓越的过程呈负相关关系（见附录 2.1）。

在 11 家实现跨越的公司的首席执行官中，有 10 家公司的首席执行官是从公司内部提拔上来的，其中有 3 位是家族继承人。而对照公司向外部求援的次数是实现跨越公司的 6 倍还要多，但它们仍未能创造可持续的卓越业绩。

在由公司内部人驱动的转变中，最杰出的例子是查尔斯 · R.科克 · 沃尔格林三世。他彻底扭转了沃尔格林公司原先寒酸的局面，从 1975 年年底到 2000 年 1 月 1 日，沃尔格林公司股票的价格超过市场平均水平的 15 倍。关于沃尔格林公司的食品业务在管理层内部已经讨论多年，然后科克意识到，整个领导集体已经清楚地认识到："沃尔格林的辉煌明天必须依靠便利药店，而非食品服务。" 1998 年，丹 · 乔恩特在科克之后继任首席执行官，他曾这样描述后来发生的事情：

科克在我们计划委员会的一次会议上说："现在我决定，我们公司将在 5 年内彻底退出餐饮业。" 那时我们拥有 500 多家餐馆。当时

> 会场里安静得可以听到一根针掉到地上的声音。他说："我想让每个人都知道，现在已经开始计时了。"6个月后，在我们开另一次计划委员会例会时，有人顺便提到，我们还有5年时间退出餐饮业。科克并不是一个爱高声说话的人，但当时他敲着桌子说："听着，你只有4年半的时间了，我是在6个月前说过你还有5年时间。现在你只有4年半了。"结果在会议结束的第二天，一切都开始进入到如何从餐饮业退出的实质性阶段。科克从来不放弃，从来不怀疑，也从不瞻前顾后。

正如达尔文·E.史密斯卖掉金佰利的造纸厂那样，科克·沃尔格林的决定同样需要坚定的决心。这不是因为餐饮业是该公司最大的一块儿业务（虽然它确实给公司带来了丰厚的利润），真正的原因是情感上的问题，毕竟沃尔格林发明了麦乳精奶昔，而且餐饮业是公司的家族传统，可以追溯到科克的爷爷那一辈。有些店面还是以科克的名字命名的——有一间餐馆连锁店就叫作科氏。但是没关系，如果沃尔格林公司放弃这项家族传统业务能让公司资源得到最合理的配置，科克就会坚持不懈地去做。

第5级经理人的这种平静而又顽强的性格，不仅体现在像卖掉餐饮业务或抵抗收购公司的入侵者这样的重大决定中，而且体现在一种纯粹工人式的勤劳作风中。作为家族第二代成员，艾伦·沃泽尔接管了家族里的一个小公司，却将它变成了电路城公司。他可谓这一气质的完美体现者。当被问及与电路城的对照公司的首席执行官有什么不同时，沃泽尔总结道："区别就像一匹用来表演的马和一匹用来拉犁的马——他更像一匹用来表演的马，而我更像一匹用来拉犁的马。"

窗口和镜子

考虑到其他两个事实，艾伦·沃泽尔的“用来拉犁的马”的自我描述十分有吸引力。首先，沃泽尔在耶鲁大学取得法学博士学位，因此，他“拉犁的马”式的个性并不是因为缺乏聪明才智。其次，正是他这种“拉犁的马”的做事方法，为他取得最佳业绩打下了坚实的基础。换句话说，假设你必须做出选择，你是将 1 美元投资到电路城，还是在传奇人物杰克·韦尔奇于 1981 年接手通用电气时将 1 美元投资到通用电气。如果你选择了电路城，到 2000 年 1 月 1 日，你得到的回报就是投资到通用电气的回报的 6 倍。对于“拉犁的马”来说，这样的表现绝对不差。

你也许认为，在取得如此辉煌的成就之后，艾伦·沃泽尔会居功自傲，大谈自己所做的明智决定。但当我们请他按重要性的大小，列出公司转变过程中最重要的 5 个因素时，沃泽尔的回答令人吃惊——排在第一位的因素是运气：“我们从事的是一个非常景气的行业。我们只是顺风而行。”

我们反驳了他的观点，指出我们是根据超过行业平均水平的业绩来选择实现跨越的公司的。而且，它的对照公司 Silo 也在同一行业，它也是顺风而行，并且它的帆可能更大一些！为此我们做了一番争论，沃泽尔仍然坚持将他的成功大部分归于在合适的时间处于合适的位置。后来，当我们请他总结保持长盛不衰背后的因素时，他说：“我想到的第一点就是运气……我很幸运能找到合适的接班人。”

运气，多么奇怪的一个因素呀！可是在我们的采访中，实现跨越的公司的经理人均多次谈到运气。在一次采访中，我们问纽柯的一位经理人，为什么纽柯公司能做出一系列明智的决定。他回答：“我想是因为我们运气好。”约瑟夫·F.库尔曼三世作为一名合格的第 5 级经理人，曾担任菲利普·莫里斯公司在过渡期的首席执行官，他直截了当地拒绝把公司的成功归于他本人，而是将其归于优秀的同事、接班人和前任公司领导者。即使他写的那本书也有一个不同寻常的书名——《我是个幸运儿》(*I'm a Lucky Guy*)，这本书是在其同事的催促下写成的，库尔曼本没有打算将这本书在公司以外发行。这本书开头的一段是这样写的："自从来到这个世界上，我一直是一个幸运的人。我有了不起的父母、良好的基因、美满的婚姻和一帆风顺的事业。1941 年年初，我在耶鲁大学的一位同学将我调到华盛顿工作，这使我幸运地逃脱了在北大西洋随船覆灭的厄运。我很幸运能在海军服役，很幸运能活到 85 岁。"

起初，我们对这些第 5 级经理人总强调自己的好运感到迷惑不解：我们确实没有发现任何证据，表明实现跨越的公司比对照公司更走运（或更倒霉）。随后我们发现在对照公司的经理人中，有一种与之形成鲜明对比的模式：他们把失败归咎于不走运，面对困境时他们常常怨天尤人。

让我们将伯利恒钢铁公司与纽柯公司做个比较。两家公司都经营钢铁行业，并且都努力使产品多元化；两家公司都面临廉价进口钢材的挑战。然而对相同的环境，两家公司的经理人却有着截然不同的看法。伯利恒钢铁公司的首席执行官在总结公司在 1983 年遇到的困难时，将问题归咎于进口钢材："导致这一困境的三个首要问题都是由进口钢材引起的。"纽柯的艾弗森和他的同事却把同样的挑战当成一种福气，一桩幸事（难道我们不幸运吗？钢材这么重，但它们也得大老远地从大洋彼岸被运输过来，这给我们带来了很大的优势）。肯·艾弗森没有将美国钢铁业面临的三个首要问题归咎于进口钢材的挑战，而是归咎于管理问题。他甚至公开对政府采取的保护政策表示反对。1977 年，他的这一言论令业内人士大为震惊，但他告诉同行：美国钢铁业面临的真正困难，在于管理已经跟不上技术革新的步伐。

这种对运气作用的强调构成被我们称为“窗口和镜子”模式的一部分。

> 在一切很顺利的时候，第 5 级经理人向窗外看，把功劳归于自身以外的因素（如果找不到特定的人或事件，他们就把成就归于运气）。同时，如果事情进行得不顺利，他们就会朝镜子里看，承担责任，而不是埋怨运气不好。

而对照公司领导者的做法恰恰相反。如果业绩不佳，他们就向窗外望，责备其他人或事。但如果一切顺利，他们就会在镜子前精心打扮。奇怪的是，窗口和镜子都不能客观地反映现实。窗外的人都直指窗内的第 5 级经理人说：“他就是关键。没有他的指引和领导，我们的公司不可能走向卓越。”而第 5 级经理人却指着窗外说：“看看这些卓越的人才和如此好的运气，是他们令这一切成为可能。我真的是个幸运儿。”当然，他们的说法都对。但是第 5 级经理人从来不会承认这些事实。

表 2–1　第 5 级经理人的两个方面

坚定的意志	谦逊的性格
他们创造了杰出的业绩，在实现跨越的过程中起催化剂的作用。	他们表现出令人折服的谦虚，回避公众的恭维，从不自吹自擂。
为了取得最好的长期业绩，他们表现出不管有多困难，都会勇往直前的决心。	他们行事从容、冷静，主要依靠卓越的标准，而不是靠鼓舞人心的个人魅力调动员工的积极性。
为建立一个长盛不衰的卓越公司树立标准，绝不降低标准。	他们雄心勃勃，但把公司的利益而不是个人的利益放在第一位；他们培养接班人，为公司取得更大的成功打下基础。
他们向镜子里看，而不是向窗外看，当业绩不佳时勇于承担责任，而不是埋怨别人，或归咎于外因或运气不好。	他们向窗外看而不是向镜子里看，把公司的成功归于别人、外因和好运。

培养第 5 级经理人

不久前，我与一群资深经理人探讨我的第 5 级经理人理念。一位刚成为公司首席执行官的女士举手说：“我赞同你所说的从优秀到卓越的公司的领导理念。但是当我照镜子时，我知道我不是一个第 5 级经理人，至少目前还不是。这令我感到很不安，我能升到现在的职位，部分原因是受我的自尊心驱使。你这样说就是在告诉我，如果我不是第 5 级经理人，我就不能使公司变得卓越吗？”

“我无法确定，你是否必须成为第 5 级经理人才能使公司变得卓越。”我回答道，“我只想再展示一下这些数据。最初出现在我们的候选名单上的是历年荣登《财富》美国 500 强中的 1 435 家公司。但其中只有 11 家被列为我们的研究对象。在这 11 家公司各自的重要转变期，它们的所有关键职位，包括首席执行官，都是由第 5 级经理人担任的。”

她坐在那里，沉默不语。你可以感觉到房间里所有人的脑子里都在盼着她提出那个问题。终于她问道：“我们是否可以通过学习成为第 5 级经理人？”

我的假设是把人分成两类：有些人不具备成为第 5 级经理人的条件，而另一些人有这个条件。第一类人永远也不会委屈自我利益的需要，将雄心壮志投入创建比自己更伟大、更持久的事业中去。对于这些人来说，工作的首要且最重要的目的是他们的所得，名誉、财富、公众的追捧及权力，而不是有所建树、创造和贡献。

其中最大的讽刺，就是驱动人们追逐权势的欲望和个人的野心往往与第 5 级经理人所必备的谦逊品质相左。当你把这一极具讽刺意味的现象，与董事会迷信一个不食人间烟火、以自我为中心的领导能使整个组织变得卓越的事实联系起来时，你就能很快明白为什么第 5 级经理人很少出现在各种机构的最高领导层中。

第二类人具有成为第 5 级经理人的潜力。他们体内蕴藏着这种潜能，但他们可能被埋没或忽视。虽然如此，但确实有这样的人。只要环境适合，比如自省，有意识地自我发展，遇到一位良师益友，拥有关爱他们的父母，遭遇一段重要的人生经历，有一个第 5 级经理人做老板，或者其他因素，他们就开始成长、发展。

看看这些数据就知道，我们研究中的一些领导者具有不同寻常的人生经历，这些经历引发或促使他们成熟起来。达尔文·E.史密斯经历了与癌症的抗争后完全成熟起来。库尔曼被他在“二战”中的那段经历深深震撼了，特别是在最后一刻，由于一道命令的变更使他逃脱了随船覆灭的厄运。我们所研究的其他领导者却没有经历任何具有催化作用的事件，他们过着平凡的生活，却也登上了 5 级经理人体系的最高层。

我相信具有潜力的第 5 级经理人在我们这个社会普遍存在，虽然我不能证明这一点。我猜测问题不在于具有潜力的第 5 级经理人十分稀少。只要我们懂得如何寻找，他们就在我们身边。那么问题出在哪里？看看这种情况：非同寻常的业绩摆在那里，可是没有人站出来“认领”这份功劳。如果是这样，你极有可能发现某个具有潜力的第 5 级经理人在发挥作用。

至于你自身的发展，我很乐意为你提供一份清单，告诉你成为第 5 级经理人的步骤，但是我们没有切实的数据能支持这份可靠的清单。我们的研究表明，在促成公司从优秀到卓越转变的黑匣子中，第 5 级经理人是最关键的一部分。在这个黑匣子中还有另外一个黑匣子，即一个人成为第 5 级经理人的内在发展。我们也可以猜测那个黑匣子里到底有什么，但这极有可能仅是猜测而已。因此，简而言之，第5级经理人是一个非常令人满意且强有力的理念，在从优秀到卓越的转变中它也是一个必不可少的理念。而一份“10步通向第5级经理人”的清单，反而会使这一理念趋于平淡。

基于我们的研究，我能提出的最好建议是，现在就开始实践我们所发现的其他实现从优秀到卓越的理念。我们发现，第5级经理人和我们的其他理念之间有一种共生关系：一方面，第5级经理人的气质使你能够贯彻执行其他理念；另一方面，实践其他理念有助于你成为第5级经理人。你可以这样想：本章是告诉你第5级经理人具有什么特点；本书的其余部分则是讲他们是如何做的。运用本书后面讲的其他理念能帮助你朝正确的方向前进。这样做并不一定能保证你成为一个羽翼丰满的第5级经理人，但它为你指出了一个看得见的出发点。

我们说不清具有这种潜力的人占多大比例，也不知道有多少人能释放这一潜能。甚至那些发现第5级经理人理念的研究小组成员，也不清楚自己是否能成功地变为第5级经理人。但是，所有致力于这项研究的人都深受这一理念的影响和启发。达尔文·E.史密斯、科尔曼·莫克勒、艾伦·沃泽尔和其他我们知道的第5级经理人都成了我们的榜样，他们值得我们效仿。不管我们是否真的能成为第5级经理人，但是这一努力是值得的。因为正如那些关于什么是人类身上最好的品质的真理一样，当我们得以窥见那些真理时，我们的生活以及我们接触的事物都会因为这一努力而变得更好。

小　结

要　点

- 在转变的关键时期，每个实现跨越的公司都拥有第 5 级经理人。
- 第 5 级经理人指的是在描述经理人能力的 5 层体系中，位于最高层的经理人。第 5 级经理人体现了一个自相矛盾的混合体：谦逊的个性和坚定的意志。他们都有雄心壮志，但他们把公司的而非他们自己的利益放在第一位。
- 第 5 级经理人培养接班人，为公司以后取得更大的成功做好铺垫，而以自我为中心的第 4 级经理人物色的接班人却能导致公司的失败。
- 第 5 级经理人表现出一种令人佩服的谦虚。他们都不爱抛头露面，他们保持低调。相反，2/3 对照公司的领导者都有很强的自我意识，这导致公司毁灭或持续平庸。
- 第 5 级经理人的领导并不等同于“公仆式的领导”。他们都被创造可持续业绩的内在动力驱动和感染。为了使公司走向卓越，他们有决心做任何事，不管这些决定多么重大，多么困难。
- 第 5 级经理人表现出一种工人式的勤劳，比起表演的马，他们更像拉犁的马。
- 第 5 级经理人朝窗外看，把成就归功于其他因素，而非他们自己。当业绩不佳时，他们看着镜子里，责备自己，并承担所有的责任。而对照公司的首席执行官则相反，成功时他们看着镜子居功自傲，业绩不佳时他们则向窗外看，埋怨他人。

- 当今最具破坏性的一种潮流就是选择光芒四射的名人做首席执行官，而不选择第5级经理人。（这在董事会中尤为常见。）
- 我相信具有潜力的第5级经理人就在我们身边，只要我们懂得如何寻找，很多人都具有成为第5级经理人的潜力。

意外发现

- 公司从外部请进来的、被奉若神明的名人领导与实现从优秀到卓越的过程呈负相关。在11家实现跨越的公司中，有10家的首席执行官是从公司内部提拔的。对照公司向外部求援的次数是实现跨越的公司的6倍，甚至更多。
- 第5级经理人将他们成功的原因大部分归为运气，而不是个人的卓越能力。
- 在研究中，我们并未刻意寻找第5级经理人或类似的条件，但是数据势不可当，极具说服力。这个概念是一个经验性发现，而不是理念上的发现。

第三章

先人后事

有时候我们无法等待某人。现在，你要么在车上，要么没上车。

——肯·凯西

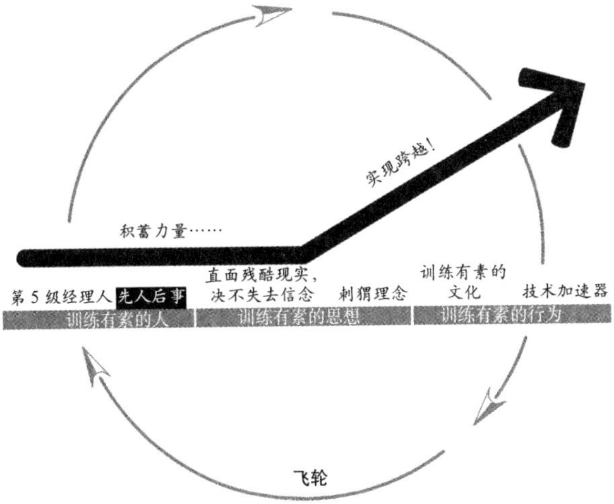

在开始这个研究项目之前，我们以为会有这样的发现：将一个公司从优秀推向卓越的第一步是为公司设定一个新方向、新愿景和新战略，然后找到合适的人，再朝这个新方向前进。

但我们发现有时情况恰恰相反。

那些主管不是首先确定目的地，然后才把人们引向那里。相反，他们首先让合适的人上车（自然，不合适的人请下车），然后才决定去向何处。用他们的经典话语来说："看，我真的不清楚应将这辆汽车驶向何处。但是有一点毋庸置疑，如果我们有合适的人在车上，并各就各位，而不合适的人已经下车，我们就可以确定如何将它开向某个卓越之地。"

这些领导者明白三个简单的道理。首先，你如果是从"选人"而不是"做事"开始，就更加容易适应这个变幻莫测的世界。如果你上车主要是因为车子的去向，那么车子已开出 10 英里[①]了，你却需要改变方向，此时你将何去何从？这下你的麻烦可就大了。但要是你上车是因为某人也在车上，情况就不同了，改变方向要容易得多——"嘿，我上车是因为某人也在车上。如果我们需要改变方向以寻求更大的成功，最好请让我带路。"第二，如果你有合适的人在车上，如何激励和管理他们就不再是问题。合适的人是不需要严加管理或勉励的，他们会因为内在的自我驱动力而进行自我调整，以期取得最大的成功，并成为卓越业绩

① 1 英里≈1.609 千米。——编者注

的创造者。第三，如果车上坐的是不合适的人，不论你是否找对正确的方向都无关紧要，因为你还是不能拥有卓越的公司。仅有远见卓识，却没有了不起的人，那也无济于事。

以富国银行为例。从 1983 年起，富国银行开始了长达 15 年的出色经营，不过实现这个转变的基础要追溯到 20 世纪 70 年代初期，时任首席执行官迪克·库利正着手组建一支业内最出色的管理队伍之一（投资家沃伦·巴菲特称之为“最好的队伍”）。库利早就预见到，在取消管制后，整个银行业最终会经历一次天翻地覆的变化。至于变化会以什么形式出现，他并不感兴趣。因此，他和董事局主席厄尼·阿巴克尔不是忙于制定应付变化的战略决策，而是把精力放在源源不断地给公司注入新鲜血液上。不论在何时何地发现了杰出人才，他们就立即聘用他们，而那时他们的脑海中往往并没有具体的工作。库利指出：“这就是构建未来的方式。如果我不能足够精明地看到即将发生的变化，他们就可以看到。而且他们可以灵活机动地处理那些事情。”

库利果然具有先见之明。没有人能够预见银行业取消管制带来的所有剧变。事实证明，当变化发生时，没有一家银行比富国银行处理得更好。那个时候，银行业的股价普遍比大盘低 59 个百分点，而富国银行的股价上涨速度却是大盘的 3 倍。

1983 年，当卡尔·赖卡特担任首席执行官时，他把银行的所有成就都归功于他身边的人，而他们中的大部分人都是库利的旧部下。当他列出在库利和他担任首席执行官期间加盟公司的人员名单时，我们都大吃一惊，几乎当中的每一个人都已成为一家大公司的首席执行官。比尔·阿尔丁杰成为家庭财务公司的首席执行官，杰克·格朗德霍弗是美国合众银行的首席执行官，弗兰克·纽曼是美国信孚银行的首席执行官，理查德·罗森堡是美洲银行的首席执行官，鲍勃·乔斯（后来又成为斯坦福大学商学院的院长）是西太平洋银行（澳大利亚一家规模巨大的银行）的首席执行官。阿吉·米勒作为富国银行董事会的核心人物长达 17 年之久，他告诉我们，这支队伍使他具备了做时代弄潮儿的基础，使他在 20 世纪 40 年代末得以进入福特公司（后来又成为该公司的总裁）。富国银行的办法其实很简单：你得到合适的人才，并把他们塑造成最好的经理人，然后你必须接受这样一个事实，他们中的一些人会成为其他公司的首席执行官。

美洲银行走的是另外一条路线。当迪克·库利正在系统地招聘他所能找到的人才时，据《崩溃的银行》（*Breaking the Bank*）一书所说，美洲银行遵循的是"弱将强兵"模式。如果在重要位置上安排了能干的将军，那么他在公司内的竞争对手会离开。但若是挑选一个能力一般的将军，那么他周围的校尉很可能会留下来。

正是这种经营模式，使美洲银行形成了完全不同于富国银行的内部环境。富国银行的职员地位平等，所以为了寻找最佳答案，他们往往会争得不可开交，而美洲银行的"无能将军们"却只会在那里坐等上级指示。萨姆·阿马科斯特这样描述他们公司（美洲银行）的这种管理文化："一开始的时候，公司的几次例行管理人员会议就使我感到很不舒服。我不能与他们发生冲突，甚至不能发表任何见解。他们都只会坐在那里望着天，看着风会往哪边吹（他们都是些坐井观天的家伙）。"

一位退休的美洲银行首席执行官，把 20 世纪 70 年代的高层经理全都形容为"木头人"，他们被训练得只知道对上级唯命是从。后来，由于 20 世纪 80 年代中期，银行亏损达到 10 亿美元，美洲银行不得不聘用一批能干的人才力挽狂澜。但是到哪里去找这些人呢？唯有富国银行。事实上，美洲银行一下子起用那么多的富国银行的前主管，导致内部人私下都称公司为"美洲富国"。虽然之后美洲银行稍有起色，但是为时已晚。从 1973 年到 1998 年，当富国银行实现巨大飞跃时，美洲银行的股票收益率都达不到市场的平均水平（见图 3–1）。

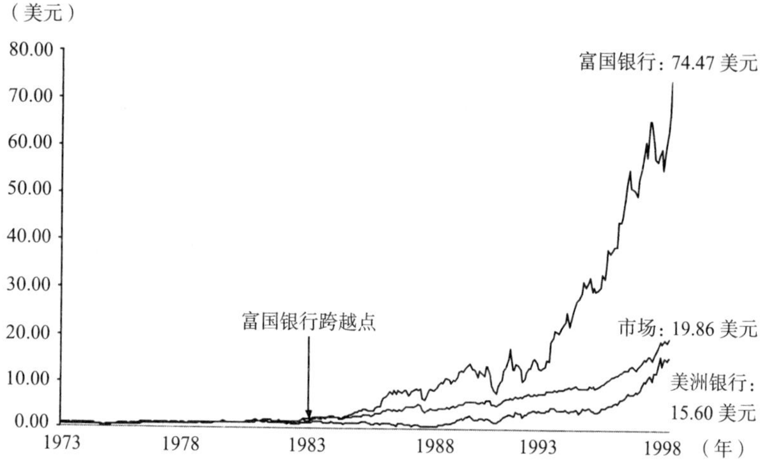

图 3–1　富国银行与美洲银行的比较

注：投资 1 美元的累计价值（1973 年 1 月 1 日—1998 年 1 月 1 日）

也许你会说："这只不过是拥有一批合适的人才在身边的主意而已，没有什么新奇之处。"一方面我们必须承认，"好的管理"确实是老生常谈；另一方面，其中有两点使得这些实现跨越的公司显得与众不同。

> 说得更明白一些，本章的主旨不是关于如何组织合适的管理队伍。就这点而言，它毫无新意。重要的是，在你确定将汽车开向何处之前，首先必须有合适的人在车上（不合适的人被请下车）。其次，在人员确定上要严格把关。

"首先是人选"，这是个"知易行难"的问题，想要做好更是难上加难。要重视人事决定，往往说起来容易做起来难。很少有人有戴维·麦克斯韦那么好的自制力，在没有得到合适的人才之前，他绝口不提公司发展问题。要知道，当时公司每个营业日的损失是 100 万美元，要还的债务更是有 560 亿美元之巨。麦克斯韦在房利美最困难的时期担任首席执行官，董事们都迫切地想知道他有什么高招儿，可以救公司于水深火热之中。面对强大的压力，越来越强烈的采取措施的要求，以及赶快使公司运作起来的呼声，麦克斯韦还是首先把精力放在组建一支高水准的管理队伍上。他的第一个举措是与所有的中层管理者谈心，他让这些人坐下来，并推心置腹地说道："瞧，这将是一个非常严峻的挑战。我希望你们可以认真考虑一下自己将面临的工作要求有多高。如果你确定自己不喜欢这个样子，那么这没有问题。没有人会埋怨你。"

麦克斯韦明确传达了自己的意思，只有愿意全力以赴的优秀管理者才会在房利美有一席之地。如果能力有限，无法胜任，你最好及早走人，而且是越快越好。一位新近跳槽到公司的主管找到麦克斯韦，表达了自己的想法："我仔细考虑了你的话，我觉得我不适合这份工作。"就这样，他离开了，从哪里来回到哪里去。最后，26 个主管中有 14 人离开了，但随即就由整个金融界中最精明能干和勤奋的一批主管补缺。同样的标准被运用于全公司，房利美自上而下来了一次全方位的调整。一位主管说："我们流行这样的说法，在房利美，你根本没办法弄虚作假。要么知道自己在干什么，要么不知道。如果不知道，你就趁早离开。"

富国银行与房利美的例子都体现了"谁"的问题，要高于"什么"的问题，即那些愿景、战略、战术、组织结构和技术问题。迪克·库利和戴维·麦克斯韦都提到了第 5 级管理模式，他们说："我不知道将把公司带到何方，但我知道只要以合适的人才为起点，通过问他们一些正确的问题和让他们进行热烈的讨论，我们就完全可以找到一条令公司走向康庄大道的道路。"

不是“1个天才加1 000个助手”

不同于实现跨越的公司组建强大的管理者队伍，我们吃惊地发现那么多的对照公司遵循的是“1个天才加1 000个助手”的模式。在这样的模式下，公司只不过是某天才个人的舞台。在这种情况下，只要有他在公司，这位举足轻重的天才就是公司最大的财富，也是公司成功的原动力。这些天才从不需要后援团的帮助，因为他们根本不需要，也不想要。你如果是天才，就不需要富国银行那样的管理团队——可以在各自的平台发挥自己的效用。你需要的只是一队听话的好士兵，能够帮助你实行那些天才的主意。但是，一旦天才离开了，剩下的人就会如无头苍蝇般茫然不知所措，抑或更糟糕。他们尽力想要模仿前任天才，做出些看似勇敢又有远见卓识的举措（其实无异于打肿脸充胖子），但他们往往只能收到适得其反的效果。

埃克德公司就因此而上过大当。该公司的某高层管理者在制定“做什么”上很有一手，几近完美，但在领导和组织一个合适的管理团队方面却糟糕透顶。杰克·埃克德有过人的精力（他在经营公司的同时，还参加了佛罗里达州州长竞选），对市场有敏锐的洞察力，而且他有一个精明的生意头脑。这些使他凭借在特拉华州威尔明顿市的两家小商店白手起家，慢慢建立起一个遍布美国南部、有上千家连锁店的庞大公司。到20世纪70年代末，埃克德公司的资产可以与沃尔格林公司抗衡。看起来，埃克德似乎可以在行业内取得巨大成功。可是就在此时，杰克·埃克德把兴趣转移到政治上，他积极竞选议员，并加入福特政府。没有了他的天才领导，埃克德公司很快就走上了下坡路，落得个被杰西潘尼公司收购的结局。

杰克·埃克德与科克·沃尔格林的不同命运实在令人惊讶：杰

克·埃克德很会挑选合适的商店进行收购；科克·沃尔格林在挑选合适的人才上很在行。杰克·埃克德知道如何为商店选址；科克·沃尔格林则善于给手下安排合适的职位。杰克·埃克德在选择一个恰当的后继人问题上，困难重重；科克·沃尔格林则有一群合适的候选人，还要从中挑出最杰出的那个人（甚至比他自己还能干）。杰克·埃克德没有管理团队，有的只是一群很会辅佐杰出天才的助手；科克·沃尔格林有最好的管理队伍。埃克德公司的管理来自杰克·埃克德的个人努力，他运筹帷幄，一切尽在掌握之中；科克·沃尔格林的决策则蕴涵在集体讨论之中，体现了集体的智慧。

"1个天才加1 000个助手"的模式，在未能长盛不衰的对照公司中尤其盛行。最突出的莫过于人称"斯芬克斯"的特利丹公司的亨利·辛格尔顿。他生于得克萨斯州，出身卑微，却有鸿鹄之志。还在孩童时代，辛格尔顿就立志有朝一日成为一个杰出的商人。拿到麻省理工学院的博士学位后，他就成立了特利丹公司。特利丹一词最早来源于希腊语，是影响很大的意思，用在亨利·辛格尔顿身上特别恰当，特利丹公司就是名副其实的中央集权制。

通过收购，辛格尔顿使自己的公司由一家小公司一跃成为《财富》美国500强公司之一，且排在第293位。10年内，特利丹公司吞并了不少于100家公司，最终建立了一家有130个利润中心，囊括从稀有金属到保险业的庞大集团公司，而且影响深远。最不可思议的是整个系统运行得十分顺利，而辛格尔顿就像是一剂让公司各部门紧密相连的黏合剂。他自己也承认："对于我的工作，我觉得最大的好处就在于，无论何时，我都有最大的自由来做任何自己觉得对公司有益的事。"《福布斯》杂志在1978年的时候提出："辛格尔顿不会因为他谦逊的为人而青史留名，但是没有人可以不为他所取得的巨大成就而喝彩叫好。"直到辛格尔顿70多岁的时候，公司的运营情况还非常好，他没有给他的后继者遗留下任何棘手的问题。为什么要在乎公司的延续问题？要知道整件事的关键，只不过是要给杰出的天才提供一个可以施展拳脚的舞台。“如果说这样的宏伟图画还有什么缺点的话，”《福布斯》杂志指出，“特利丹公司只能说是一个由个人原则产出的杰出结果，而非一个完整的系统。”

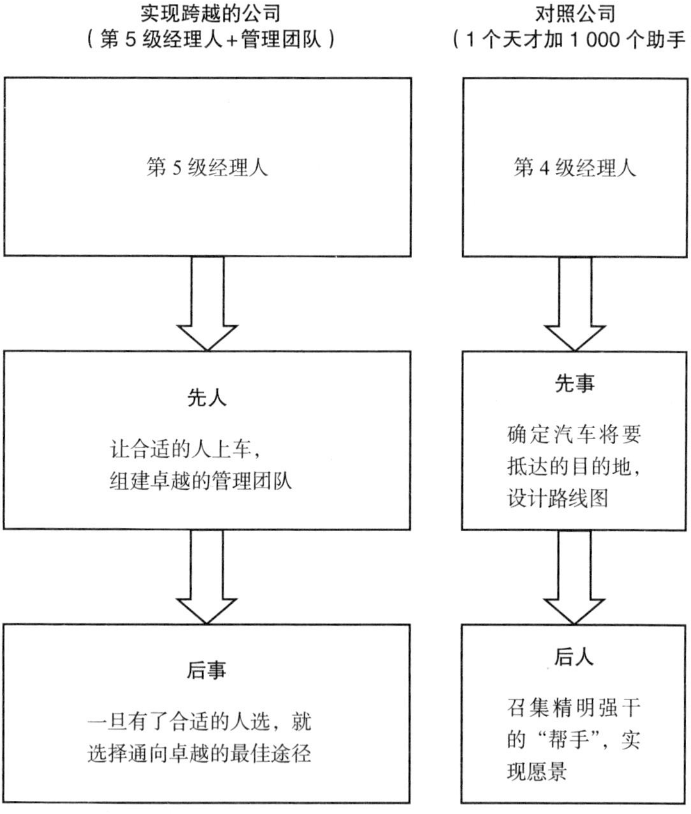

图3–2　实现跨越的公司和对照公司的模式对比

但这种缺点，最终被证明是致命的。20 世纪 80 年代，当辛格尔顿退出了公司的日常管理，这个一度强大的王国就开始瓦解了。从 1986 年年底开始至 1995 年它与阿里格尼公司合并，公司的股价跌了 66 个百分点。辛格尔顿无疑实现了他儿时的梦想，成为一个杰出的商人，但是他没有完成建立一个卓越公司的任务（见图 3–3）。

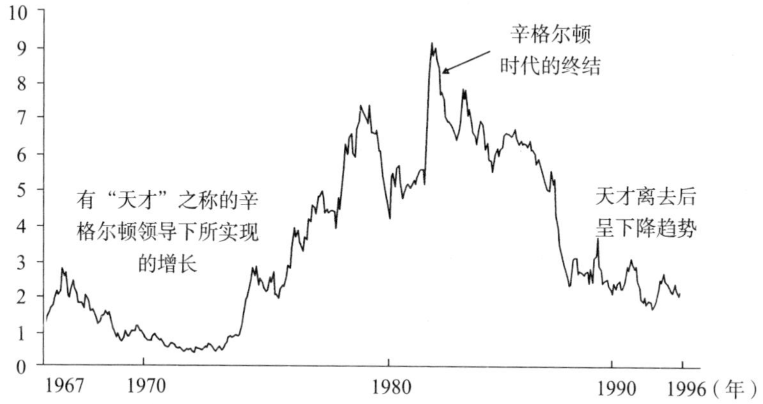

图 3–3　特利丹公司（典型的“1 个天才加 1 000 个助手”的公司）

注：相对于大盘股指的股票累计收益率（1967 年 1 月 1 日—1996 年 1 月 1 日）

重要的是付酬给谁，而不在于如何支付

我们期望发现，有效的激励措施，尤其是对高层管理人员的激励措施，能够有效地促进一个公司实现跨越。随着所有的注意力都确定无疑地集中在管理人员的薪酬问题上——推行股份制分红或是十分丰厚的工资，我们本以为工资的数额与结构对公司的成功至关重要。要不然谁会心甘情愿地给你卖命呢？

然而，我们大错特错了。

事实上，我们尚未发现公司的薪酬与公司的发展存在系统的联系。已有的证据也并不支持“特殊的薪酬支付方式能有助于一家公司走向辉煌”这样的观点。

我们耗时数周，从一家委托公司那里收集到一些有关收入情况的数据，并做了 112 项个例分析，期待发现两者之间会有这样的或那样的联系。我们着重检查了 5 个最高级别主管的收入情况——现金和股票、长期的和短期的奖励、工资和奖金等。其中，有的公司使用股份分红制，有的公司提供高工资待遇，有的公司则极力推行奖金制度。最重要的是，在分析对照公司的报酬情况时，我们发现无论是在使用股票、高工资、高奖金或长期补偿上，两者不存在任何系统性差别。要说唯一的显著不同之处，就是实现跨越的公司的主管获得的报酬在总数上略低于那些仍处于中等水平的对照公司。

这不代表报酬问题无关紧要。在这个问题上，我们要有最起码的理智与理性（我怀疑科尔曼·莫克勒、戴维·麦克斯韦或达尔文·E.史密斯会不计报酬地无偿付出），实现跨越的公司在这个问题上也是下了一番功夫的。但有一点要弄清楚，报酬的高低不是公司卓越与否的关键。

为什么这么说？这只不过是“先人后事”原则的一个具体体现：排在第一位的不是你支付报酬的多少，而是你将报酬支付给何人。

如果你有合适的雇员在车上，在他们力所能及的范围内，他们就会为创建一个伟大的公司而竭尽全力，不是因为这样做会带来什么好处，而是因为他们根本无法想象除此之外他们还能做什么。他们的本能要求他们能够建功立业，成就一番事业。正如他们的呼吸不受你控制一样，他们不会因为报酬问题而向你折腰。实现跨越的公司明白这样一个简单的道理，合适的雇员不会计较报酬的多少，只要认定是对的，他们就会全力以赴。

诚然，补偿与激励都是很重要的，但是在实现跨越的公司中人们的目的不同。补偿机制不是为了让不合适的雇员做出正确的举动，而是要让合适的雇员能上车，并保证他们能留在那里。

我们无法对非管理人员的报酬情况也做同样严格的分析，因为他们的收入情况并不像高层管理者的收入那样系统。但是我们从各种文件和文章中收集到的证据都表明，这个结论对各层次的组织都适用。

最生动的例子是纽柯公司。该公司是建立在这样一个理念之上的：你可以教会农民如何炼钢，但你无法教会一个人恪守职业道德（如果他一开始就不具备的话）。因此，纽柯公司没有把矿井开在像匹兹堡和加里这样的传统钢铁城镇，却反其道而行之，将公司设在像克劳福德维尔、印第安纳、诺福克、内布拉斯加和普利茅斯这样的城镇。那里都是只知“日出而作、日落而息”、踏踏实实劳作的农民。“去挤些牛奶”和“中午之前耕 40 亩[①]地”一度被套用成“去炼些钢铁”和“午饭之前炼 40 吨钢”。纽柯公司解雇了那些不具备这种职业道德的工人，在该方案下，公司成立的第一年的解雇率高达 50%，之后由于合适的人员都安顿下来以图长期发展，解雇率自然就低了。

为了吸引和留住那些熟练的工人，纽柯公司付给工人的工资比任何一家炼钢公司都要高。但这样的高工资是建立在压力很大的团队奖金运行机制上的，一个工人收入的 50% 以上要与一个由 20 至 40 人组

① 1 亩 ≈ 666.67 平方米。——编者注

成的工作小组紧密相连。因此，纽柯公司的队员常常是提前30分钟到现场，早早就做好准备，等到发令枪一响，他们就立即抡锹抡锤地猛干。“我们拥有世界上最勤劳的炼钢工人，”一位纽柯公司的主管说，“我们雇用了5个人，但他们工作起来顶10个人，而我们只付8个人的工资。”

此举不是旨在要将懒人变勤劳，而是要创造出这样一种氛围：勤者生存，懒者淘汰。懒人要么自己离开，要么被公司开除。在个别极端的例子中，工人们联合起来，用铁棍将一个拖大家后腿的队员赶出公司。

> 纽柯公司系统地抛弃了人是最重要的财富的旧观点。在实现公司转变中人不是最重要的财富，合适的人才是。

纽柯公司提出了很重要的一点：在挑选合适的人才上，实现跨越的公司看重的是人品，而不是高学历、实际技能的掌握、特殊的知识和工作经验。不是说知识与技能不重要，而是这些东西都是可以教会的，而诸如性格、职业道德、基本智商、完成任务的决心以及其他的价值观，却或多或少是天生的。正如必能宝公司的戴夫·纳赛福所说的：

> 我过去任职于海军陆战队，它在树立良好价值观上很有方法，这是有口皆碑的。但这并不是海军陆战队的全部奥秘。它只招收那些与其价值观一致的人，然后才提供完成组织分派的任务所必需的训练。必能宝公司遵循同样的做法。可以这么说，我们比绝大多数的公司拥有更多愿意干实事的人，我们看重的不仅仅是经验，我们更

想知道他们是谁，是怎样的人。我们通过询问他们做决定的方式来了解一些情况，并通过他们的回答，对他们的核心价值观做出大致的了解。

某实现跨越公司的一位主管说，他的最佳员工往往是那些没有任何实业或经商经验的人。他曾起用一个在“二战”中有过两次被俘经历，却每次都能成功逃脱的人当经理。“在我看来，任何能够做到这点的人，做生意都不会有太大的问题。”

严格，但不冷酷无情

这些实现跨越的公司，听起来似乎是人间炼狱，事实的确如此。如果不具备赖以生存的条件，你恐怕很难坚持下去。但公司崇尚的是严格的文化，而不是冷酷无情的文化，这两点有天壤之别。

冷酷无情意味着大幅裁员（尤其是在经济困难时期），或不假思索就胡乱解雇。严格则代表无论在何时都严格按制度行事，并约束所有层级，尤其是对上层管理者。做到严格又不冷酷无情，就意味着优秀人才完全不必担心自己的地位，他们可以全身心地投入工作。

1986 年，富国银行收购了克罗克银行，并打算缩减合并的各项开支。这没有任何特别之处，任何一家银行在经济不景气的时候，都会谋求合并，为的是在经济萧条的情况下，将开支降到最低，以保护企业。但是令这次收购与众不同的是富国银行接收管理人员的方式。更准确地说，公司不打算将绝大部分的克罗克管理团队一并纳入富国银行。

富国银行一开始就下定结论，克罗克银行的原班人马中的绝大部分人都是不合适的人选。这些人都是一些受传统思想影响很深，只会拘泥于旧式银行经营的经理人。克罗克银行设有专门的高管餐厅，大理石装修，富丽堂皇，还有专业水准的厨师和价值50万美元的餐具。与此形成鲜明对比的是富国银行的“清苦文化”，银行管理者的就餐待遇与大学生食堂一般。富国银行把自己的结论向原先的克罗克银行经理们表达得很清楚：“瞧，这并不是一个平等的合并，而是吞并。我们买下了你们的部门以及你们的客户，但我们并不打算留下你们。”就这样，富国银行解散了克罗克银行的原管理队伍，约1 600名经理人（其中包括几乎所有的高层领导）在一日内如鸟兽散。

批评家也许会这样说：“那只不过是富国银行在保护自己而已。”但考虑一下这样的事实：富国银行也解聘了自己的经理，而且那些原克罗克银行的经理只要的确有才能，就会被留下来。一旦涉及挑选管理者的问题，富国银行的标准一贯是很苛刻而且铁面无私的。这就好比一个职业运动队，只有最好的队才能不顾队员的地位与任期进行年度裁员。一位富国银行主管的话不无道理：“对那些做出了贡献的人最好的嘉奖，就是不要让他们再受庸才之累。”

从表面上看，这似乎有些冷酷无情。但各种证据都表明，克罗克银行的经理普遍要比富国银行的经理能力差，而且在富国银行的经营文化中他们必败无疑。他们既无长途跋涉之能，何必要受短途颠沛之苦呢？一位富国银行的高级主管告诉我们：“我们一致认为这是一场吞并，而非合并。总在那里避重就轻，而不是直截了当地解决问题，是没有任何意义的。我们觉得，即刻解决才是最好的方法。而我们已经事先尽了全力，到时候我们就可以说：‘对不起，我们没有合适的职位给你。’‘是的，我们正好有个位子；你有工作了，不用再担心什么。’我们不打算让我们的文化令人感到不痛快。”

让一个人长年累月地处于不确定之中，霸占了他们生命中可以用来干其他事的宝贵时光，最终使他们落得一事无成，那才是真正的冷酷无情。而一开始就妥善处理，让他们能继续自己的生活，这是严格。

但是，收购克罗克银行并不是小事一桩。看着许多人失业，不是一件令人愉快的事。但银行若是倒闭了，就会有更多人失去工作。鉴于此，有两点值得注意：首先，与美洲银行相比，富国银行的失业率要低得多；其次，高层管理者（包括富国银行的某些高级主管），在此次吞并中的损失从比例上说一般要比基层员工大得多。事实上，实现跨越公司的严格标准，首先针对的是这些责任最重大的管理者。

人事决定上的严厉，必须首先针对高层。至少在写本章的时候，我就担心有人会把“人事上严格”这一关作为随意裁员以提高效率的借口。“这很难办，但我们不得不严格。”我可以听到他们如是说。我不禁汗颜，因为会有许多勤奋工作的人因此受到伤害。同时，相关资料显示，这种做法与追求卓越的初衷大相径庭。实现跨越的公司从来都不会把人员缩减作为一项主要策略，更不要说将其作为主要的战略或战术。与美洲银行相比，富国银行在转变时期的失业人数也不及前者的一半。

11 家实现跨越的公司在 10 年间有 6 家的失业率为零，而其他几家的失业率也很低，这种情况一直持续到 1998 年。

经过对比，我们发现与实现跨越的公司的失业率相比，对照公司的失业率要高出 5 倍，而且有些公司似乎长期沉溺于一种失业与结构重组的状态之中。

你若以为引发从优秀到卓越的转变，要靠任意对大批勤奋工作的人进行大刀阔斧的裁员，那你就错了，而且这是个悲剧性的错误。没完没了的重组和随心所欲的裁员，从来不是实现跨越的公司的成功之道。

如何做到严格

在研究中，我们针对如何做到严格而非冷酷无情总结出了 3 条非常实用的原则。

实用原则之一：若无法确定，则宁缺毋滥，保持观望态度。

管理之道中有这样一条铁律，被称为“帕卡德定律”。（这样命名，是因为我们在先前对惠普公司的共同创始人戴维·帕卡德进行课题研究时，首次了解到了这个定律。）这个定律是这么说的：没有哪家公司能在未招到合适的人的情况下仍保持收入增长，而且成为卓越公司。如果公司的收入增长速度持续快于人员的增长速度，那么结果很简单，你将不会，甚至不能建立起一个卓越的公司。

> 那些成功实现从优秀到卓越转变的公司的人心里十分清楚，任何卓越公司的最终飞跃靠的不是市场，不是技术，不是竞争，也不是产品。有一件事比其他任何事都更关键：招聘并留住好员工。

电路城公司的领导者深谙此道。早在几年前，圣诞节后的第一天，当我驱车在圣巴巴拉附近兜风时，我就注意到电路城公司的非同寻常之处了。当时，其他商店都打出各种标语与横幅以吸引客户：“优惠大酬宾”“节日特价”“圣诞节的最佳选择”等。但电路城公司的标语上写着这样的话：永远寻找最优秀的人。

这样的标语使我想起了对沃尔特·布鲁卡特的采访，他是电路城公司实现跨越年代的一位副总裁。当被问起实现从优秀到卓越这个伟大转变的5个首要因素时，布鲁卡特说:“第一是人才，第二是人才，第三是人才，第四是人才，第五还是人才。实现转变的大部分原因，应该归于我们所制定的挑选合适人才的原则。”接着，布鲁卡特给我们描述了他与首席执行官艾伦·沃泽尔在当时的一段对话:“‘艾伦，我真是伤透了脑筋，我总是在力图找到最恰当的人选来填补各个空缺，我该如何妥协？’艾伦毫不犹豫地回答:‘你不必妥协。我们想其他办法，直到我们找到真正合适的人才。’”

电路城的艾伦·沃泽尔和Silo公司的西德尼·库珀的最大区别之一就在于，早年沃泽尔把大部分时间都花在寻找合适的人上，而库珀把80%的精力都花在收购合适的商店上。沃泽尔的首要目标，是建立一支业界最好的管理队伍，而库珀的目标却很简单，那就是尽可能快地发展。沃泽尔在人这件事上全力以赴，要找到从送货司机到副总裁的所有合适人选，并让他们各就其位，而库珀则在一些小事上大做文章，在业内也是小有名气，如送货上门可保证货物不损一分一毫。电路城的丹·赖克辛格说:“我们造就了全行业最棒的送货司机。我们对他们说，‘你们是代表公司在客户眼中的形象的最后一关。为此，公司将为你们提供统一的制服，要注意衣冠整洁，避免邋遢。你们将成为行业中最职业化的一群人。’我们在送货时对待客户的方式所带来的变化简直令人难以置信。我们收到客户的感谢信，他们表扬配送员如何彬彬有礼。”沃泽尔任期的第5年，电路城与Silo公司的商业战略基本相同（也就是说，双方在“做什么”方面的观点是不谋而合的），但电路城转变后的15年，公司如同发射的火箭，股票的市场回报率比平均水平高出18.5倍。而Silo公司却一直举步维艰、艰难度日，最终它被一家非美国公司收购。同样的战略，不一样的人才，结果迥然不同。

实用原则之二：一旦发觉换人之举势在必行，就应当机立断。

如果你发觉某人非要严加看管不可，那么你一定是用错人了。因为好下属是不需要管理的。虽然指导、教导以及领导都是必要的，但是严格的看管是万万行不通的。

我们都曾有过这样的经历或是注意到类似的情形：已经有不合适的人在车上了，而且我们也注意到了这点，可我们还是按捺下来，迟迟不采取行动，宁可采用其他的解决方法，一而再地给这些人机会，希望他们可以有所改变。我们花费大量的时间管理下属，但相应的处罚措施却跟不上，当下班回到家中，与家人谈起工作，我们发觉话题竟然全是围绕那个人的。更糟的是，把时间与精力过多地花在那个人身上，这已经严重影响到我们与其他合适的人的正常交流。我们还得继续忍受下去，直到有一天，那个人自动离开（我们感到释然），或者我们痛下决心，解决问题（我们同样感到释然）。与此同时，其他好员工也纳闷儿不已："为何拖了这么久才解决问题？"

让不合适的人赖在那里，不解决问题，对于其他同事来说，是一件不公平的事。因为迟早他们会发现，自己当牛做马，原来是在为差劲儿的同事背黑锅。更糟糕的是，这可能会逼得他们另谋出路。真正上进的人，会因为自己出色的工作而振奋不已，从而愈加发愤图强。

久拖不决对当事人自己也是不公平的。要知道让那些你明明知道不会有结果的人多待上一分钟，无疑是在践踏他们宝贵的生命。这些时间原本可以让他们去找更有发展前途的工作。我们如果足够诚实，就该认识到自己的犹豫不决与其说是对当事人的关心，倒不如说是自己图省事——要么你觉得他们做得够好的了，换掉他们只会让天下大乱，还是省省心为妙；要么你就是预感到事情处理起来会很棘手，压力也大，因此为了不自添麻烦、自找难堪，宁可一等再等。同时你又遭到其他同人的怀疑：“到底预备什么时候处置他们？为什么还没有动静？”

根据《穆迪公司报告》提供的数据，我们不难找出各家公司高层领导班子的替换频率。对于实现跨越的公司和对照公司来说，人员替换在某时期内都是很平常的，没有什么太大区别，不同的只是替换的方式。

> 实现跨越的公司的高层人员的去留有两个极端，他们要么是在车上待得很久，要么就是匆忙下车。换句话说，实现跨越的公司靠的不是频繁替换，而是通过高质量的替换来达到目的。

实现跨越的公司的领导者不会追求这样的领导模式——“先普遍撒网，后重点培养”，而是走这样一条路线——“我们会事先花费大力气进行严格的人员挑选。一旦找对了人，我们就会想方设法把他们留在自己身边。如果他们不合适了，我们就会诚实地面对，这样我们可以继续我们的工作，他们也可以继续他们的生活”。

实现跨越的公司的领导者从不仓促决策。他们一贯的做法是，在彻底否决之前会花上一番工夫研究是不是只是职位不合适的问题。当科尔曼·莫克勒走马上任之际，他并不是急功近利，不假思索，就来个釜底抽薪，把员工踢出快速向前的公司。相反，在最初的两年中，他把55%的时间花在了领导班子的调配上。在高层管理团队的50个人中，或者换人或者重新安排职务的达38人之多。对此，他有独到的见解：“在人员安排上花的每一分钟时间都是很值得的，可以以一当十。”与此类似，在读过本章的初稿之后，艾伦·沃泽尔在回信中也表示：

你们提出的“让合适的人上车”的思想很中肯。还有一点也很重要，我花了很多时间考虑和谈论职位分配问题，我称之为“方钉进方洞，圆钉进圆洞”……除了要雇用诚实有能力却尚未做出成绩的人之外，我还要给他们一个合适的职位，一个不行就试第二个、第三个，直至他们可以一展拳脚、大展宏图。

判断某人究竟是胜任还是需要下车，自然不是易事。但是，实现跨越的公司的领导者一旦觉得换人之举势在必行，就会立即行动。

但你如何清楚是时候换人了呢？有两个关键问题可以助你一臂之力：第一，如果这只是一个雇佣问题，你还会再次聘用他吗？第二，如果有一天，此人突然跑来告诉你，他即将离开公司，为了寻找更大的发展机会。此举是令你大为失望，还是相当轻松呢？

实用原则之三：让杰出人才助你抓住天赐良机以图发展，而不是替你解决最大的难题。

20 世纪 60 年代早期，雷诺烟草公司和菲利普 · 莫里斯公司都在美国国内贸易中积累了大量财富。雷诺烟草公司认为打入国际市场的诀窍即“别国的人如果要骆驼牌香烟，就让他们尽管来找我们吧”。但菲利普 · 莫里斯公司有着不同的观点。在他们看来，国际市场才是公司得以长期发展的唯一最佳机遇，尽管在他们公司当时的收入中，只有不到 1% 来自国际市场。

在发展国际市场的最好策略问题上，乔 · 库尔曼也曾一筹莫展，但他最终找到了一个解决方案，那就是“何人”，而非“何事”的问题。因此，他让他的王牌主管乔治 · 韦斯曼退出国内主营业务领域，让他全权负责开拓国际市场。那时候，公司的国际贸易几乎为零——一个小小的出口部门，只在委内瑞拉和澳大利亚有很少的投资份额，在加拿大的生意也不大。韦斯曼的一个同事透露：“当乔让乔治负责国际市场时，很多人都感到大惑不解：乔治是不是犯了什么错？”“我不知道我是否算是被抛在了一边，遭到冷落，或者遭到遗弃了。”韦斯曼也不无感慨地说道，“今天我还在经营着公司 99% 的业务，明天我只能经营 1%，甚至更少。”

是的，据《福布斯》杂志 20 年后的观察，库尔曼当初调离韦斯曼的决定，实在是明智之举。尽管那里陌生又复杂，韦斯曼却不愧是拓展欧洲市场的最佳人选。很快，他开拓的国际贸易业务一跃成为全公司规模最大的业务，发展速度也遥遥领先。事实上，在韦斯曼的英明领导下，万宝路成为世界上最热销的香烟品牌——3 年后，它才坐稳美国香烟行业龙头老大的位置。

雷诺烟草公司和菲利普·莫里斯公司的例子都向我们证明了一点，实现跨越的公司有这样的习惯，把人才用于有最佳发展机会的事业上，而不是用于解决各种麻烦。而对照公司的行事风格恰恰相反，他们没有认识到这样一个事实：解决现有的问题，只会使公司变好，而只有抓住机遇谋发展，才能使公司卓越。

实用原则三有一个很重要的推论：当你着手“抛售问题”时，千万不可以抛售最杰出的人才。这是要取得转变的小窍门之一。如果你可以让杰出人才在你的车上总有用武之地，那么他们会对你的改革之举倍加支持。

举例子来说，当金佰利公司在变卖作坊时达尔文·E. 史密斯就打开天窗说亮话：公司很可能不再继续做任何纸品生意，但是会留下真正有才能的人。“我们公司中有很多人都是在纸品生意中摸爬滚打出来的，突然之间赖以生存的饭碗被打破了，他们就要问了：‘我们的出路在哪里？’”迪克·奥克特解释道，“然后达尔文就说了：‘我们的确需要这些有才能的经理，我们会留下他们。’”尽管这些人只有很少或几乎没有任何从事消费品生意的经验，但史密斯还是把这些来自纸品行业的人才，带入了消费品生意的经营之中。

我们就此采访了金佰利公司的高级主管迪克·阿珀特。在阿珀特的职业生涯中，大部分时间是跟造纸打交道的。一次，为了筹措到足够的资金，实现公司所经营的消费品的转型，他的部门正好在出售之列。如今，重提当初的大转变，他不无自豪与兴奋之情，兴致勃勃地与我们谈起当时他们具体如何出售那些纸浆作坊，谈到公司从造纸行业退出转而经营消费品的远见卓识，以及他们当时的举措对宝洁公司的震动。“对公司决定关停造纸部门的举措，我从未提出过任何异议。”他说，“那时候，我们真的是卖掉了所有的作坊，而对此我自始至终都表示支持。”你如果停下来思考片刻，就不难发现，真正合适的人都想成为伟大事业的一分子，而迪克·阿珀特正是看到了金佰利公司一定会变得伟大。虽然在此过程中，他为之工作了大半辈子的部门难逃被卖的“厄运”。

菲利普·莫里斯公司和金佰利公司的例子，为我们“合适人选”的研究结论提出了最后一个观点。我们注意到每一个实现跨越的公司在高层管理中都运用了第 5 级管理模式，尤其是在重要的经济转型时期，第 5 级管理模式的运用显得更加突出。当然，不是说管理队伍中的每一人都能达到达尔文·E.史密斯和科尔曼·莫克勒的高度，都能成为十分称职的第 5 级经理人，但是每一个核心成员都能做到为公司这个“大家”弃“小家”。这意味着他们具备了成为第 5 级经理人的潜质，或至少他们能在这样的领导方式下生存。

你也许会提出这样的疑问："一个第5级领导队伍的成员与仅仅当一名好士兵有什么区别？"第5级领导队伍成员不会盲目迷信权威，而且他本身就是一个强有力的领导者，凭着自身强大的号召力和卓越的才华，把自己的事业发展得有声有色。当然他们还必须具备这样的本领，就是能把自己融入公司这个大家庭中，为公司的光明前途贡献自己的一分力量。

> 的确，使公司变得杰出的关键因素，听起来有些自相矛盾。你需要这样的主管：一方面，在寻求最佳解决方案上，他们会争论不休，坚持己见，甚至有暴力倾向；另一方面，一旦决定了，他们就会服从决定，决不计较个人得失。

在一篇有关菲利普·莫里斯公司的文章中，作者这样形容库尔曼时代："这些家伙从来都不会有一致的看法，他们为每件事争论不休，似乎要置对方于死地，每个人都被牵扯进来，无论职位高低，他们真的都很杰出。但当他们必须做出决定时，决定就诞生了。菲利普·莫里斯公司就是这样成长的。"不论争吵有多么激烈，公司的一个主管说："他们的目标都只有一个，就是找到最佳答案，最终大家会达成默契。因为所有的争论都以公司的利益为出发点，而非为了个人。"

卓越的公司和美好的生活

每当我传授实现跨越的公司的经验时，总会有人提出"要实现从优秀到卓越的转变，个人应付出多少"这样的问题。换句话说，是否可能在建立卓越公司的同时，员工也能拥有美好的生活？

答案是肯定的。

奥秘就在本章之中。

在中国香港举行的一次经理人大会上，我和吉列公司的一位高管及其夫人有过短短几天的相处。谈话之中，我问他们，是否觉得科尔曼·莫克勒作为吉列公司的头号功臣，他的个人生活同样也是美满的？他们告诉我，在科尔曼的一生中有三个至爱：家庭、哈佛大学以及吉列公司。在 20 世纪 80 年代最黑暗和艰难的时期，合并危机四起，吉列公司的业务也日趋全球化。即使在那时，科尔曼也能成功地维持个人生活的平衡。他没有明显减少与家人团聚的时间，也几乎从不开夜车或在周末加班加点。他保持了自己崇尚实践的美德，并继续积极地处理哈佛大学校董事会的日常事务。

当被问到科尔曼是如何做到这些的，这位主管说："哦，这对于他来说一点儿都不难，他十分擅长把一群合适的人召集在身边，并给他们安排合适的职位，这样他就完全没有必要每时每刻都待在那里了。这就是科尔曼取得成功又兼顾家庭的全部秘密所在。"这个主管还解释说，他完全有可能在一家五金店里碰到科尔曼，就如平时在办公室里一样，"科尔曼真的很喜欢在房子里转悠，亲手摆弄一些东西。他似乎总能挤出时间让自己放松一下"。这位主管的夫人还向我们提道："当科尔曼去世时，我们都去参加了他的葬礼。我四处走了走，才意识到那是一间充满了爱的房子。科尔曼是这样的一个人，他绝大多数的工作时间都是与热爱他的人一起度过的，他爱他们所做的任何事，他爱他们每一个人——工作中的、家庭里的、慈善事业上的，或是其他任何地方的。"

这真是一语惊醒梦中人，我一下子意识到对实现跨越的公司的领导队伍，有些东西我根本无法尽述，正是这些特质使他们鹤立鸡群。在结束对菲利普·莫里斯公司的乔治·韦斯曼的采访时，我不无感慨地说：

“你谈论当年在公司的情形时，就如同在描述一场刻骨铭心的恋爱。”他会意地笑了，随即承认：“是的，我不奢望会有很多人明白我说的事情，但至少我的那些同事会理解。”所以韦斯曼和他的许多同事，即使在退休后若干年，也还会经常回到在菲利普·莫里斯公司的办公室。公司总部有一条长廊，被称为“风云人物大道”。就是在这条长廊上，韦斯曼、库尔曼和麦克斯韦等人聚在了一起。类似地，金佰利公司的迪克·阿珀特在采访中也提道：“在金佰利公司成立的41年中，没有哪一个人对我表示过不满。自从被雇用的那天起，我就感谢上帝，因为与我在一起的人都是那么友善，我们互相尊重、互相钦佩。”

实现跨越的公司的领导队伍成员，很有可能成为一生的朋友。很多时候，在共事后的若干年，甚至是几十年，他们都还保持着密切的联系。听他们谈起当年的创业史，实在是一件令人受益匪浅的事，因为无论当时的日子有多苦、任务有多艰巨，他们都能笑傲人生！他们从对方的陪伴中得到一生的乐趣，事实上他们期盼这样的聚会，有许多主管把他们在一起的这段日子当成是人生中最辉煌的一段时期。他们的关系不仅停留在相互的尊重上（事实上他们确实相互尊重），而且是永远的队友。

坚持先人后事的观点，是拥有卓越公司和美好生活的关键。因为无论我们取得多大的成就，如果绝大多数时间，我们都不能与自己热爱和尊重的人一起度过，生活就毫无快乐可言。若情况恰好相反，自己喜爱的人也在车上，并且永不背叛，那么不论汽车将开向何处，我们都能拥有美好的生活。我们采访过的实现跨越的公司的那些人，他们的确很喜欢各自的工作，而这在很大程度上是因为他们喜欢与自己一起做事的人。

小 结

要 点

- 实现跨越的公司的领导者首先要设法找到合适的人才（不合适的人请下车），然后决定将汽车开向何方。
- 本章的要点不仅是要获得合适的人才，而且更重要的是“谁”这一问题先于“什么”这样的决策，即人才先于愿景、战略、战术、组织结构和技术问题。先人后事是一条必须被严格遵循的原则。
- 对照公司通常采用“1个天才加1 000个助手”的模式——天才领导者做出规划，然后雇用一批能力很强的助手帮助实施。这种模式往往会因为天才的离开而导致失败。
- 实现跨越的公司的领导者，在人员决定上严厉但不冷酷无情。他们不会把失业和重组作为鞭策雇员好好工作的首要策略，但对照公司会滥用人员变动这一举措。
- 我们发现要在人员决定上做到严格要求，有三个基本原则：
  （1）若无法确定，就宁缺毋滥，保持观望态度（推论：限制公司发展的最终力量，取决于你得到多少名适合的人才）。
  （2）一旦发觉换人之举势在必行，就立即行动（推论：首先必须确定你的问题不是给员工安排错了位置）。
  （3）让杰出人才抓住天赐良机以图发展，而不是解决你的“最大难题”（推论：你如果要解决问题，千万不可以把你的优秀人才也解决掉了）。

- 实现跨越的公司的管理队伍是由这样的人员组成的：他们在寻找最佳方案上，会争吵不休，但一旦做出决定，他们就会执行无误，毫不计较个人得失。

意外发现

- 我们尚未发现公司的薪酬结构与公司的发展存在系统的联系。
- 抛弃了“人力是最重要的财富”的旧观点。在实现公司转变的过程中，人力不是最重要的财富，合适的雇员才是。
- 衡量某人是否是“合适人选”，主要看其内在性格特征和天赋能力，而不是专业知识、背景或实际技能。

第四章

直面残酷现实，决不失去信念

对于国家领导人而言，没有什么错误会比误以为事情会自行解决的妄想更不可饶恕了。

——温斯顿·S.丘吉尔，《命运的转折》

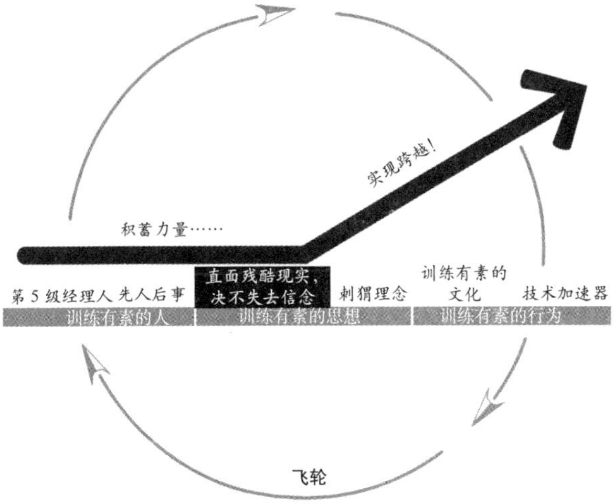

20 世纪 50 年代，大西洋和太平洋食品公司（以下简称A&P）是世界上最大的零售商，同时是美国最大的公司之一，其收入一度仅次于通用汽车。相比之下，克罗格公司只是一家毫不起眼的杂货店连锁公司，规模尚不及A&P的一半，销售业绩也平平无奇，而且低于市场平均水平。

20 世纪 60 年代，A&P开始衰落，克罗格公司却迅速崛起，为以后成为一家实现跨越的公司奠定了基础。1959—1973 年，两家公司都落后于市场，而克罗格公司稍胜一筹。自那以后，两家公司就分道扬镳了。在此后的 25 年中，克罗格公司积累了巨额利润，股票收益率是市场平均水平的 10 倍，是A&P公司的 80 倍（见图 4–1、图 4–2）。

事情怎么会发生如此富有戏剧性的变化？像A&P这样一度杰出的公司，怎么就一蹶不振了呢？

20 世纪上半叶，A&P得益于两次世界大战和经济萧条，靠经营各种便宜货的杂货店大发横财。但在此后几十年中，富裕起来的美国人的消费观发生了很大变化，他们想要更好、更大和有更多选择的商店。他们要购买新出炉的面包，刚采摘的鲜花，有利于健康的食品，经过冷藏的药品，45 种以上的早餐麦片和 10 种以上的牛奶；他们还想要一些奇珍异宝，5 种以上的名贵茶具，各式各样的调制品，甚至用于治病的中草药。他们想在购物时刷卡，并随时知道自己的财务情况。简而言之，他们不再需要杂货店，他们要顶着“S”标志的大型超市，那里各式商品一应俱全，而且那里有停车场，同时商品价格低廉，环境整洁，支付

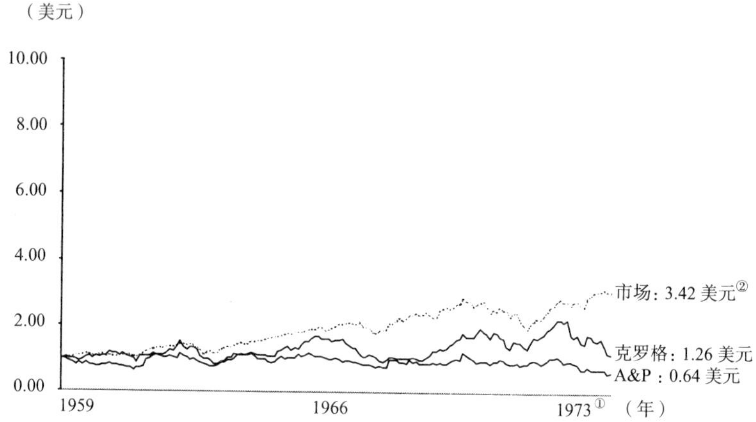

图 4–1　克罗格、A&P 公司比较

注：①克罗格的跨越点 1973

②市场投资 1 美元的累计价值（1959—1973 年），1959 年 1 月 1 日投资 1 美元的价值，截至 1973 年 1 月 1 日的累计收益率、追加投资股息

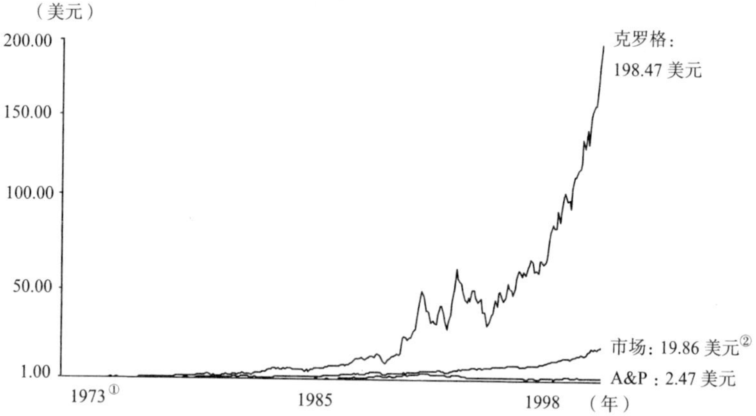

图 4–2　克罗格、A&P 公司比较

注：①克罗格的跨越点 1973

②市场投资 1 美元的累计价值（1973—1998 年），1973 年 1 月 1 日投资 1 美元的价值，截至 1998 年 1 月 1 日的累计收益率、追加投资股息

方便。

现在回过头来想一想，我们就会发现其中的名堂：“A&P的境遇只是因为它是一家老公司，碰巧它的那些经营策略又不合时宜。既然时代变了，世界就该是年轻公司的天下了。这有什么好大惊小怪的？”

值得一提的是，A&P和克罗格公司都是历史悠久的公司：截至1970年，克罗格公司有82年的历史，而A&P有111年的历史；两家公司的资产绝大部分都投资在传统杂货店生意上；两家公司在拥有本土市场之外，还有其他生意；两家公司都很清楚周围的世界正在发生怎样的变化。其中一家公司面对严峻的现实不是退缩，而是迎难而上，彻底改头换面，以适应时代需要；而另外一家则甘当缩头乌龟，逃避现实。

1958年，《福布斯》杂志将A&P称为“隐士的王国”，它是年老的国王统治下的君主专制帝国。拉尔夫·伯格作为A&P王朝的创始人、哈特福德兄弟的继承人，他只关心两件事，他的现金分红和哈特福德兄弟的以往荣誉。据A&P的一位董事说，伯格简直就是老哈特福德的应声虫，他到了甚至每天都要去哈特福德的花房采一枝鲜花插在衣襟上的地步。他只要觉得所做的事情会让约翰·哈特福德先生喜欢，就会力排众议，一意孤行。伯格会采用“要是哈特福德先生的话，他会怎么做”的思维模式，他一生都信奉这样的座右铭——“永远不要挑战100年胜利的权威”，至少在伯格那里，哈特福德先生的影响依然存在，尽管他早已不在人世。

当旧模式与现实世界日益脱节的事实越发严峻，A&P不仅没有正视问题，而且产生了抵触情绪。在此后的一系列举措中，公司新开了一家名为“金钥匙”的新公司。新成立的公司与旧公司完全分离，试验新的经营方法与模式，试图发现客户的新需求。商店里不出售A&P品牌的货物，商店经理也被赋予更大的权力，公司进行改革创新，并逐步向超市的经营模式靠近。对此，客户十分满意。就这样，他们找到了失去市场份额问题的关键所在，并清楚该如何解决问题。

A&P的主管们是怎样处理这把“金钥匙”的？

他们不喜欢它，因此，他们把它压在了箱底。

至此，A&P陷入了这样一个怪圈，他们不断地采取新办法，又不断地否决它们。他们总想一步登天、不费吹灰之力就找到包治百病的灵丹妙药。他们结成精神同盟，上马新项目，紧随时代潮流，对主管则解雇、聘用、再解雇。他们采用了一个被经济学家称为“焦土政策”的策略，企图以低廉的价格获得最大的市场份额，但是他们不敢正视这样一个基本事实：客户要的不是低廉的价格，而是与众不同的商店。降价导致了成本下降，更导致了商店的经营品种单一和糟糕的售后服务，由此吓跑了客户，经营更加困难。这种恶性循环导致更差的商店和更糟糕的售后服务。“情况变得一团糟，”一位A&P的前经理说，“到了这种地步，我们有的不仅是‘垃圾’商店，而且是‘垃圾中的垃圾’。”

与此同时，克罗格公司是另一番景象，它同样在20世纪60年代进行了改革，尝试新的超市经营模式。1970年，公司的领导者得出了一个结论：旧模式下的杂货店（虽然它占克罗格公司营业收入的100%）应该退出历史舞台了。与A&P不同的是，克罗格公司正视这个事实，并采取了相应行动。

克罗格公司的崛起十分简单，甚至有些让人难以置信。在采访中，莱尔·埃弗林厄姆及其前任吉姆·赫林（转变关键期的首席执行官）都显得彬彬有礼，而且很配合，但是对我们的问题，他们有些恼火。对于他们来说，那些事情都再自然不过了。当我让埃弗林厄姆把100分分配给他所认为的转变时期最重要的5个要素时，他说：“我觉得你提的问题有些令人费解。总的来说，我们做了详细的调查研究，所有的数据都汇聚成一个洪亮的声音——只有建立连锁超市才是唯一的出路。我们还学会‘要么做第一，要么做第二，再不然就退出’。当然，一开始的时候，我们还有些怀疑，但立即就转向面对现实。我们对即将要做的事情根本没有任何问题可提。事已至此，我们也只好硬着头皮上了。”

克罗格公司决定对旗下的每家商店、每一个部门进行整改，只要是不符合新形势的就或取缔，或改变，或替代。从一家商店到另一家商店，从一个街区到另一个街区，从一个城市到另一个城市，从一个州到另一个州，整个系统做了一次由里向外、彻底的改头换面。20 世纪 90 年代初，克罗格公司完成了所有的系统改革，成为生活日用杂货连锁行业的龙头老大，已是指日可待，1999 年，公司真的坐上了这个位置。与此同时，A&P 一半以上的商店仍保持着 20 世纪 50 年代的风格，而它的辉煌历史，只能作为出土文物被人伤心地回忆了。

事实胜于美梦

我们调查研究的一个根本宗旨，就是发现由一系列的正确决定所带来的突破性结果，而且这些决定是一环套一环的。当然，实现跨越的公司，其历史并不总是卓越和完美无缺的。但总体来看，它们比不是很成功的公司所做出的正确决定要多得多，也比对照公司更多。更重要的是，在比较重大的事件的决策上，比如克罗格公司决定把所有的资源都用于公司的转变，用于从传统模式改成超市模式，它没出丝毫差错。

这自然带来了一个问题。我们是不是仅研究了这样一些公司，它们由于幸运碰巧做出了一系列正确的决定？还是它们有一些与众不同的方法，使它们更有可能做出正确的决策？研究显示，它们的确有不寻常之处。

实现跨越的公司表现出两种与众不同的严格的思维方式。首先，不论事实有多么残酷，它们都敢于面对，这也正是本章的重点。其次，面向所有决定，它们构建了一个简单又深刻的参考模式，这一点将在下一章进行讨论。就像克罗格公司所展示的那样，只要你在一开始诚实而勤奋，努力弄清楚面临的真实情况，正确的决策就会不言自明。情况虽然并不总是如此，但往往会是这样的。哪怕答案不会出现，至少有一点可以确信无疑：不首先面对事实，公司永远不可能做出一系列正确的决策。实现跨越的公司严格遵守这条规则，而对照公司却往往做不到。

比较必能宝与信件和文件复印机公司，很难发现这两家公司在改变之前，在一段特定的历史时期内，有什么大的区别。它们有着相近的收入、相同的利润、相差不多的员工人数，股市行情也相仿。两家公司在各自的领域里都保持着近乎垄断的地位，有十分稳定的客户群。其中，必能宝经营邮政服务，而信件和文件复印机公司从事复印机生意。两家公司又同时面临丧失垄断地位的危机。但到 2000 年，必能宝拥有的员工数达到 3 万人，总资产超过 40 亿美元。但信件和文件复印机公司的资产不到 1 亿美元，员工也只有 670 人。对于股东来说，必能宝的业绩比信件和文件复印机公司高出 3 580 倍（是的，差距就是这么大）（见图 4–3）。

1976 年，一位个人魅力十足、具有远见卓识的领导者，担任信件和文件复印机公司的首席执行官，他就是罗伊·阿什。阿什自称“大公司的创立者”，曾经通过一系列带有赌博色彩的收购建立了立顿公司，但从此立顿开始衰落。《财富》杂志称，阿什打算以信件和文件复印机公司为舞台，在世人面前重新树立起自己的领导威信。

信件和文件复印机公司预备实施只有 IBM（国际商业机器公司）、

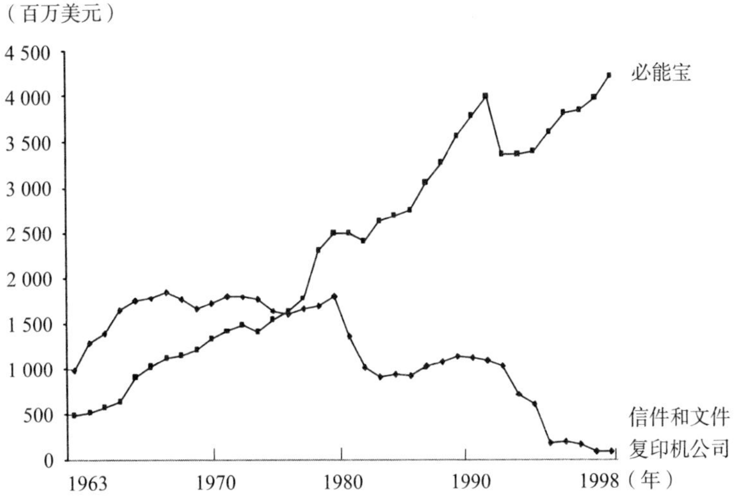

图 4–3　必能宝与信件和文件复印机公司的收入对比（1963—1998 年）

施乐以及柯达这样的大公司才会有的大胆设想，这对于一家只经营过信封复印业务的小公司来说，跨度实在有些大。有大胆的设想没有错，但《商业周刊》表示，阿什变得非常执迷于他那些不切实际的构想，他拒绝面对现实，他的计划注定会失败，而且这将让全公司的人跟着遭殃。他坚持从那些还在赢利的部门抽出资金，这一方面破坏了正常业务的运行，另一方面又把钱浪费在成功机会很小的投资项目上。

后来阿什被踢出公司，公司随即也被迫宣告破产。但他还是拒绝面对事实，强辩道："我们只是打了几场败仗，但我们会取得整个战役的胜利。"然而，当时公司里所有人都知道，信件和文件复印机公司根本连胜利的边都没摸到。事实上，信件和文件复印机公司的许多关键人物都被迫离开公司，因为他们根本没有办法掌握实权来恰当地处理问题。

也许我们应该给罗伊先生一些赞赏，他也竭尽全力地想让公司变得卓越（公平地说，阿什在他的计划完全实施之前，就被踢出了管理队伍）。不过，当时在权威杂志里的确有大量文章显示，罗伊确实无视那些与他的观点不符的现实。

追求卓越的愿望本身并没有错。实现跨越的公司也着手追求卓越，但与对照公司不同的是，它们依据残酷的现实来不断监督自己通向成功的道路。

“当你搬开岩石，看到底下那些龌龊的东西，你要么把岩石放下，要么对自己说：‘我的职责就是要翻开这些岩石，看看这些龌龊的东西，尽管这可能会使我恶心至极。’”必能宝主管弗雷德·珀杜的这番话，可以从该公司任何一个主管那里听到。他们对公司在商界的地位期待过高，以致产生带有强迫症式的焦虑情绪。一位主管说：“极端仇视与自满，已经形成一种文化。”另一位主管说：“我们清楚地认识到，已经完成了的东西，不论有多么不同寻常，都不足以使我们停止前进。”

在必能宝的新年第一次经理会晤中，通常有 15 分钟被用来回顾上一年所取得的巨大成就，2 小时的时间被用来讨论新一年中公司即将面临的困难。必能宝的销售会议不同于其他大多数公司中盛行的“我们难道还不卓越吗”这样的自吹自擂：公司的员工，从直接与客户打交道的推销员到经理，都会直接面对问题与挑战。公司形成了这样的传统，并设有专门的论坛，在那里，人们可以直抒己见，向高层主管指出问题，当面批评他们：“瞧，你们该注意了。”

与必能宝形成鲜明对比，信件和文件复印机公司的例子说明了重要的一点，像罗伊·阿什那样过于自负的领导者会阻碍公司的发展。在整个研究中，我们发现，在一些对照公司中，有些高层领导用铁腕进行统治，使员工担心他们会怎么说、怎么想、怎么做，多于担心外在的事实和事实对公司的影响。正如上一章中所提到的，美洲银行的职员不敢轻易发表议论，直到他们清楚首席执行官在干什么。但是在富国银行和必能宝这样的公司，我们却没有发现类似的情况。相反，那里的人担心现实情况要超过在乎领导的感受。

一旦一个领导让他个人而非公司经营的事实和问题成为人们关注的中心，那么这家公司肯定要走向衰落，或者更糟糕。这就是为什么那些不那么自负的领导者比起自负的领导者，往往会有更好的表现。

> 的确，对于这些有强烈个性、个人魅力十足的领导者来说，他们有必要认识到，个人魅力可能是一种财富，也可能是一种累赘。一旦人们向你隐瞒事实，你的这种个性就会是这一系列问题的罪魁祸首。你也可以克服这个缺点，或者多加注意。

温斯顿·丘吉尔就很清楚他强硬的个性意味着什么，但在“二战”中他却成功地补己之短。我们都知道，丘吉尔一直对此坚信不疑：英国不仅会生存下来，而且仍将是一个伟大的国家——尽管当时全世界的人都认为英国一定会求和，他们不清楚的只是英国会在什么时候求和。在最黑暗的时期，几乎整个欧洲大陆和北非都处在纳粹的铁蹄之下，美国极力想置身事外，所以希特勒只单线对英作战（那时他还没有发动对俄国的战争），此时丘吉尔表示：“我们下定决心，一定要打败希特勒，摧毁纳粹的统治。对这点，没有什么可以改变我们，没有！我们决不和谈！决不向希特勒或他的党羽妥协！我们要与他进行海陆空战争，直到完全逃离纳粹的魔爪。”

即使是在这样大胆的设想之下，丘吉尔也从不忘记面对最严酷的现实。他害怕自己那铁塔般的强硬个性，会使最坏的消息无法直接残忍地传到他的耳中。因此，战争一开始，他就在一般的渠道之外建立了一个完全独立的部门，它被命名为“统计局”，其主要的功能就是向他提供最新的、完全没有被修饰过的战况。整个战争时期他都依靠这个特殊部门。丘吉尔不断地要求提供纯粹的事实。就在纳粹分子席卷了整个欧洲大陆之时，丘吉尔还可以酣然入睡。“我不需要美好的梦境，”他写道，“事实胜于美梦。”

营造良好氛围，弄清问题真相

现在，你也许会纳闷儿：“既然形势严峻，怎么还能够激励人呢？激励难道不是主要来自伟大的愿景？”令人不解的是，答案却是否定的。不是说愿景不重要，而是花大力气激励人，基本上是在浪费时间。贯穿本书的一个主旨是，如果你按我们说的去做了，那么你根本不必花时间与精力来激励部下。如果你有合适的人才在车上，他们就会有一种内在的自我驱动力。那真正亟待解决的问题就变成，你该怎样恰当地经营，才不会使你的部下失望。而最令人沮丧的事，莫过于因对自身估计不足，最终被时代淘汰。

> 不错，领导和愿景有关。但是领导同样也是为了制造这样的气氛：在那里，真理被接受，残酷的事实被勇敢地面对。“让你说才说”和“主动听取你的意见”是有很大区别的。实现跨越的公司的领导者了解这个区别，在这些公司里，他们要让员工有机会说话，并且说真话，要做到知无不言、言无不尽。

如何形成这种问题和真相不被掩盖的氛围？以下有 4 点建议可供参考。

1. 领导应多提出问题，少给出答案。

1973 年是艾伦 · 沃泽尔接替父亲任首席执行官的第二个年头，那时公司正处于破产的边缘，而且之前签下的贷款协议也快到期了。这个时候的公司（被称为沃兹公司，不过不要与当时的蒙哥马利 · 沃德公司搞混了）军心涣散，处于一片混乱之中。接下来的 10 年中，沃泽尔和他的同事不仅力挽狂澜，而且成功建立了电路城新的经营理念，并为以后的成功打下了坚实的基础，从 1982 年开始转变到 2000 年 1 月 1 日，公司股票的价格是市场平均水平的 22 倍。

艾伦 · 沃泽尔能把公司从几近破产的边缘拉回来，并取得这样巨大的成就，基于他对将把公司带往何处这个问题的独特回答：我不知道。不同于信件和文件复印机公司的罗伊 · 阿什，沃泽尔从不坚持要一个确切的答案。相反，在经营公司时，一旦安置了合适的人选，他不是从答案而是从问题入手。一位董事曾说："艾伦实在是一位奇才，他总有本事问一些特别精彩的问题。在会议室里，我们有过一些精彩的辩论。那些讨论绝不是走形式，走过场，随便听听然后去吃饭而已。"的确，在大公司中，极少有像沃泽尔这样的首席执行官，他向董事们提出的问题要远远多于董事们向他提出的问题。

对他管理的队伍，他也采取了同样的方法，他会经常向他们提问。这样的情况时有发生，沃泽尔会无休止地提问题，直到他对事情的来龙去脉有了清楚的了解。"他们经常称我是检察官，因为我往往会在一个问题上纠缠不休。你知道，这就像是一只斗牛犬，不达目的决不罢休。为什么？为什么？为什么？"沃泽尔说。

像沃泽尔一样，实现跨越的公司的领导者都有股苏格拉底式的钻研劲儿。他们提问题只为一个原因：弄清事实真相。他们不会把问题当成一种影响（“在……问题上，你难道不同意我吗？”），或者把问题作为责备他人的手段（“你怎么连这个都搞不清楚”）。当我们问及那些主管在转变时期的管理人员会议上都干了些什么时，他们说，绝大多数时间就是在“试图了解”。

实现跨越的公司的领导者非常懂得利用那些与经理以及雇员在一起讨论的非正式的会议——没有议题、没有预先规定好的活动安排。他们可以以这样的问题开场：“那么你是怎么想的？”“你能告诉我那里的情况吗？”“你能解释这件事吗？”“当前我们有什么问题要解决？”这些无议题的会议就成了论坛，由此眼前的迫切问题一个一个浮出水面。

> 要将公司领导得出色，不是要从答案开始，然后让你的雇员跟着你走，而是要虚怀若谷，你得承认这样的事实——你还没有了解全部情况，应该多提些问题来帮助自己更好地把握情况。

2. 要对话，要争论，但不要强制。

1965年，你找不到任何一家比纽柯公司更糟糕的公司了。这家公司只有一个部门还在赢利，而其他部门都在花钱，也没有值得一提的公司文化和某个明确的前进方向，它已濒临破产的边缘。那时候，纽柯公司被官方当作“美国核能公司”，这反映了当时追求核能产品的导向，比如“火花探测器”用于辐射检测。公司也生产一些半导体产品、稀有金属材料、静电复印机以及房屋横梁等彼此互不相干的产品。在1965年纽柯开始转型时，公司已不生产一盎司[①]钢铁，它也不赚一分钱，但

① 1盎司≈28.35克。——编者注

是30年后，纽柯却成为世界四大钢铁厂之一。1999年，纽柯的收入更是超过了美国其他所有的钢铁公司。

纽柯公司是如何实现由糟糕的“美国核能公司”到最好的钢铁公司的转变的？首先，一个第5级经理人肯·艾弗森的出现使纽柯转危为安，他此前是主管横梁业务的总经理。艾弗森让合适的人才上车，并组建了一支包括萨姆·西格尔（被他的同事称作“世界上最好的财务经理”，一个魔术师）和运营天才戴维·艾科克的杰出队伍。

然后事情发生了哪些变化？

像艾伦·沃泽尔一样，艾弗森也梦想建立一家卓越公司，但他拒绝以如何到达的“现成答案”为起点，相反，他扮演了一个苏格拉底式的调停者角色。“我们举行了许多总经理会议，我更像是一个负责调停的中间人。”艾弗森评论道，“会场乱糟糟的，我们会一连数小时待在那里讨论问题，直到事情有些眉目……有时候，会议变得很暴力，人们几乎要动手……大家叫喊着，在桌子旁边挥舞着手臂，脸涨得通红，青筋暴出。”

在艾弗森执掌期间，这种情形持续了好几年，同事们会挤进艾弗森的办公室，相互叫嚷，但最后他们会达成共识。他们争吵和争论，然后卖掉了原子能生意；他们争吵和争论，然后决定把重点放在钢筋横梁的经营上；他们争吵和争论，然后开始自己炼钢；他们争吵和争论，然后投资了第一个小型矿井；他们争吵和争论，然后建立了第二个矿井。与我们交谈的绝大多数主管，都表示公司有爱争论的传统。事实上，“在争吵和战斗中前进”已成为公司的发展策略。

像纽柯公司一样，所有实现跨越的公司一般都崇尚频繁对话，像“大声争论”“激烈辩论”“合理冲撞”等词语，在公司的文件与记录中屡见不鲜。这种讨论不是流于形式，让人们随便说，他们是要通过争论达到他们预期的结论。整个讨论过程更像是一个充满科学性的争论，人们都加入其中并寻找正确答案。

3. 做彻底的事后分析，不要互相指责。

1978 年，菲利普·莫里斯公司收购了七喜公司，但 8 年后该公司却因亏本将其卖出。和菲利普·莫里斯公司的总资产相比，这样的财务损失不算太大，但非常明显，这是一个消耗了数千个小时珍贵经营时间的大黑洞。

在我们同菲利普·莫里斯公司主管的会面中，他们直截了当地揭露了这个巨大的灾难，他们公开的讨论方式使我们惊讶万分。他们不是掩饰这个巨大又丑陋的错误，而是觉得有必要来谈论它，进行彻底的改正。乔·库尔曼在《我是个幸运儿》一书中，专门用了 5 页纸的篇幅详细地研究了收购七喜公司的灾难。他对为何会做出这一错误决定的令人尴尬的事实，毫无保留地进行了阐述。整整 5 页纸都是关于错误、错误的影响和错误的教训的分析。

团队花费了大量的时间，没有数千个小时至少也有数百个小时，对七喜公司的案例进行彻底的事后分析。然而，虽然他们一直谈论这个巨大的失败，却没有责备任何个人。对此，只有乔·库尔曼是个例外。他站在镜子前，责备自己。“……很明显，这又是一个行不通的乔·库尔曼计划。”他写道。不仅如此，他走得更远——如果他当时能听取反对者的意见，那么这个灾难完全可以避免。他特别给予那些曾提出合理化建议的人赞扬，并列举了比自己更有先见之明者的名单。

时下，领导者们都在花大力气想要保持良好记录。一旦有了成绩，他们就急不可耐地邀功，炫耀自己多么有远见；当他们的决定发生了偏离，他们就会责备别人。库尔曼的做法无疑令人耳目一新！他定下这样的调子：我会承担做出错误决定的后果，但是付学费所得到的沉痛教训，却是每个人都要注意的。

> 做没有指责的事后分析时，你可以营造一个事实可以被倾听的气氛。如果有合适的人和你同舟共济，你就无须指责，只需理解和学习。

4.建立“红旗机制”。

我们生活在一个信息时代，拥有更多、更好信息的人据说占有优势。可当思考各种组织的盛衰时，你就不难发现很少有公司是因为缺乏信息而垮台的。

伯利恒钢铁公司的管理部门，早就知道有来自像纽柯公司这样的小型作坊的威胁。但他们对此满不在乎，直到有一天他们发现大部分的市场份额已经被别人占有，这才大梦初醒。

普强公司已经有许多信息表明，有些有缺陷的产品根本达不到预期的效果。更糟糕的是，它们还可能存在各种潜在的副作用。然而，他们还是忽略了这种问题。例如，关于酣乐欣，《新闻周刊》引用了一名业内人士的话：“打消人们对酣乐欣安全性的顾虑，已经成为真正的企业决策！”在另一个事件中，当普强公司发现自己受到别人的攻击时，它将问题定位于“具有敌意的宣传”，而不是去面对是自己有缺陷的事实。

美洲银行的主管拥有大量关于银行业即将解除管制这一事实的信息。然而他们未能面对这些事实将带来的一个严重后果：在一个失去管制的世界中，银行业务也会成为商品，银行业务中的旧式额外补贴和文雅的交易将不复存在。直到银行损失了18亿美元以后，他们才完全接受了这个事实。相比之下，富国银行的卡尔·赖卡特，一个被他的继任者称为“极端现实主义者”的人，却勇敢地面对解除管制后将出现的严重后果：抱歉，银行业的同人，我们已无法保留银行家阶级了。我们必须像麦当劳的决策者一样，成为对成本和效率斤斤计较的生意人。

> 事实上，根本没有证据表明实现跨越的公司具有比其他公司更好的获取信息的渠道。两类公司都能得到差不多相同的优质信息。问题的关键不在于更好的信息，而在于要把信息转换成让人无法忽视的信息。

做到这一点的一个有效途径，就是通过“红旗机制”。请允许我用本人的一个例子来阐明这种做法。当我在斯坦福大学商学院采用案例法授课时，我给每个MBA（工商管理硕士）学生一张8英寸[①] × 11.5英寸的鲜红的纸板，并做了如下指示：“这是这学期使用的红旗。如果你将红旗举起，整个课堂将为你停止。你何时或者如何使用它，是没有限制的。最终的决定权掌握在你手中。你可以用它来发表评论，谈论个人经验，分析问题，对教授提出反对意见，对来讲课的首席执行官提出质疑，回答同学提出的问题，提出建议，等等。只要你愿意，做什么都可以。无论你怎样使用红旗，都不会有人惩罚你。但在本学期，红旗只能被使用一次。你手中的红旗是不可转让的，你不可以把它送给别人或者转卖给他人。”

有了红旗，我无法确切地知道每天的课堂上将发生什么事情。有一次，一个学员用她手中的红旗来发表意见：“柯林斯教授，我认为你今

---

① 1英寸 = 2.54厘米。——编者注

天正在进行一次毫无效果的教学工作。你提出了太多的问题，这限制了我们独立思考。让我们自己来思考吧。”红旗机制使我面对这样一个残酷的现实，那就是我的提问风格严重阻碍了他人的学习。如果我课后对学生进行调查，那么他们也会给我这样的反馈。但是红旗机制（实时地在课堂上每个人面前）把教学上有缺陷这样一个事实，转化成了一个不容我忽视的信息。

我是从布鲁斯·伍尔帕特那里得到有关红旗机制的想法的。布鲁斯·伍尔帕特在他的花岗岩公司中始创了名为“少付”的有效机制。少付机制给了客户极大的自主权，他们可以根据自己对产品或服务的满意程度，来决定是否付款或者支付多少。少付不是一项退款政策，客户无须返还商品，也无须打电话给花岗岩公司征得同意。客户只需在发票上将不满意的项目圈出，并从总价中扣除相应的数额，然后把剩下的钱付清就行了。当我询问伍尔帕特为什么会创立少付机制时，他说：“你可以从对客户的调查中获得很多的信息，但名目繁多的解释方案会让人不胜其烦。通过少付机制，你必须把所有精力集中在那些资料上。你常常无法察觉客户的不满，直到你完全失去他们。少付机制可以扮演一个早期预警系统的角色，让你在失去客户之前就进行及时调整。”

坦白说，我们并没有发现“红旗机制”像实现跨越的公司实行的少付机制那样特点鲜明且有戏剧性。然而，应助手莱恩·霍南的迫切要求，我还是决定在这里提及它。霍南曾帮助我做系统的研究，并为另一个研究课题搜集了公司运行机制方面的许多资料。他坚持认为，如果你是一个先进的第 5 级经理人，那么你可能不需要“红旗机制”这样一个强迫性的政策。但是如果你还不是一个第 5 级经理人，抑或你具有强硬的个性，那么“红旗机制”将是一个实际而有效的工具，它可以帮你把不易觉察的信息转换成不可忽略的信息，并形成一种注重事实的氛围。

面对残酷现实，保持坚定信念

20世纪60年代后期，当宝洁公司进军造纸业时，斯科特纸业（当时的领头企业）在毫无反抗的情况下就甘居第二，并开始寻求多元化发展。“1971年公司召集分析师开会，这是我参加过的最令人失望的会议之一。”一位分析师说，“管理部门实际上已经丢掉了毛巾业务，却还在说我们曾经拥有。”这个一度自以为是的公司，现在开始正视自己所面临的竞争，但它仍说“我们这是在逆境中积累经验”。他们还强调：“哦……至少有些人的生意，做得比我们还糟糕。”斯科特纸业只知道尽力保护那些已有的东西，而不会进行反击以取得胜利。公司希望通过把主要市场让给宝洁公司，而自己躲避到B类商品的经营中去，以避免遭到入侵地盘的“怪兽”的伤害。

另外，金佰利公司却把与宝洁公司的竞争当作一笔财富，而不是一种困扰。达尔文·E.史密斯和他的管理团队都为能和最好的公司一争高下而兴奋不已，并把这样的竞争看作一次能使金佰利更加优秀和强大的机遇，以及激励公司上下提高竞争力的方法。在一次内部会议上，达尔文·E.史密斯站起来，用这样的话作为开场白：“好吧，我希望大家都站起来，并默哀片刻！”每个人都四处张望，对达尔文接下来要干什么很是困惑。难道有人去世了吗？然后，片刻的迷茫之后，他们都站了起来，恭敬地低头注视双脚。在一阵沉寂之后，史密斯抬头望着众人，并以一种肃穆的口吻说：“刚才是在为宝洁公司默哀！”

全场一片哗然。布莱尔·怀特，一位亲历了这件事的董事这样说：“他用这种办法使公司从上到下都兴奋起来。我们就像是与巨人歌利亚较量！”后来，韦恩·桑德斯（史密斯的继任者）向我们表示，与最好的公司进行竞争会带来许多好处：“我们能找到比宝洁公司更好的对手吗？不可能！我这样说，是因为我们非常尊重他们。他们比我们强大，他们很有能力，营销做得也很棒。所有的竞争对手都被他们赶入了地狱，只有金佰利除外。这是我们引以为豪的事情之一。”

斯科特纸业和金佰利对待宝洁公司的不同反应，给我们带来了关键的启示。当面临严酷的现实时，实现跨越的公司使它们自己更加强大、更有弹性，而不是变得软弱和丧失信心。兴奋的感觉来自勇敢地面对困境，并对自己说：“我们永远不会放弃。我们永不停止抵抗。虽然这可能需要较长的时间，但是我们总会找到一条成功之路的！”

在结束对来自克罗格公司的罗伯特·阿德斯的采访时，他做了很好的总结，描述了克罗格团队在长达 20 年的时间里，艰难而自觉地改变公司整个系统时的心态：“一定有某个神灵在保佑我们正在进行的工作！我们有强烈的生存愿望，感到自己是克罗格公司的一分子。克罗格公司以前就存在，而且会继续存在下去，甚至是在我们百年之后。我们将最终赢得胜利！这可能会花费我们上百年的时间，但如果需要这样的话，我们就坚持 100 年不动摇。”

在整个研究调查中，我们想起国际受害者研究协会所做的关于“顽强的精神”的研究。这项研究对各种遭受不幸之人，如癌症患者、战俘、事故受害者等进行了调查，调查了他们遭受的厄运，以及他们如何幸存下来。他们发现这些人大致可以分为三类：遇到不幸总是垂头丧气者；能够从打击中恢复以往生活的人；把不幸经历当作动力，使自己变得更强大的人。那些实现跨越的公司类似第三类，即它们具有“顽强的精神”。

当房利美在20世纪80年代早期开始进行经济转型时，几乎没有人看好它会成功，更不要说成为卓越公司了。公司贷款达到560亿美元，而且正在亏本。在抵押上有9%的利息收入，却要支付高达15%的贷款利息。将这个差额乘以基数560亿美元，所得的数字实在难以令人乐观。从公司财务报表来看，房利美除了贷款抵押业务之外，根本无法涉足其他业务。许多人以为房利美会密切注视利率的变化趋势：利率上升，则公司亏损；利率下降，则公司赢利。也有许多人相信除非政府大幅降低税率，否则房利美几乎没有胜算。一位分析师曾说："那将是他们唯一的希望。"

但戴维·麦克斯韦和其新的管理团队可不这么看。他们从不动摇自己的信念，在对他们的采访中，他们自始至终都强调，他们的目的不仅是要活下来，而且要以卓越公司的姿态胜出。利率是一个无法忽视的致命因素，房利美没有办法，只能尽力成为资本市场（虽然抵押有利率风险）上最好的玩家之一。麦克斯韦和他的队伍着手新建一套商业模式，包括一系列十分复杂的抵押财务手段，由此降低对银行利率的依赖性。但大多数分析师都对此嗤之以鼻："你的各种贷款高达560亿美元，却上马新项目，这无异于开玩笑。"有人说："这就像克莱斯勒公司（当时该公司正在申请美国联邦政府的借款保函，以摆脱破产危机）要从事航天事业一样。"

在结束对戴维·麦克斯韦的采访时，我问他和他的管理团队，在最困难的时期，是如何对付这些说三道四的分析师的。他说："这不是一个内部问题，当然我们必须停止做愚蠢的事情，并开发一套全新的金融策略。但我们从不认为自己会输。我们把灾难当作一次让房利美重振雄风的绝佳机会。"

在一次例行的研究讨论会上，一个小组成员评论道：房利美让她想起了一个由李·迈杰斯主演的电视剧《无敌金刚》。故事因一个宇航员而起，他在西南部沙漠上空进行登陆月球的航天器试飞时，遭遇了严重的空难。医生不仅尽力挽救了病人的生命，而且将他改造成了一个超人，安装了一些原子能自动化装置，比如功能强大的左眼和机械化的四肢。同样戴维·麦克斯韦和他的团队在面对公司正在流血和将死的事实面前，不是把它作为重组的借口，而是作为让自己成就一番更伟大、更坚定的事业的最好机会。房利美的领导者循序渐进，日积月累，重建了整个风险管理的商业模式，并把公司文化重塑为华尔街无可匹敌的一架高速运转的机器。最终，在 15 年内房利美的股票收益率是市场平均水平的近 8 倍。

斯托克代尔悖论

当然，不是所有实现跨越的公司都面临如同房利美一样可怕的危机，至少一半以上的公司都没有。但是每家实现跨越的公司在通往成功的道路上都是困难重重，要经历这样或那样的挫折。比如吉列公司面临收购战，纽柯公司面临进口问题，富国银行遭遇银行业取消管制的挑战，必能宝公司有失去垄断地位的危险，雅培公司面临产品召回危机的困境，克罗格公司必须改变绝大多数商店的经营模式。但在每一个案例中，他们的管理队伍都显示出极大的心理承受能力。一方面，他们平静地接受了残酷的现实；另一方面，他们对自己坚信不疑，相信不论道路如何险阻，前途一定是光明的。我们把这种矛盾心态称为“斯托克代尔悖论”。

说到这里，我们有必要谈谈海军上将吉姆·斯托克代尔，他是越南战争时期“河内希尔顿”战俘营关押过的美方最高军事指挥官。

1965—1973年，吉姆被严刑拷打20多次。他没有享受到任何优待战俘的权利，相反，他不知道自己是否能获释，甚至不敢确定自己是否还能活着见到他的家人。他顶住来自越方的压力，竭尽所能，想方设法创造条件，增加战俘获释的机会。他甚至在战俘内部组织了一场斗争，破坏了越方用战俘做宣传的企图。一方面，他用铁条鞭打自己，用刀片割伤自己，为的是不让越南方面将自己作为“受优待战俘”的典型。他在与妻子的通信中，用极聪明又隐秘的方法传达信息。尽管他知道一旦被发现，后果会不堪设想——可能会遭受更多的虐待，甚至面临死亡的威胁。他创立了一套对付虐待的方法（没有人可以无限制地忍受虐待，因此，他发明了一套信息传递系统——你可以在短时间内隐秘地表达你的意思。这使得人们有了活下去的依靠）。他通过这套煞费苦心的内部交流方法，打破了越方要将他们完全隔离的计划。这种方法用敲击代码来代替字母。（嗒－嗒代表字母“a”，嗒－停顿－嗒－嗒代表字母“b”，嗒－嗒－停顿－嗒代表字母“f”，依次类推。）有一次，狱友们面带愁容，在院子的中央掩面而泣，在沉默之后，他用代码敲出了“我爱你”，以纪念他被俘三周年。在斯托克代尔获释后，他获得了崇高的荣誉。

至此，你可能会理解我多么渴望能与斯托克代尔共享下午茶时光。我的一个学生的论文研究对象就是斯托克代尔，而斯托克代尔恰好是研究斯多葛哲学的高级研究员，他就在我办公室对面的胡佛学院上班。因此，斯托克代尔邀请我们共进午餐。为此我事先阅读了《爱情与战争》。这本书是他与妻子合著的，记载了他们在这8年中的经历。

一读这本书，我就发现自己被深深地打动了。一切看起来都是那么灰暗，未来命运不确定，还要面对残暴的敌人，等等。这时，我不禁冒出这样的念头：“今天，我坐在温暖舒适的办公室里，窗外是美丽的大学校园，还是一个晴朗的周末的下午。我被书中的情节深深地打动了，而且我清楚事情的结局。我知道他最终得以获释，与家人团聚，并成为一位民族英雄，用他的余生在美丽的大学校园里研究哲学。是什么让我如此感动？那就是当他身处敌营，完全不知结局时，他却做到了这些。”

“我从不对故事的结局失去信心，”当我就此询问他的时候，他回答，“我从不怀疑我可以出来，而且会最终成功。回忆过去，这要归功于我在人生的关键时刻不会出卖自己。”

有好几分钟，我什么都没说，我们就这样，朝着教员俱乐部，慢慢走去。斯托克代尔走路一瘸一拐，不是很方便，他饱受摧残的病腿从未痊愈，甚至有些僵硬。大约默默走出100米后，我终于开口问道：“哪些人没能出来？”

他回答：“这个简单，那些乐观主义者呗。”

“乐观主义者？这我就不明白了。”我完全被搞糊涂了，这不跟他刚刚所说的自相矛盾吗？

“那些乐观主义者！噢，他们这些人会说：‘圣诞节之前，我们一定能出去。’圣诞节到来了，然后过去了。他们又说：‘复活节之前，我们一定能出去。’复活节也到来了，也过了。然后是感恩节，然后又是圣诞节。最后，他们抑郁而终。”

又是很长时间的沉默，我们继续散步。然后他把头转向我，说道：“这是一个非常重要的教训。你不能把信念与原则混淆，信念是你一定会成功——这点你可千万不要失去，而原则是你一定要面对现状中最残忍的事实，无论它们是什么。”

时至今日，斯托克代尔告诫乐观主义者的形象还常常浮现在我的脑海中：“我们不会在圣诞节之前出去，面对现实吧！”

和斯托克代尔上将的一番对话实际上对我自己的发展也产生了深远的影响。生活是不公平的——有时对我们有利，有时不利。在人生旅途中，我们都会经历失望和打击，经历“无缘无故”的挫折，谁都没办法抱怨。可能是生病，可能是受伤，可能是一次事故，可能是失恋，可能是在政治风波中下台，也可能像斯托克代尔在越战中被俘，被投入战俘集中营，关押长达 8 年之久。斯托克代尔告诫我，将人们区分开的不是困难本身，而是对待生活中无法避免的困难时的态度。在面对命运的挑战时，斯托克代尔悖论（你必须坚持你一定能胜利的信念，同时面对现实中各种残酷的事实）被证明是极为有效的，它可以使你在遭遇困难后不是变得软弱，而是变得更强大——不仅是对我而言，对于任何一个明白这个道理并加以实践的人来说，这都是有效的。

斯托克代尔悖论

坚持你一定会成功的信念，同时，要面对现实中最残忍的事实，不论面对的困难多大，不论它们是什么。

我从来都没有把与斯托克代尔的这番谈话，当成我对卓越公司进行调查的一部分，而是将它看作个人而非公司的经验。但是，在我进行调查研究的过程中，它一直在我的脑海里盘旋，挥之不去。最后，终于有一天，在例行的研究讨论会上，我向大家讲述了斯托克代尔的事迹。当我结束讲话时，整个会议室里静悄悄的，我心里想：“他们一定觉得我离题万里，不知所云了。”

这时，沉默不语而很有见地的小组成员杜安·达菲（他曾经负责有关 A&P 和克罗格公司的比较分析）打破了沉默，他说：“这正是我苦苦寻求的答案。我曾经试图了解 A&P 和克罗格公司的本质区别，这下我找到答案了：克罗格公司就像斯托克代尔，而 A&P 就像那些乐观主义者，总以为他们在圣诞节一定可以被释放。”

接着，别的成员也插话表示同意，并指出他们比较的两组公司的情形很类似——富国银行和美洲银行都曾面临银行业解除管制的情况，金佰利和斯科特纸业都必须改变产品线，必能宝公司与信件和文件复印机公司都面临失去垄断地位的危险，纽柯公司和伯利恒钢铁公司都承受着进口钢铁的压力，等等。而实现跨越的公司都体现出了这种矛盾的心理模式，我们把它称为斯托克代尔悖论。

斯托克代尔是所有创造奇迹的人的一个缩影，不论是主导自己的生活的人，还是领导他人的人。丘吉尔在第二次世界大战中就是这样的。海军上将斯托克代尔正如在他之前的维克多·弗兰克尔，靠着信念得以从集中营幸存下来。实现跨越的公司的领导者不可能都有拯救世界的壮举，或有过在集中营里待过的经历，但是他们都是斯托克代尔悖论的实践者。不论境况有多糟糕，平庸的生活让人变得多迟钝，他们都坚持必胜和成为卓越公司的信念。同时，他们也恪守要面对最残酷现实的原则。

就像我们在研究中发现的一样，成功的关键因素往往是简单而又直接的。实现跨越的公司的领导者能够排除一切噪声和干扰，在少数有重大影响的事情上集中精力，全力以赴。他们能够如此，很大程度上是因为他们兼顾斯托克代尔悖论的两个方面，不让任何一方占上风。如果你可以采取这个双重系统，你就可以极大地增加做出正确决策的机会，并最终得出一个简单又深刻的理念，做出真正了不起的抉择。一旦掌握了这个简单而统一的理念，你就离不断转变，取得突破性进展不远了。帮助大家树立这个观念，正是我们努力的目标。

小　结

要　点

- 所有实现跨越的公司都是以面对残酷的现实为起点，从而走向成功之路的。
- 如果你诚实而努力，想要确定所面临的现实情况，那么正确的决策往往会不言而喻。但你若不首先诚实地面对现实，就永远不可能做出一系列正确的决定。
- 将公司从优秀引向卓越的首要任务，是创造这样一种文化氛围：在那里，人们有无数的机会被倾听，这样，事实最终也可以被听到。
- 创造一个让事实说话的大气候，有 4 个需要注意的基本点：

  （1）多提出些问题，少要求些答案。

  （2）要对话，要争执，但不要强制。

  （3）做彻底的事后分析，不要相互指责。

  （4）建立“红旗机制”，把信息转化成无法被忽视的信息。
- 实现跨越的公司和对照公司一样，会面对同样多的困境，但它们的反应不尽相同。前者会迎难而上，结果是在困境中变得更加强大。
- 走向成功的一个关键的心理秘诀是斯托克代尔悖论：坚持你一定会成功的信念，不论困难多大；同时，要面对现实中最残忍的事实，无论它们是什么。

意外发现

- 有魄力可以是一种财富，也可以是一种毒药。过于强硬的领导个性，会阻碍一个人直面残酷的现实。
- 领导不是始于远见卓识，而是始于让人面对残酷的现实，并积极地采取行动。
- 花时间与精力来“激励”人是巨大的浪费。真正的问题不是“如何激励员工”。如果你有合适的人，他们就会自我激励。关键是不要打击他们的积极性。而最令人泄气的事情，莫过于忽视残酷的现实。

第五章

刺猬理念

认识你自己。

——柏拉图，《特尔菲神谕》

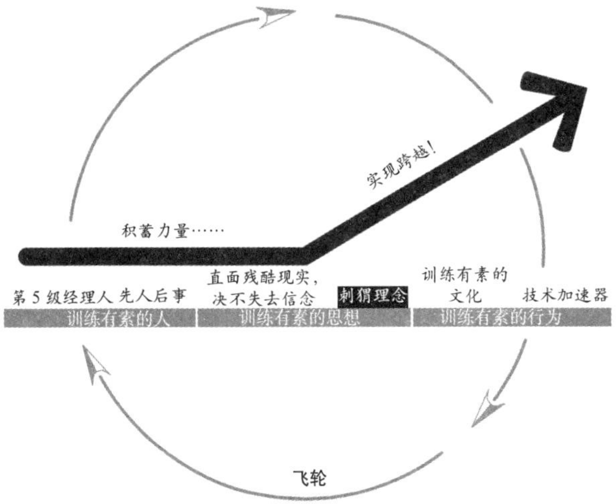

你是刺猬，还是狐狸呢？

以赛亚·伯林在他著名的小品文《刺猬与狐狸》中，把人分为刺猬和狐狸两种类型。他依据的是古希腊的一则寓言：狐狸知道很多事情，但是刺猬知道一件大事。狐狸是一种狡猾的动物，能够设计无数复杂的策略偷偷向刺猬发动进攻。狐狸从早到晚在刺猬的巢穴四周徘徊，等待最佳袭击时间。狐狸行动迅速，皮毛光滑，脚步飞快，阴险狡猾，看上去它定是赢家。而刺猬则毫不起眼，其外表从遗传基因的角度看就像豪猪和犰狳的杂交品种。它走起路来一摇一摆，整天到处走动，寻觅食物和照料它的家。

狐狸在小路的岔口不动声色地等待着。刺猬只想着自己的事情，一不留神就转到狐狸所在的小道上。"啊，我抓住你啦！"狐狸暗自想。它向前扑去，跳过路面，如闪电般迅速。小刺猬意识到了危险，抬起头，想着："我们真是冤家路窄，又碰上了，它就不能吸取教训吗？"它立刻蜷缩成一个圆球，浑身的尖刺，指向四面八方。狐狸正向它的猎物扑过去，看见了刺猬的防御工事，只好停止了进攻。撤回森林后，狐狸开始策划新一轮进攻。刺猬和狐狸之间的这种战斗每天都以某种形式发生，但是尽管狐狸比刺猬聪明，刺猬却总是屡战屡胜。

伯林从这则寓言中得到启发，把人划分为两个基本的类型：狐狸和刺猬。狐狸同时追求很多目标，把世界当作一个复杂的整体来看待。伯林认为狐狸的思维是"凌乱或发散的，在很多层次上发展"，从来没有使它们的思想集中为一个总体理论或统一观点。而刺猬则把复杂的世界简化为单个有组织性的观点或一条基本原则或一个基本理念，让它发挥统帅和指导作用。不管世界多么复杂，刺猬都会把所有的挑战和进退维谷的局面压缩为简单的，甚至是过于简单的刺猬理念。对于刺猬来说，任何与刺猬理念无关的观点都毫无意义。

普林斯顿大学教授马文·布莱斯勒在和我们的一次长谈中指出了刺猬的威力：“你想知道是什么把那些产生重大影响的人和那些与他们同样聪明的人区别开来的吗？是刺猬。”弗洛伊德之于潜意识，达尔文之于自然选择，马克思之于阶级斗争，爱因斯坦之于相对论，亚当·斯密之于劳动分工，他们都是刺猬。他们把复杂的世界简单化。“那些留下深深的历史印记的人，”布莱斯勒说，“拥有成千上万的追随者。他们会说：‘真是好主意，不过你做得太多啦！’”

要明白一点，刺猬并不愚蠢。恰好相反，他们懂得深刻思想的本质是简单。有什么比“$E=mc^2$”更简单的？难道有比把无意识的观点总结为本我、自我和超我更单纯的理念吗？有什么比亚当·斯密的大头针工厂和“看不见的手”更明确的呢？

不，刺猬绝不是傻瓜。它们拥有穿透性的洞察力，能够看透复杂事物并且识别隐藏的模式。刺猬注重本质，而忽略其他。

那么，谈论刺猬和狐狸与探讨从优秀到卓越有什么关系？关系非常密切。

那些实现跨越的公司的精英，在某种程度上都是刺猬。他们运用自己的刺猬本性，为公司努力建立我们今天所说的“刺猬理念”。那些领导对照公司的人倾向于做狐狸，从来没有获得刺猬理念的优势。他们的思想是分散的、不集中的、不连贯的。

回顾一下沃尔格林公司和埃克德竞争的案例。我们都记得沃尔格林怎样获得从1975年到2000年超过市场平均水平15倍的股票累计收益率，从而轻松打败像通用电气、默克、可口可乐和英特尔这样强劲的对手。对于一个默默无闻，甚至被人轻视的公司，能取得这样的业绩，实在引人注目。在采访科克·沃尔格林时，我坚持要求他谈得更深入些，以便我们能够理解他的公司取得这样骄人的业绩的原因。最后他急了，说：“听着，其实并没有那么复杂！一旦明白了这个理念，我们就勇往直前。”

这个理念是什么？很简单：最好、最便利的药店，单位客户光顾的可观利润，就这么简单。这就是沃尔格林公司用来打败商业巨头英特尔、通用电气、可口可乐和默克的突破战略（见图5–1）。

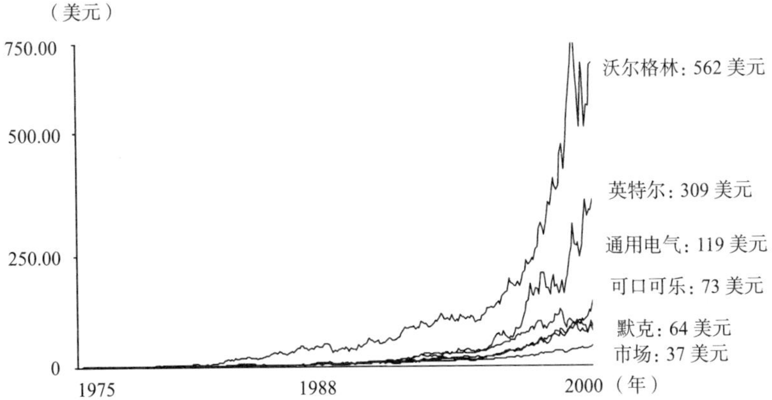

图5–1 沃尔格林与被选择的优秀公司相比较

注：投资1美元的股票累计收益率（1975年12月31日—2000年1月1日）

按照经典的刺猬风格，沃尔格林公司采用了这个简单的理论，并且坚持不懈地执行。它启动了一个系统项目，把所有地点不方便的店址都换到更加方便的地方，最佳地点是客户能够很容易从多个方向进出的拐角。哪怕一个新开发的、条件良好的拐角距离一个位置极佳、利润丰厚的沃尔格林药店只有半个街区，沃尔格林公司也会关闭那家药店（即使要偿付100万美元的租赁费用），在新拐角建立一个新药店。沃尔格林率先采用客户开车进店买药的办法，他发现客户喜欢这样的方式，就建立了成百上千家这样的药店，并且他把药店都紧密地聚集在一起。他这么做是为了让客户不必穿越好几个街区才能到达一家沃尔格林药店。举例来说，在旧金山的商业区，沃尔格林在方圆1英里内聚集了9家药店。9家药店！如果仔细看，你就会发现在一些城市里沃尔格林的药店，就像西雅图的星巴克咖啡店一样星罗棋布。

沃尔格林公司紧接着把这种便利观念和一个简单的经济观念联系起来，那就是提高单位客户光顾利润。紧密聚集的药店（每英里有9家药店）促进了当地的规模经济，为进一步集中提供了资金，从而能吸引更多的客户。通过增加高回报服务项目，沃尔格林提高了单位客户光顾利润。更多的便利增加了客户光顾的利润，促使更多的资金回流到系统内，再建立更多的便利药店。药店连接药店，街区连接街区，城市连接城市，地区连接地区，沃尔格林就这样变成了一只具有简单理念的惊人的刺猬。

这个世界充斥着众多的管理怪才、精明过头的战略家、装腔作势的未来学家、恐惧传播者、蛊惑人心的权威者和其他各类人等，能看到一间公司只依靠一个简单的理念，并运用想象力和卓越的能力践行这个理念并获得成功，真是让人耳目一新，为之叫好。成为世界上最好的便利药店，持之以恒地增加单位客户光顾利润，有什么比这更明显更直接的理念呢？

但是，如果这个理念是如此明显和直接，为什么埃克德公司就没有看到？当沃尔格林公司坚持在城市里推动便利或聚集战略时，我们没有发现埃克德公司运用类似的观点促进发展的迹象。埃克德公司的领导层是一群不折不扣的商人，他们迫不及待地抓住各种机会去收购大量的药店，这儿 42 个，那儿 36 个，收购完全是个大杂烩，没有明显统一的主线。

沃尔格林公司领导层明白可观的利润增长，只有通过剔除不适合刺猬理念的观点才能实现，而埃克德公司领导层则倾向为了增长而增长。20 世纪 80 年代初期，正当沃尔格林公司变得对执行便利药店理念笃信不疑时，埃克德公司收购了美国家庭电视集团，打入了家庭录像市场。1981 年，埃克德公司的首席执行官通过《福布斯》杂志解释道：“有些人认为我们越纯粹越好，但是我想要发展，而家庭电视业刚刚兴起——不像药房连锁店。”埃克德公司打入家庭录像市场的尝试造成了 3 100 万美元的损失，后来埃克德公司只好把它卖给了天地公司。天地公司对它能以低于协议价格 7 200 万美元成交而扬扬自得。

就在埃克德公司收购美国家庭电视集团那一年，沃尔格林公司和埃克德公司拥有相同的总收入（17 亿美元）。10 年后，沃尔格林公司的总收入超过埃克德公司 2 倍，沃尔格林公司在 10 年内的累计净收益比埃克德公司高 10 亿美元。20 年后，沃尔格林公司越来越强大，是我们案例分析中享受改革成果时间最长的成功者之一，而埃克德公司不再是一个独立的公司，被彭尼百货收购了。

三环理论

在我们的研究小组会议上，大家在思考沃尔格林公司引人注目的业绩时，第一次提出刺猬理念。

“我们不是在谈论战略吗？”我问。

“便民药店，单位客户光顾利润，那不就是基本战略吗？它们有什么引人深思的呢？”

“但是埃克德公司也有战略。”詹妮·库珀说，她分析过这两家公司之间的差异，“我们不能说这只与战略有关。这两家公司都有战略。”詹妮的观察是对的，战略本身不能把实现跨越的公司和对照公司区别开来。因为两家公司都有战略规划，况且完全没有迹象表明实现跨越的公司在战略发展和长期计划方面投入更多的时间和精力。

“好，那么我们只讨论好战略和坏战略的区别吗？”

小组成员坐在那儿，沉思了一会儿。后来，利·威尔班克斯发言：“但是我发现，这些战略都很简单，甚至简单得令人不可思议。只要想想克罗格公司和它的超市理念或者改行做纸制消费品的金佰利或者沃尔格林公司和它的便利药店，我们就很清楚了。这些想法简单到令人惊叹。”

我们研究团队的所有成员，顿时就各自研究的公司互相争辩、打趣起来。不久，一切都变得一目了然：所有实现跨越的公司都持有一个非常简单的理念，把它作为参考来制定决策，这种理解和突破与结果不谋而合。而像埃克德这样的对照公司为公司制定的时髦策略都失败了。我把话题又转了回去：“但是简单就够了吗？简单不意味着正确。世界上有许多失败的公司，它们的理念虽然很简单，但是是错误的。”

接着，我们决定对指导实现跨越公司的理念进行系统分析，并和对照公司的理念进行比较。经过几个月的筛选和归类，我们考虑了各种可能性，最终把它们挑选出来，然后我们发现每个实现跨越的公司的刺猬理念都不是任意胡来的简单观念。

实现跨越的公司与对照公司的本质区别，表现在两个基本方面：第一，实现跨越的公司把战略建立在对三个主要方面的深刻理解上——这就是我们所说的三环；第二，实现跨越的公司把对它们的理解转化为一个简单明确的理念来指导所有工作——这就是刺猬理念。

更确切地说，刺猬理念是一个简单、明确的概念，它来自对图 5–2 交叉部分的深刻理解。

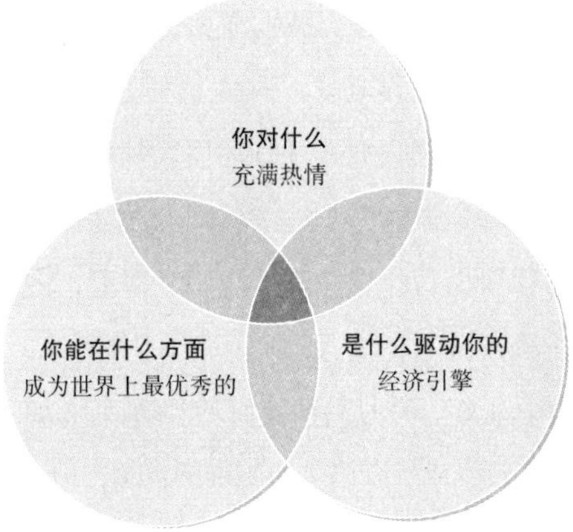

图 5–2　刺猬理念的三环图

1. 你能够在什么方面做到世界上最优秀？与此同样重要的是，你无法在什么方面做到世界上最优秀？这个富有洞察力的标准远远超越了核心竞争力。仅拥有一项核心竞争力，绝不意味着公司能成为世界上最优秀的。相反，公司能做到最好的事情，可能不是公司现在所做的事情。

2. 是什么驱动你的经济引擎？所有实现跨越的公司都拥有穿透性的洞察力，对如何最有效地创造持久、稳定的现金流和高利润率了如指掌。它们特别注意到一个标准——每*X*所获利润——对公司经营产生的最大影响（对于社会部门来说，这一标准是每*X*的现金流量）。

3. 你对什么充满热情？实现跨越的公司对引发它们热情的活动全力以赴。这里的问题不是刺激热情，而是发现什么使你热情洋溢。

为了迅速掌握这三个环节，我们需要把这三环与个人工作进行类比。假设你能创建一种工作方式，满足下列三个标准：第一，你对从事的工作具有与生俱来的天赋，并且运用天赋你有可能成为最优秀的（“我觉得我生来就是干这个的。”）；第二，你从事的工作有丰厚的回报（“干这件事是有报酬的？我没弄错吧？”）；第三，你对从事的工作充满激情，完全乐意去做，并且享受工作过程本身带来的乐趣（“我希望一起床就立刻投入工作，并且笃信我做的一切。”）。如果能向三环的重叠部分努力，把它转变成一个简单而明确的概念，用它来指导你的人生选择，你就得到了属于自己的刺猬理念。

为了得到一个足够成熟的刺猬理念，你需要具备三环要求的所有条件。如果你公司的业务永远不能达到卓越，而你赚了很多钱，那么你只能建立一个成功的公司，而不是卓越的公司。如果你成为某方面的权威，而你对它没有真正的热情，你就不会一直处于领先地位。即使你对想做的事情充满激情，如果你不能成为最好的或者不能创造经济效益，你仍能享受到很多乐趣，但是你不能创造辉煌的成就。

明白你能（或不能）在哪些方面成为最优秀的

“他们坚持自己的理解，并且依据他们的能力而不是他们的个人意志决定要干什么。”尽管沃伦·巴菲特对银行业持谨慎态度，在写到对富国银行2.9亿美元的投资时，他说了这样一番话。在明确刺猬理念之前，富国银行试图成为一个全球性银行，像一个小花旗银行那样经营，结果却业绩平平。后来，在迪克·库利和卡尔·赖卡特的领导下，富国银行的管理层开始向自己提出一连串尖锐的问题：我们能比其他任何公司都做得好的是什么？同样重要的是，我们比不过别人的是什么？如果不能做到最好，我们为什么要做下去？

富国银行团队把个人意志放在一边，从而认识到他们在全球银行业务上无法超过花旗银行，因此他们停止了绝大部分的国际业务，把注意力转向了他们能够做得最好的业务：像经营公司一样管理银行，把精力集中于美国西部地区。这就对了，这就是刺猬理念的精髓。它使富国银行从一个平庸的花旗银行追随者转变为世界上运作最优秀的银行之一。

卡尔·赖卡特是富国银行转变期的首席执行官。他是一只高明的刺猬。他的对手美洲银行由于解除管制的影响，内部出现了混乱状况：美洲银行的首席执行官陷入了应对改革恐慌情绪的传统陷阱中，他聘用改革专家，使用复杂的手段和耗时的反危机小组。而赖卡特则把一切杂念剥离，把问题化为最简单的观念。“这不是航天科技。”他在我们的采访中说，“我们做得很简单，而且我们使它保持简单。它太直接，太明显了。它听上去似乎很可笑。在没有管制的竞争行业中，普通的商人都会本能地趋之若鹜，就像猫见了小鱼一般。”

赖卡特使员工坚持不懈地专注于刺猬理念，不断地提醒他们：“在莫德斯托赚的钱比在东京赚的钱多。”和赖卡特共事的人对他在简化观念方面的才华赞不绝口。“如果卡尔是一位奥林匹克潜水运动员，”他的一位同事说，“他不会做5次空翻转体动作，而会选择最漂亮的直体向前跳水，并且一遍又一遍、出色地重复这个动作。”

富国银行全心专注于刺猬理念，用他们自己的话来说，刺猬理念变成了符咒。在我们的采访中，富国银行的员工重复着同一基本主题——“并没有那么复杂。我们只是坚定不移地从事我们的工作，并且决心完全专注于我们能够超过别人的几件事上，而不是分散精力去做我们不擅长的事情，以满足我们的虚荣心。”

这是本章中最关键的要点之一：刺猬理念并不是一个要成为最优秀的目标、一种要成为最优秀的策略、一种要成为最优秀的意图或者一个要成为最优秀的计划。它是对你能够在哪方面成为最优秀的一种理解。这种区别绝对重要。

每个公司都想在某方面成为最优秀的，但是实际上很少有公司具有穿透性的洞察力和摆脱虚荣心的清醒认识，它们意识不到自己在哪方面拥有成为最好的潜能；同样重要的是，它们也不清楚自己在哪方面不能成为最好的。这是实现跨越的公司和那些对照公司之间最主要的区别之一。

以雅培公司和普强公司为例。1964年，两家公司在总收入、利润和产品系列方面几乎没有差别。两家公司主要从事制药业务，而且主要产品是抗生素。两家公司都实行家族管理制，并且都落后于制药业的其他对手。但是在 1974 年，雅培公司的业绩有了突破，其股票累计收益率是市场平均水平的 4 倍，而且在接下来的 15 年里，它是普强的 5.5 倍。这两家公司的一个关键区别是雅培公司践行了刺猬理念，认识到自己在哪方面能够成为最优秀的，然而普强公司没有做到。

1964 年，雅培开始面对残酷的现实。此时雅培已经失去了成为最好的制药公司的机会。在 20 世纪四五十年代，雅培平静且缓慢地发展，红霉素是其维持经营的主要利润来源。像默克这样的公司已经建立了研究中心，它可以与哈佛大学以及加州大学伯克利分校匹敌。1964 年，乔治·凯恩和他的团队才意识到默克和其他公司有如此庞大的科研队伍，雅培要想成为最卓越的制药公司，就像一支中学橄榄球队企图和达拉斯牛仔队较量一样。

尽管雅培公司的全部历史都与制药业相关，但它成为最优秀的制药公司已不再是一个可行的选择。因此，在一位第 5 级经理人的率领下，利用斯托克代尔悖论的信仰（一个卓越的公司，总是有办法战胜困难的，我们会发现解决问题的途径！），雅培公司力图弄明白它在哪方面能够成为佼佼者。大约在 1967 年，雅培公司有了一个重大发现：我们失去了成为最好的制药公司的机会，但是我们有机会在生产划算的保健品方面成为最好的。雅培公司尝试经营帮助病人手术后迅速恢复体力的医疗营养产品和诊断仪器（降低保健费用的主要方法之一）。雅培公司最终成为这两个领域的顶尖公司。

普强公司始终没有面对同样残酷的现实，而且继续幻想能够打败默克公司。后来当它更加落后，公司把经营范围拓展到了别的领域，而在这些领域，例如塑料和化学药品，它显然不能做到最好。后来，它转向专门生产处方药。但是它从来没有面对这样一个事实，那就是普强公司的规模太小，无法在要求巨额赌注的制药游戏中取胜。尽管一直以来它像雅培公司一样，把将近2倍的销售收入投资于研发领域，然而在1995年被收购之前，普强公司的利润却衰减到不及雅培公司的一半。

> 雅培公司与普强公司的案例，凸显了“核心经营”和刺猬理念的区别。仅仅因为你从事的是你的核心业务——你已经做了很多年，甚至几十年——并不意味着你在这方面能够成为最杰出的。如果你不能在你的核心业务上成为世界上最好的，那么你的核心业务就不能成为你的刺猬理念的基础。

很明显，刺猬理念不同于核心能力。你可能在某方面很有能力，但是不一定有潜力成为世界上最优秀的。比如，假设有一个年轻人在高中时微积分总是得A，而且在中学毕业会考的数学考试中得分很高。他在数学方面显示出优秀能力，这意味着他应该成为一个数学家吗？不一定。现在他进入大学，选了数学专业，而且继续考A，但是他遇到了数学天才。就像一个有类似经历的学生所说的：“我要花3个小时完成的期末考试试卷，有些人只需要30分钟就完成了，并且得了A+。我可以成为一个非常有能力的数学家，但是不久我就意识到我永远不能跻身最杰出的数学家行列。”那个年轻人可能仍然受到来自父母和朋友的压力，想让他继续攻读数学，他们的理由是：“你很棒。”就像那个年轻人一样，许多人被推入或掉进他们永远不能达到大师级水平或做出卓越贡献的职业里。受制于能力的缺乏，没有一个清晰的刺猬理念，他们很少在自己从事的领域内获得卓越成功。

刺猬理念要求一套关于卓越的严格标准。你不仅要发展能力和竞争力，而且要明白你的组织在哪方面真正有潜力成为最优秀的，并且要在这方面持之以恒。

像普强公司一样，对照公司坚持它们擅长，但是不可能做到最好的业务。有些公司甚至更糟，为了追求轻松的增长和易得的利润，而进入新市场，可是它们在这些新领域没有丝毫希望成为最好的那个。它们赚了钱，但是永远不会成为卓越的公司。

实现跨越要求超越竞争力的束缚，要求员工牢记："仅仅因为我们擅长它——仅仅因为依靠它我们能赚钱，而且能促进增长——不一定意味着我们能成为最优秀的。"实现跨越的公司懂得，做你擅长的只能使你变得优秀，而一心专注于你有潜力比其他公司做得更好的事情，才是走向卓越的唯一途径。

每个实现跨越的公司最终都深刻地理解了这条原则，而且把未来寄托在它们有潜力做到最好的为数不多的几个领域，并在这些领域进行资源分配（见表 5–1）。对照公司很少能获得这种感悟。

表 5–1　实现跨越的公司对"能够成为世界上最优秀的"一环的刺猬理念

公司的刺猬理念	解释说明
雅培公司：它在生产价格更低的各种保健品方面，能够成为卓越的公司。	雅培公司正视现实——它不能成为世界上最好的制药公司，尽管那时制药业务占到公司总收入的 99%。于是，它把重心转移到制造价格划算的保健产品上，主要包括医疗营养品、诊断仪器和医院设备。
电路城：将"4–S模式"应用于高档消费，它能够在这方面成为最好的。	电路城认识到它能够成为高档消费品零售业的"麦当劳"，能够"遥控"地理上十分分散的零售店。它的特点不在于"4–S模式"［服务（service），精品（selection），省钱（savings），满意（satisfaction）］本身，而在于对这种模式前后一致的、优质的执行。
房利美：它能够在抵押贷款方面成为资本市场上最好的投资者。	最关键的洞察力是它看到：（1）它能够成为一个和华尔街的投资者一样优秀的资本市场投资者；（2）它能够在与保险有关的抵押贷款方面，发展评估风险的独特能力。

（续表）

公司的刺猬理念	解释说明
吉列公司：它能够成为创立需要尖端制造技术的、日常必需品的最佳企业，并成为全球第一品牌。	吉列公司看到它同时拥有两种差别很大的能力：（1）制造数十亿个低成本、高质量的耐用产品（例如剃须刀）；（2）创立全球消费品牌——像“可口可乐”一样知名的剃须刀或者牙刷。
金佰利：它能够成为世界上最好的生产纸制消费品的企业。	金佰利意识到它有创立“品类王”的潜力——在纸制消费品方面，产品的名字和品类的名称（例如舒洁）相同。
克罗格公司：它能够创立最好的充满革新理念的超级联合体商店。	克罗格公司一直在杂货店革新方面占有优势。它运用这项能力解决如何在同一屋檐下建立一个拥有不断创新的、高利润的“袖珍商店”的综合商店。
纽柯公司：它能够成为利用文化和技术生产低成本钢材的巨擘。	纽柯公司逐渐认识到它在两个方面能力非凡：（1）创造一种注重绩效的文化；（2）对新的制造科技有长远眼光和准确判断。通过两者结合，它才成为美国最低成本钢材的生产企业。
菲利普·莫里斯公司：它先是生产香烟，后来扩大到其他消费品，它在品牌忠诚度方面，能够成为世界上卓越的公司。	在转变早期，菲利普·莫里斯公司观察到它能够成为世界上最好的烟草公司。后来公司开始扩展到非烟草领域（所有的烟草公司都迈出了这一步，以此作为防御措施），但是它仍然坚持不懈地发挥它在建立“有害”商品品牌，例如啤酒、烟草、巧克力、咖啡和其他食品品牌方面的优势。
必能宝公司：它能够成为世界上提供先进后勤设备的最优秀的信息通信公司。	必能宝公司在苦苦思考邮资计算器的未来发展时，对其实力有两方面的认识：（1）它虽不是邮资公司，但是可以有更广泛的定义（信息通信）；（2）它在提供先进的后勤设备方面有独特的优势。
沃尔格林公司：它能够在创建便利药店方面做到最佳。	沃尔格林公司认识到它不仅是一个药店，而且是一个便利药店。公司开始系统性地寻找能提供便利的最佳地点：把许多小药店聚集在一小块儿地方，并且率先实行开车进店购药。公司还对科技领域进行广泛投资（包括最近的网站发展），在世界范围内连接沃尔格林药店，创造一个巨大的“拐角药店”。

（续表）

公司的刺猬理念	解释说明
富国银行：它能够成为像经营公司一样经营银行的大师，其业务集中在美国西部。	富国银行意识到两个基本问题。第一，大多数银行只从银行本身认识和经营运作自己，保护银行文化。富国银行则视自己为恰巧涉足银行业的公司。"像经营公司一样经营银行"和"像业主一样经营银行"，成为他们的座右铭。第二，富国银行意识到它不能成为世界上最杰出的超级全球银行，但是它可以成为美国西部最强大的银行。

注：此表显示了实现跨越的公司所获得的感悟。这种感悟构成了从优秀到卓越转变的刺猬理念的基础。注意，此表没有显示当这些公司开始转变时，它们在某方面已经做到了世界第一（大多数公司都没有做到最好）；实际上，它显示的是它们逐渐认识到自己能够在某方面成为世界上最好的。

对经济引擎的洞见，你的指标是什么

实现跨越的公司，经常在低调的行业里取得引人注目的成就。富国银行的投资回报率是市场平均水平的4倍，而在同一时期银行业的投资回报率在所有行业里排在倒数第4位（就总体回报而言）。更加令人惊叹的是，必能宝公司和纽柯公司在所有行业里排在最后5%的公司中，但是两个公司的投资回报率均是市场平均水平的5倍。在实现跨越的公司中，只有一家跻身于利润丰厚的行业（它们被誉为10%领导行业），并从中获利；5家公司身处良好行业；5家公司处在经济不景气或者无前途的行业（见附录3.1）。

我们的研究清楚地表明，公司不一定非要处于一个强劲的行业才能成为一家卓越的公司。尽管行业各不相同，每个实现跨越的公司都建立了强大的经济引擎。它们之所以能够做到这一点，是因为它们对自己的行业经济有深刻的洞见。

这不是一本关于微观经济学的书。每家公司和每个行业都有自己的经济情况，我不准备在这里一一道来。重点问题是，每个实现跨越的公司对自身的经济引擎都有深刻认识，并且据此理解来建立自己的体系。

虽然这样说，但是我们确实发现实现跨越的公司获得了一种引人深思的经济认识形式，即单个“经济指标”概念。请就下列问题展开思考：如果你选择一种而且仅仅一种比值——单位X利润（或者在社会部门，单位X现金流）——在长时间里获得系统性的增长，X代表什么能够对你的经济引擎产生最大的持续性影响？我们了解到，这个问题促进了人们对一个组织内部经济运作的深刻认识。

回忆一下沃尔格林公司是怎样从标准盈利模式开始转向单位顾客光顾利润的。便利店的店址虽然花费大，但是通过提高单位客户光顾利润，沃尔格林公司既能够增加其便利性（1英里内9家药店），又能在整个体系内部提高利润率。而单位商店利润的标准盈利模式和便利观念背道而驰（增加单位商店所获利润最快捷的方法，是减少商店数量并且将其开在地价稍便宜的地点，这就会破坏便利观念）。

再来分析一下富国银行。当富国银行团队面临这样一个残酷的事实，即解除管制会使银行业转变为一种充分竞争的商业模式，他们意识到以往银行的标准盈利模式，即每笔借款所获利润和每笔存款所获利润已不再是新形势下银行发展的主要推动力。实际上，富国银行掌握了一种新的标准：单位雇员所获利润。按照这种逻辑，富国银行率先改变了分配体系，成为最早几家主要依赖基层储蓄所和自动取款机的银行之一。

房利美掌握了单位抵押风险水平所获利润的敏感标准，而不是单位抵押标准（这是“明显”的模式）。这非常睿智。房利美的经济引擎，是能够比其他任何公司更好地评估一揽子抵押贷款中的违约风险。然后，它通过销售保险和控制风险扩散赢利。它简单、深刻、隐蔽，并且正确。

再如，纽柯公司采用每吨成品钢所获利润的标准在价格竞争激烈的钢材工业领域获得巨大成功。乍一看，你可能认为单位雇员成本或单位固定成本是正确的指标。然而，纽柯公司明白，它的经济引擎是鲜明的职业道德与先进制造技术应用的结合，单位雇员成本或单位固定成本不像每吨成品钢利润那样能反映这两者的结合。

有必要拥有单一指标吗？没有。但是比起说服你放弃追求三四个指标，鼓励你锁定一个指标有利于你获得更好的洞察力。作为一种机制，它强迫你加深对你的经济引擎的感悟。经济指标问题在调查中出现后，我们针对管理层做了采访，继而发现这个问题总是引起激烈的对话和争论。而且即使在某些案例里有的管理层没有（或拒绝）确认某个单一指标，这种挑战也还是促使他们深化认识。毕竟，重点不是为了确认指标本身而拥有指标，而是为了获得深刻理解，最终发展更强大的和可持续的经济。

所有实现跨越的公司，都发现了一个主要的经济指标（见表 5–2），而对照公司通常没有发现。实际上，我们发现只有一个对照公司对它的经营有深刻认识。孩之宝公司推出的传统玩具和游戏组合，例如 G. I. Joe（人偶玩具）和 Monopoly（大富翁游戏）创造了持续稳定的现金流，而非昙花一现的轰动效应。对此，孩之宝公司有独到见解。事实上，它是唯一理解刺猬理念三环的对照公司。它通过收购和创新经典的玩具，并在恰当时机重新推出这些玩具来增加经典品牌的利润，从而成为世界上最好的公司之一，而且孩之宝公司的员工对自己的业务有极大热情。孩之宝公司系统地建设三环，它是我们的研究中表现最优秀的对照公司，这进一步证明了刺猬理念的威力。

表 5–2 实现跨越公司的经济指标

公司	经济指标	关键感悟
雅培	单位雇员	从每条生产线所得利润转向每个雇员所得利润，适合生产降低成本的医疗保健品的方案。
电路城	单位地域	从单位商店所得利润转向单位地区利润，反映了地区规模经济。尽管单位商店的盈利依然重要，但是地区集团是推动电路城经济发展且超过Silo的主要动力。
房利美	单位抵押风险水平	从单位抵押利润转向单位抵押风险水平利润，反映了对管理利息风险、降低对利率变动的依赖性的基本理解。
吉列公司	单位客户	从单位部门利润转向单位客户利润，反映了重复购买（例如：剃须刀盒）次数和单位购买高利润（例如：锋速3，而不是一次性剃须刀）乘积所创造的强大的经济效益。
金佰利	单位消费品牌	从单位固定资产（工厂）利润转向单位消费品牌利润，这将减少周期性风险，而且无论在繁荣还是萧条时期都会增加利润。
克罗格公司	单位当地人口	从单位商店利润转向单位当地人口利润，以当地市场份额推动杂货店利润增长。你如果不能在当地份额处于第一或第二的位置，就不应该采取这个标准。
纽柯公司	每吨成品钢	从每个部门利润转向每吨成品钢利润，表明纽柯公司的独特经营：把高生产率文化和袖珍工厂技术相结合，而不是仅仅专注于数额。
菲利普·莫里斯公司	单位全球品牌类别	从单位销售地区利润转向单位全球品牌类别利润，表明实现跨越的关键因素是创造能实现全球利润的品牌，就像可口可乐那样。
必能宝公司	单位客户	从单位邮资计算器利润转向单位客户利润，表明必能宝公司能够把邮资计算器作为一个新的起点，为客户的办公室提供一系列先进的产品。
沃尔格林公司	单位客户光顾	从单位商店利润转向单位客户光顾利润，反映了便利的（且昂贵的）药店店址和可持续性经营之间的共生关系。
富国银行	单位雇员	从单位贷款利润转向单位雇员利润，反映了对解除管制的残酷事实的理解：银行是一种商品。

注：实现跨越的公司在关键的转变时期获得的对经济指标的感悟

后来，孩之宝公司的转变中断了，部分原因是其首席执行官史蒂芬·哈森费尔德意外去世，孩之宝公司在三环建设中失去了纪律和原则。该案例强调了一条关键的教训：如果你成功地推行了这些理念，但是随后又弃之不用，你就会前功尽弃，从卓越走向优秀或者更加糟糕。保持强大的唯一办法，是坚持不懈地运用使你走向卓越的基本原则。

洞察你的热情

采访菲利普·莫里斯公司的领导者时，我们对他们的热情和兴奋惊讶不已。在第三章里，乔治·韦斯曼说在公司工作是他生命中仅次于婚姻的最幸福的事情。即使是生产一系列“有害”健康的消费品（万宝路香烟，Miller啤酒，脂肪含量67%的Velveeta奶酪，为咖啡爱好者准备的麦斯威尔咖啡，巧克力爱好者喜欢的三角巧克力，等等），我们也发现了他们对自己公司的产品的巨大热情。菲利普·莫里斯的高级领导者大多是本公司产品的粉丝。罗斯·米尔希泽非常喜欢抽烟，后来他成为菲利普·莫里斯的副总裁。她在1979年曾说：“我喜欢吸烟，烟是使生活有意义的众多因素之一。”

菲利普·莫里斯的员工毫无疑问也喜欢他们的公司，而且对他们做的事情充满热情，他们把自己当作万宝路广告牌上画的那个孤单却充满独立精神的牛仔。我们有权吸烟，而且我们将维护这种权利！在之前的一项项目调查中，一位董事会成员告诉我：“我真的很喜欢在菲利普·莫里斯的董事会工作，我好像因此而变得与众不同了。”她边说边骄傲地吐着烟圈。

当然，你可能会说：“但是他们是在为烟草业辩护。他们当然会有那种感觉，否则，他们晚上怎么入睡呢？”但是我们要牢记这样一个事实：雷诺公司也处于烟草行业，也遭到社会的谴责。但是不像菲利普·莫里斯公司，雷诺公司的管理层开始从烟草领域扩展到能够促进增长的任何领域，他们不考虑自己是否对这些收购有热情，或者他们能否在这些方面做到世界上最好。菲利普·莫里斯公司则立足于烟草行业，这主要是因为他们热爱烟草行业。相比之下，雷诺公司把烟草当作一种赚钱的手段。就像《门口的野蛮人》栩栩如生的描述一样，雷诺公司的领导层除了通过融资和并购赚钱外，对任何事情都失去了激情。

谈论"激情"这种不可捉摸的、模糊的概念，并把它当作战略框架中不可缺少的一部分，这看上去有些古怪。但是在所有实现跨越的公司里，激情变成了刺猬理念的一个关键部分。你很难"生产"激情，也很难"刺激"人们感受激情。你只能去发现是什么点燃了你的激情以及你周围人的热情。

> 实现跨越的公司从来不说："伙伴们，让我们对所做的事情充满激情吧。"它们有意识地选择了另一种方式：我们应该只做那些让我们充满激情的事。金佰利的领导者决定转向纸制消费品，主要因为他们对此更加有热情。就像一位经理所说的那样，传统纸制品是不错，"但是它们缺少一次性尿布的魅力"。

吉列公司领导者决定建立相对昂贵的先进剃须产品体系，而不是生产利润低的一次性产品，这主要因为他们对廉价的一次性剃须刀不感兴趣。1996 年，一个记者在报道吉列公司的首席执行官时写道："他兴致勃勃地谈论着剃须产品体系，就像波音或休斯公司的工程师那样充满激情。"吉列公司坚持运用刺猬理念经营，业绩一直名列榜首。《华尔街日报》的一位记者这样写道："人们要是对吉列公司没有热情，就没有必要来这里求职。"他接着列举了这样一个事例：一个顶尖商学院的毕业生应聘失败，因为她对防臭剂没有表现出足够的热情。

你对防臭剂可能也没有热情，而且可能很难想象别人怎么会对药品、便利店、烟草或者邮资计算器充满热情。你可能很想知道，什么样的人会对像经营麦当劳一样高效地经营银行而热情洋溢，或者谁会认为纸尿裤很有魅力。不过，这没关系。重要的是他们对自己从事的工作充满激情，并且这种激情是真诚的、发自内心的。

然而，这并不意味着你必须对商业机制本身充满激情（尽管你可能对它有热情）。同样，这种热情可以只专注于公司的初心。例如，房利美对一篮子抵押进入证券市场的操作过程不感兴趣，但是帮助所有阶层、各种背景和种族的人实现拥有自己房屋的美国梦的想法让他们激情澎湃。琳达·奈特在1983年加入房利美，当时公司正处于最艰难的时期。她告诉我们："这不仅是一家陷入困境的老公司，而且是一家致力于把成千上万名美国人拥有房产的梦想变为现实的公司。这比赚钱远远重要得多。这就是为什么我们对坚持、维护和发展这家公司有强烈的责任感。"另一位房利美的领导者总结道："我把公司看作加强美国整个社会结构的中坚力量，因为越来越多的家庭能拥有他们自己的房屋。每当开车经过那些贫民窟，我返回公司后又充满了干劲儿。"

深刻感悟而非虚张声势

在研究小组里，我们经常谈论"前刺猬"和"后刺猬"的区别。前刺猬的状态就像在雾里摸索，可能你在长途跋涉，每天都在进步，但是你不能把一切都看清楚。在每个岔路口，你可能只能看清前方一点点路，而且你只能谨慎、缓慢地爬行。有了刺猬理念，你突然走进一片开阔地，雾消散了，你可以看得很远。从那以后，经过每个岔路口你都不再需要那么谨慎，而且你能由爬行改为行走，由行走改为奔跑。在后刺猬状态里，当你快速地做出在雾里很难清楚看到的决定时，路就在脚下飞驰，岔路口也在飞速地掠过。

令人吃惊的是，对照公司尽管有周密的转变项目，疯狂的示意和有号召力的领导，但它们很少能从浓雾中走出来。它们力图奔跑，但在岔路口做了愚蠢的决定，后来不得不改道而行。或者它们会完全改变行走路线，闯进森林里，跌入山谷中。（天哪，它们却非常自信，健步如飞，神气十足！）

> 完全一样的世界，对于实现跨越的公司来说是如此简单和清晰，而对于对照公司来说却是扑朔迷离，迷雾笼罩。为什么？其中有两个原因：第一，对照公司从来没有提出过正确的问题，从来不考虑三环包含的问题；第二，它们更多的是从虚张声势的角度，而不是从感悟的角度，树立目标和制定战略的。

这点在对照公司盲目追求增长上体现得最为明显——超过 2/3 的对照公司痴迷于增长，忽略刺猬理念带来的益处。类似“我们是一个不惜一切代价促进增长的公司”和“扩大规模相当于成功”这样的口号，不断刺激着对照公司的增长野心。相比之下，没有一个实现跨越的公司对增长如痴如狂，但是它们创造了持续的、利润丰厚的增长，远远超过把增长作为它们座右铭的对照公司。

我们再来看看大西部金融公司和房利美的案例。“大西部金融公司是一个不服管教的小孩，”《华尔街日报》写道，“它想随心所欲地全方位发展。”这个公司涉足金融、租赁、保险和组装住房领域，通过不断地并购来进行疯狂扩张。它追求的是更大，更多。1985年，公司的首席执行官对一群分析师说：“你们怎样称呼我们，一家银行、一个储蓄和贷款协会、一匹斑马，这都无所谓。”

这种发展思路和房利美形成了鲜明的对比。房利美有一个简单清晰的认识：它能够在与抵押有关的业务方面，成为资本市场上最好的玩家；在取消管制的金融市场中做抵押方面的业务，它甚至比高盛公司或所罗门兄弟公司更出色。它通过风险管理，重新确立经营模式，建立了强大的经济引擎，而不是靠销售抵押类产品。而且，公司的价值目标是实现房屋所有权大众化，在此激励下，房利美的员工满怀激情，推动公司不断增长（见图5–3、图5–4）。

直到1984年，股票曲线图反映出两家公司的业绩还不相上下。1984年，也就是在房利美理清它的刺猬理念一年后，公司开始爆发式增长，而大西部金融公司则一直虚度光阴直到1997年被收购。房利美专注于简单而清晰的理念，而不仅仅专注于“增长”。1984—1996年，它在这一转变期，总收入增长了近3倍。尽管大西部金融公司狼吞虎

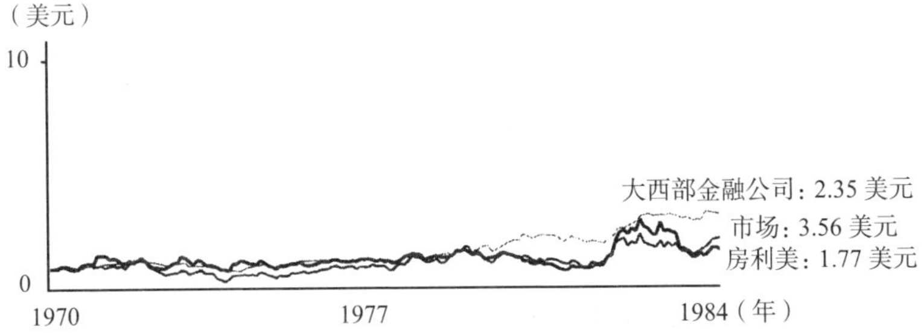

图5–3　房利美、大西部金融公司和市场1美元的投资累计回报价值（1970—1984年）

注：（1）1美元投资累计回报价值，1970年12月31日—1984年1月1日。
（2）追加投资股息。

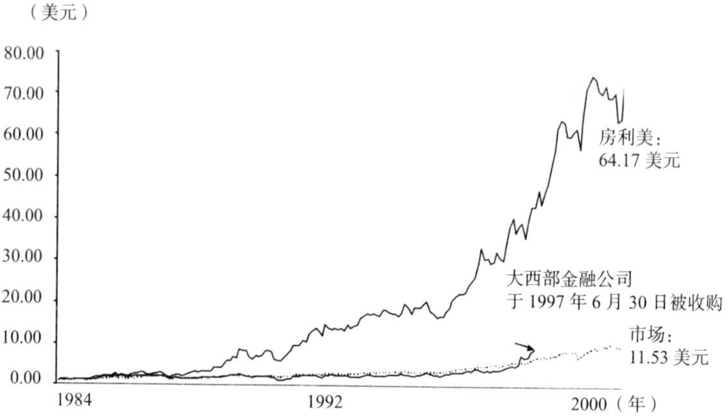

图 5–4　房利美、大西部金融公司和市场 1 美元的投资累计回报价值（1984—2000 年）

注：（1）房利美 1984 年出现转折点。
（2）显示 1 美元的投资累计回报价值（1984 年 12 月 31 日—2000 年 1 月 1 日。）
（3）追加投资股息。

咽似的促进增长，但在同一时期，它的总收入只增长了 25%，1997 年，它就失去了独立发展能力。

房利美和大西部金融公司的案例强调了一个基本的观点："增长"不是一个刺猬理念。你如果树立正确的刺猬理念，并且坚持依据它做决策，就会创造出巨大的动力。那时你的问题不是怎样增长，而是怎样避免过快增长。

刺猬理念是实现跨越的转折点。在大多数情况下，转变期出现在运用刺猬理念几年后。而且，本书里的所有案例都与刺猬理念有关，并依据它而变化。接下来的章节会表现得更加明显。继训练有素的人和训练有素的思想之后，训练有素的行为作为整体框架里的第三大主题，在刺猬理念的背景下才有意义。

因为刺猬理念意义重大，所以草率地直接确定刺猬理念是一个可怕的错误。你不可能出去闲逛两天，掏出一堆活动挂图，做即兴的讨论，就能得到深刻的感悟。当然，你可以这样做，但是你很可能得不到正确的理解。这样做就好比爱因斯坦在那里说："我觉得做一个伟大的科学家的时候到了，因此，这个周末我要去四季酒店，掏出活动挂图，并且揭开宇宙的奥秘。"可洞察力并不是这样得到的。爱因斯坦花了10年时间在迷雾里摸索才创立了相对论，而且他是一个非常聪明的人。

实现跨越的公司平均花了大约4年时间才阐明刺猬理念。就像科学理念一样，刺猬理念使复杂的世界简单化，并使决策更容易。你一旦掌握了这个理念，它就会变得简单、清晰，但是你要彻底理解它是异常困难，而且要花很多时间的。要承认，掌握刺猬理念本质上是一个互动的过程，不是一蹴而就的事情。

> 这个过程的实质是使合适的人展开有力的对话和辩论，充分认识残酷的现实，并且接受三环理论包含的问题的指导。我们真的明白自己在世界上最擅长做什么吗？最擅长做的事和我们仅能够做成功的事是有区别的。我们真的明白什么是我们经济引擎的推动力，真的明白经济指标吗？我们真的明白，是什么最大限度地激发我们的热情吗？

用来推动这个过程的一个特别有效的机构，是我们所说的"理事会"。它由一群合适的人组成，这些人不断就公司面临的重大问题和决策进行长期对话和辩论，接受三环理论的指导。

关于我们怎样获得属于自己的刺猬理念这个问题的答案，我希望你能参考图 5–5，同时我还要指出："建立理事会，把它作为一种模式。提出正确的问题，参加激烈的辩论，做出决策，检验结果和继续学习，所有这些都要接受三环理论的指导。要坚持完成感悟的周期。"

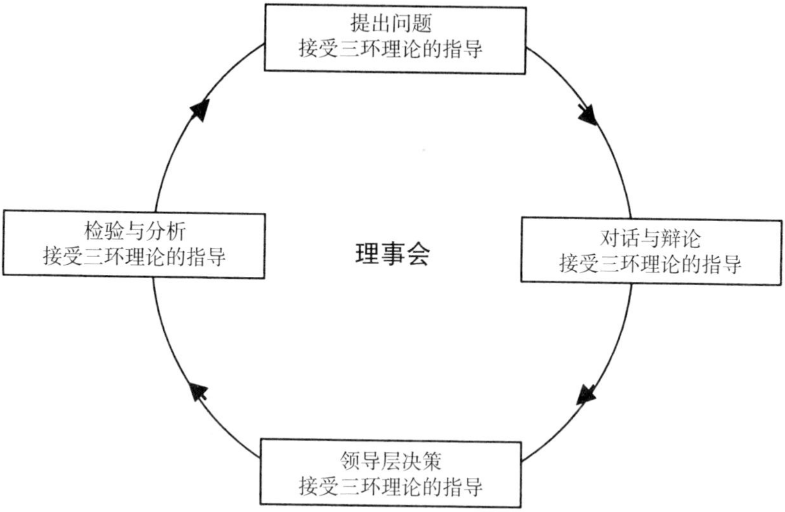

图 5–5　获得刺猬理念：一个反复的过程

有人问："我们如何能使获得刺猬理念的过程加速呢？"我的回答是："在给定的一段时间里，增加完成整个循环的次数。"如果完成这个循环的次数足够多，而且完全由三环理论指导，最终你就会达到刺猬理念要求的感悟的深度。它不会一蹴而就，但最终一定会发生。

理事会的特点

1. 理事会作为一种松散的组织类型，其功能是获得对实体机构面临的重大问题的感悟。

2. 理事会由各级领导者构成和运营，并且通常由5~12人组成。

3. 理事会成员有能力为获得感悟进行争辩和讨论，但他们不是从个人主义出发为自己的观点据理力争，或者为了保护狭隘的私人利益。

4. 理事会成员相互尊重，无一例外。

5. 理事会成员来自各个部门，但是每个成员都有关于组织某方面和（或者）组织运营环境的丰富经验。

6. 理事会成员包括管理层的主要成员，但是不限于管理层成员，而且并不是每个管理层成员者都可以自动成为理事会成员。

7. 理事会是长期机构，不是为特定项目设立的临时委员会。

8. 理事会定期开会，多则每星期一次，少则每季度一次。

9. 理事会不要求意见一致，因为统一的决议经常缺乏智慧。因此最终决定权还是掌握在领导层手中。

10. 理事会是非正式部门，不出现在任何正式组织机构图或任何正式文件里。

11. 理事会可以有一系列名称，它们通常是无伤大雅的。实现跨越的公司的理事会有类似的名称，比如，长期利润增长委员会、公司产品委员会、战略思考小组、领导层理事会。

每个组织都能发现刺猬理念吗？如果你醒来，环顾四周，下了一个诚实的结论：我们一无是处，而且永远也不会在某方面成为最好的，那么你该怎么办？这就成为我们整个研究中最激动人心的问题之一。在大多数案例里，实现跨越的公司不是世界上最好的公司，而且它们也没有显示出可以成为第一的潜质。由于了解了斯托克代尔悖论——“我们一定能在某方面成为第一，而且我们会发现它！我们也必须面对我们在某方面不能成为最优秀的残酷现实，而且我们不会欺骗自己！”——所以每个从优秀到卓越的公司，无论在开始阶段有多么艰难，在寻找刺猬理念过程中都会变得强大起来。

为自己寻找刺猬理念时你要牢记：实现跨越的公司在最终掌握刺猬理念时，不会表现出像对照公司那样愚蠢的、令人厌烦的虚张声势和自吹自擂。“对，我们能够在那方面成为最棒的。”说出这句话就像是确认一个事实，这就像发现天空是蓝色的或者草是绿色的一样直白朴实。当你获得正确的理念时，它产生的与真理碰撞的声音，在寂静的环境中尤为悦耳，就仿佛在表演者演奏一首莫扎特的钢琴协奏曲结束的时候，座无虚席的听众似乎能看到安静的空气中突然出现一个完美的休止符。没有必要说得太多，真理不言自明。

我想起我家人的一次经历，它使我明白虚张声势和深刻感悟之间的关键区别。我的妻子乔安娜在 20 世纪 80 年代早期开始参加马拉松和三项全能运动比赛。她不断积累经验，田径、游泳、赛跑成绩越来越好，她开始感受到成就带给她的动力。一天，她和许多世界顶尖的女运动员共同参加一个比赛。尽管她游泳表现不佳，浮出水面时已经落在几百名选手之后，紧接着还推了一辆沉重的、车胎没有气的自行车攀登很长的山路，但是她最终成功地跨过终点线，还取得了前 10 名的好成绩。

几个星期后的一天早上，当我们一起吃早餐时，乔安娜从报纸上抬起头，平静地对我说：“我想我可以赢得铁人三项比赛。”

铁人三项比赛是世界级三项全能赛事，包括 2.4 英里的海洋游泳和 112 英里的自行车比赛，最难的是在夏威夷炎热的海边跑完 26.2 英里的马拉松全程。

“当然，我必须辞职，放弃研究生奖学金（她已经收到很多名牌大学商学院的研究生入学通知书），投入全天的训练中。但是……”

她的话里没有逞能，没有吹嘘，没有焦虑，没有恳求。她不打算说服我。她只是注意到她明白这样一个事实，这和描述墙被刷成白色一样平常，这不是什么惊人之语。她拥有热情和天赋，而且如果成功了，她就会拥有财富。赢得铁人三项比赛的目标来自她对刺猬理念的感悟。

因此，乔安娜决定去试一下。她辞了工作，也拒绝了研究生奖学金。三年后，也就是在 1985 年 10 月的一天，在夏威夷铁人三项全能比赛上，她第一个越过终点线，成为世界冠军。当乔安娜准备参加铁人三项比赛时，她不确定自己能成为世界上最出色的三项全能运动员，但是她明白她可能成为第一。冠军是有可能拿到的，她没有生活在幻想中。这种差别就产生了完全不同的结果，而且它是那些想从优秀走向卓越的人必须抓住的，而那些没有走向卓越的人通常也从来没有重视过这一点。

小　结

要　点

- 实现跨越，要求对相交的三环有深刻的理解。这三个圆环被概括为一个简单而清晰的理念——刺猬理念。
- 关键是你要明白你的组织能够在哪方面做到全世界最出色，而且同样重要的是了解你的组织无法在哪方面做得出色，而不是“希望”在哪方面做得出色。刺猬理念不是一个目标、策略或意图，它是一种感悟。
- 如果你不能在你的核心业务上成为世界上最优秀的，那么它就不能构成你的刺猬理念的基础。

- 对“世界上最好”的感悟，是比核心能力更加严格的一个标准。你可能有竞争力，但是不一定有能力成为世界上最优秀的。相反，在某方面你可能成为世界上最好的，但是现阶段你在这方面没有竞争力。
- 要明白你的经济引擎的驱动力，你必须寻找一个能产生最大影响的指标（每X利润，或社会部门的每X现金流）。
- 从优秀到卓越的公司基于理解确立目标并制定战略，而对照公司基于虚张声势确立目标和制定战略。
- 获得刺猬理念是一个反复的过程，理事会可以成为一个有用的工具。

意外发现

- 实现跨越的公司更像刺猬——简单而不引人注目的动物，它们只知道“一件大事”，并且坚持不懈。对照公司更像狐狸——狡猾而诡诈的动物，知道很多事情，但是缺乏一致性。
- 实现跨越的公司一般需要4年时间获得刺猬理念。
- 战略本身没有把实现跨越的公司和对照公司区别开来。两者都制定战略，而且没有证据表明实现跨越的公司比对照公司在制定战略上多花了时间。

第六章

训练有素的文化

自由是片面的，并不完全是真理。……所以我建议将东海岸的自由女神像替换成西海岸的责任女神像。

——《活出生命的意义》，维克多·弗兰克尔

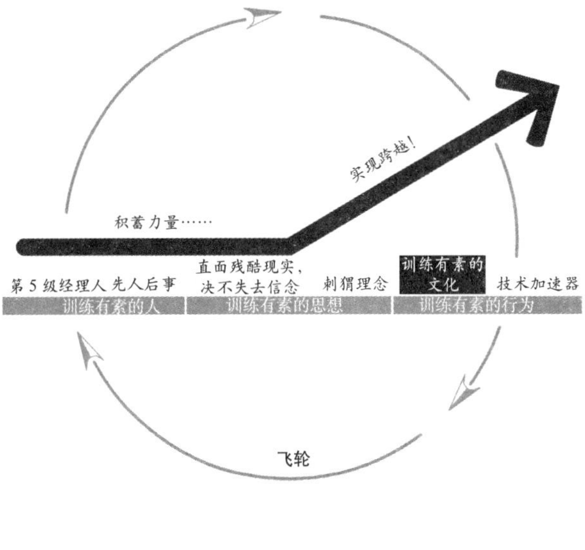

1980年，乔治·拉斯曼与他人合伙创立了安进生物技术公司。在随后的20年里，安进公司由一个艰难创业的企业成长为拥有32亿美元资产、6 400名员工的公司，它生产血液产品以帮助遭受化疗和肾透析之苦的病人。在拉斯曼的领导下，安进跻身为数不多的几个长期赢利并稳定发展的生物技术公司的行列之中。事实上，利润的稳定使公司股票价格在1983年6月—2000年1月的时间里翻了150多倍。一位投资者买进的7 000美元安进公司的股票已实现了100万美元的资本收益，这相当于将同样金额投资在一般股票市场所得收益的13倍。

很少有成功的新兴企业成为卓越公司，主要因为它们对发展和成功做出了错误的反应。企业的成功在于其创造力、想象力、大胆的尝试及富于幻想的激情。公司在发展中其组织结构会变得愈加复杂，公司开始陷入成功的困惑之中——太多的新员工、新客户、新订单及新产品。曾经令人愉快的工作团队变成了混乱无序的庞大机构，它们缺乏规划，缺乏资金的合理使用，缺乏良好的制度，并因过度招聘而带来了矛盾冲突。于是有关客户、现金流和预定计划的问题一一浮现。

对此，有人（常常是董事）提出："是成长的时候了。公司需要专业化的管理。"于是公司开始招聘工商管理硕士，从一流公司物色合适的主管。烦琐的手续、议程、核对清单等如杂草般生长起来。过去的平等关系被等级制度取代。首先是接踵而至的各式命令，汇报关系开始明确，享受特殊津贴的主管阶层在公司内部也出现了。"我们"和"他们"的界限开始明确，如同在传统的公司里一样。

专业管理者最终占据领导地位。他们整顿秩序，但也扼杀了企业家精神。公司的开拓者开始抱怨："没意思！我过去只要做好事情就行，但现在我必须填写无聊的表格，遵循这些愚蠢的规定。最糟的是，大量的时间浪费在了无用的会议上。"一些最富有创新力的员工因厌恶日益滋长的官僚主义和等级制度而辞职，公司的创造力减弱。曾经令人兴奋的新兴企业变成了毫无特色的无名小卒，平庸逐渐伤害了企业发展。

乔治·拉斯曼避免了公司走向灭亡的螺旋式发展过程。他明确实行严格管理的目的，是弥补员工能力和纪律的缺陷，如果公司一开始拥有合适的员工，这个问题就不存在。大多数公司建立官僚制度来管理小部分较差的员工，这反而排挤了优秀的员工。随着较差员工比例的增大，公司需要更严密的官僚制度弥补员工能力和纪律的缺陷，因而排挤更多的优秀员工。拉斯曼还知道有一种办法可以遏制这种螺旋式的恶性发展，即避免官僚主义和等级制度，以训练有素的文化取而代之。如果能将训练有素的文化和企业家精神结合起来，公司就获得了成功的法宝（见图 6–1）。

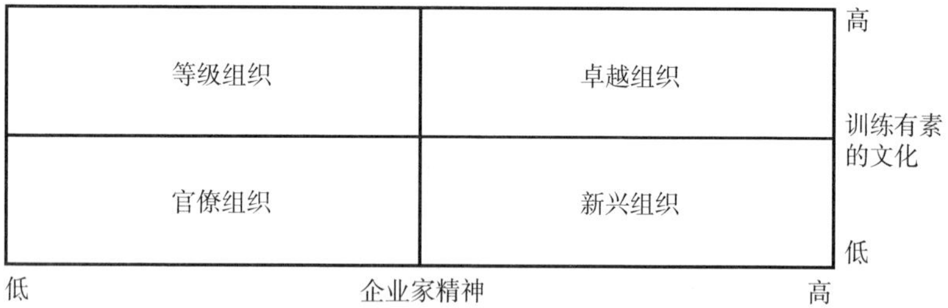

图 6–1　实现跨越的公司训练有素的创新矩阵图

本章开篇为何用一个生物技术企业家而不是以实现跨越的公司的企业家为例呢？因为拉斯曼认为，他的成功归因于他在创立安进公司前在雅培公司的工作经验：

> 我在雅培公司学到的是，你一旦制订了年度目标，就要具体落实。你可以改变这一年的计划，却绝不能改变你的衡量标准。在年终时，你要严格检查结果是否与既定目标完全一致。不要找机会更改修饰，不要找借口调整、耍花招，不要安慰自己你本来无意取得这样的目标，从而调整目标使自己不那么难堪。绝不要只关注一年中已经取得的成就，而应关注相对于打算完成的目标，你实际完成了多少——不管衡量的标准多么严格。这就是我在雅培公司学到的训练有素的文化，我们把它带到了安进公司。

雅培公司的许多训练有素的文化可追溯到 1968 年，那年公司聘用了一位杰出的金融主管伯纳德 · H. 塞姆勒。塞姆勒并不把自己的工作当作传统的金融管理或会计，而是致力于创立能够促使文化变革的机制。他创立了一个完整的全新理财框架，被称为“责任财务”。在这个框架中，每一种产品的成本、收益和投资都明确落实到负责该产品的个人。创立一种制度，使每个雅培公司经理对他们的投资收益负责，如同企业投资人一样。这种理念在 20 世纪 60 年代是相当激进的，它确立起一种制度，使得每一工种的经理人对他的投资回报负责，其严格程度与投资者要求企业家负责别无二致。

但是雅培公司制度的优点不只在于它的严格，而是它怎样运用严格的纪律激发创造力和企业家精神。“雅培建立了一个纪律严明的组织，但这个组织并非像线性思维那么刻板。”乔治 · 拉斯曼说，“作为典范，它既有财务纪律又有创造性工作所需要的发散思维。”通过获得很多的边际利润，雅培公司将销售百分比中的管理费用降到同行业中的最低水平；同时，它成了像3M公司那样的产品创新型公司。在过去的4年里，雅培的新产品的销售额比例高达总销售额的65%。

这种富有创造性的双重机制在转变期贯穿雅培公司的各个方面，并成为公司文化的组成部分。一方面，雅培公司聘用具有企业家精神的领导者，让他们自由选择完成任务的最佳方案；另一方面，每个人必须完全服从雅培公司制定的制度，并严格对目标任务负责。他们有自由，却是框架之下的自由。雅培公司为使机会灵活化而引入企业家的奋斗精神。（“我们认识到做计划的过程是无价的，但计划本身是无用的。”）但是训练有素的文化规范也使雅培公司对不符合三环理论的机会说“不”。在鼓励各部门进行大范围创新的同时，雅培公司坚定地遵守刺猬理念，并致力于生产节约成本的保健产品。

雅培公司证实了我们研究的重要发现：训练有素的文化。就其性质来说，“文化”是个复杂的话题，不容易形成像三环理论那样的清晰框架。但是本章主要内容可被归纳为一点：建立一种文化使人们在三环理论框架下能够训练有素地行动，并坚决遵守刺猬理念。

更准确地说，训练有素的文化可以概括为以下几点：

1. 建立一种在框架下实现既享有自由又不乏责任感的文化。

2. 身处这种文化中的人自律性高，愿意全力担负责任。他们将“去掉所有疲沓的毛病”。

3. 不要将训练有素的文化和暴虐的纪律混为一谈。

4. 坚决遵守刺猬理念，像坚守宗教信仰般地关注三环理论的交叉环节。另外，建立“戒律”和系统地清除任何无关事项也同样重要。

框架之下的自由（和责任）

试想一下民航飞行员的情景。驾驶舱里，飞行员坐在一架价值 8 400 万美元的飞机上，周围环绕着几十种复杂开关和精密仪器。乘客把行李塞进头顶的行李架，乘务员连忙安顿好每位乘客；飞行员开始做起飞前的核查，有条不紊地进行每一项规定事项的操作。

他开始与航运控制中心协作，听从每项精确指令——舱门方向，滑行线路，使用的跑道以及起飞方向。直到做好一切起飞前的准备工作，他才开始发动引擎。在空中飞行期间，飞行员始终与地面控制中心保持着联系，并将飞机严格控制在商业航空交通制度规定的范围内。

但在飞行途中，飞机遭遇了强烈的雷电和冰雹。突如其来的大风使机翼一会儿向左，一会儿向右，乘客们只看到窗外下着雨，一团团或薄或厚的乌云不时飘过。机组人员宣布："女士们先生们，请在接下来的飞行中留在座位上。把座椅调整至竖直状态，扣好安全带，将随身行李物品放到您前面的座位下。我们将很快着陆。"

"我希望不要太快。"缺乏经验的乘客受到疾风闪电的惊吓会有这种想法。但是有经验的乘客则继续看杂志，或者同邻座的人聊天或者准备下机后的会议。他们的想法是："这些我以前都经历过，只要飞机安全就可以着陆。"

飞机的机轮被放下，重达 25 万磅[①]的庞然大物以每小时 130 英里的速度向下滑行。乘客们突然听到发动机的嗡嗡声，同时感觉身体倾向座位。飞机加速飞回到空中，然后绕了一个大的弧度又倾斜着飞向机场。飞行员打开对讲机："对不起，刚才遇到了猛烈的侧风，我们会再

① 1 磅≈0.45 千克。——编者注

试一次。”第二次，风平静下来，飞机安全着陆。

现在让我们回顾一下刚才的例子。飞行员按严格的航空制度操作，没有自作主张。（你不要希望飞行员说：“嗨，我读了一本有关授权的价值方面的管理书。书中提倡享受充分的自由，你可以实验、创造以及像企业家一样开拓。总之，你可以尝试许多方法，只要奏效就可以用！”）然而，关键性的决定，诸如航班是否起飞、着陆、提早取消或降落到其他地方，都取决于飞行员的决策。不管制度多么严格，一个最关键的事实是飞行员对飞机和机上乘客的生命安全负主要责任。

问题的重点不在于公司要有一套像航空交通制度一样严格刻板的制度。毕竟，即使公司的航空制度行不通，几百条人命也不一定会丧生。飞机上的服务可能很糟糕，但是你肯定能到达目的地。这种类比的意义在于当我们深入了解实现跨越的公司时，我们会回忆起民航飞行员例子中最重要的一点：在高度完善的制度框架下的自由和责任。

实现跨越的公司建立了一以贯之的制度，但它们也给予了员工制度框架下的自由和责任。它们聘用严于自律无须管理的人，公司只需要管理系统，而不需要管理这些人。

“这就是我们能够遥控管理位置分散的商店的秘密。”电路城的比尔·里维斯说，“这要归功于众多对自己商店负全责的了不起的经理，他们在一个大系统下运营。你需要拥有相信这套制度并使之起作用的管理层和员工。但在制度规定的范围内，商店经理可以有自己的想法，并使想法与他们的责任匹配。”从某种意义上说，电路城经营零售电子类产品的策略与麦当劳经营餐馆类似，它虽不是最完美的，却非常协调。制度随着时间推移而变化，电路城尝试增加了新产品，如电脑和录像机

（这就好像麦当劳增加了早餐鸡蛋和小松饼）。但无论何时，任何人都要在制度框架下工作。“这是我们同20世纪80年代早期的其他同行的主要区别。”比尔·齐尔登说，“他们不能深入扩展，而我们能。我们能在全国范围内兼并这些商店，统一经营，并使它们协调一致。”电路城于20世纪80年代初期起家，在随后15年里，其股票收益是股市平均收益的18倍以上，其中一个重要原因就在于此。

从某种意义上说，本书的许多内容都和建立训练有素的文化有关。首先，训练有素的人，在转变初期不是将较差员工引入正轨，而是首先重用训练有素的优秀员工。其次，训练有素的思想，你需要训练有素以面对残酷的现实，同时又坚信你能够也将会开辟更加辉煌的道路。最重要的是，训练有素的文化使你坚持对观念的探索和理解，直到你得到自己的刺猬理念。最后，训练有素的行为，即本章的核心论题。这个顺序很重要。对照公司经常直接跳到最后一步。但是没有训练有素的人，训练有素的行为就无法维持；没有训练有素的思想，训练有素的行为只会导致惨败。

事实上，训练有素本身不会产生了不起的结果。我们发现历史上有许多组织具备强有力的训练有素的规范，它们组织结构完整，井然有序，却直奔失败。情况不应是这样的。重要的是应首先得到思维缜密、严于律己的人，然后这些人在刺猬理念指导的制度框架下，采取训练有素的文化所约束的行动（见图6–2）。

在整个研究过程中，我们被一些反复使用的词语吸引，例如“训练有素的”、“严格的”、“固执的”、“决定性的”、“勤奋的”、“精确的”、“吹毛求疵的”、“系统的”、“有条不紊的”、“工作熟练的”、“苛刻的”、“一致的”、“有重点的”、“负责的”和“责任重大的”。在有关实现跨越的公司的文章、访谈和内部资料中，这些词语随处可见，而在有关直接对

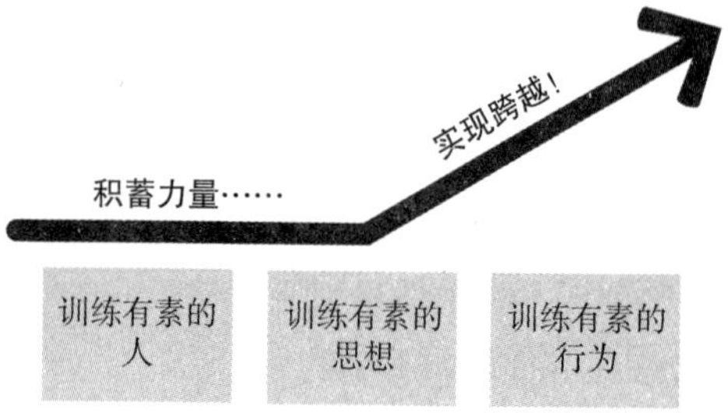

图 6–2　训练有素的文化

照公司的资料中，我们却根本看不到这些词语。实现跨越的公司的员工在履行责任方面有些极端，有些人甚至近乎狂热。

我们后来称训练有素的文化为“清除你的松软干酪”。这个类比来源于一名训练有素的世界级运动员戴维·斯科特，他获得过 6 次夏威夷铁人三项赛冠军。在训练中，斯科特平均每天骑车 75 英里，游泳 20 000 米，还要跑步 17 英里。戴维·斯科特没有肥胖问题！但他相信低脂肪和高碳水化合物的饮食结构会给他增加额外的优势。所以戴维·斯科特，一位一天的训练量至少消耗 5 000 卡路里的男子，实际上是在通过高强度训练除去身体的多余脂肪。然而，没有证据证实他必须用这种训练方式来赢得铁人三项赛，这件事的意义并不在此。重要的是，他相信这样做能使他感觉更好。戴维对自己的严格要求使整个训练计划协调一致，从而达到最佳效果。我常常想象戴维·斯科特跑 26 英里马拉松的情景——在海里游完 2.4 英里，顶风骑车 112 英里之后，他在科纳海岸的黑色熔岩地上，顶着约 40 摄氏度的高温艰苦行进——他心里想的是：“与我每天近乎苛刻的训练计划相比，这并不很糟。”

我知道这是一个古怪的类比。但从某种意义上说，实现跨越的公司与戴维·斯科特很类似。“从优秀到卓越”这一问题的答案一定程度上讲就是训练有素使公司在激烈的竞争中变成一流公司，并一直寻求持续的发展。答案确实就这么简单，但是确实又那么困难。

> 每个人都想成为最好的，但大多数组织缺乏纪律，不了解自己，不清楚自己的最大优势是什么，凭借什么把潜力变成现实。他们缺乏严格的训练有素的文化规范自己。

我们来比较一下富国银行与美洲银行。卡尔·赖卡特从不怀疑富国银行作为一个实力很强的公司，能从管理的混乱状态中崛起。他发现成为卓越公司的关键不在于令人赞赏的新策略，而在于彻底下决心清除近百年来银行家的旧思想。“银行业浪费过多，”赖卡特说，“清除它需要实行严格管理，不能靠小聪明。”

赖卡特明确指出：我们并不是仅要求别人而自己高高在上。要做到严格规范，我们首先从领导者的办公室开始。他冻结了领导者 2 年的薪水（尽管富国银行历史上有好几年都是盈利大户）。他关闭了主管专用食堂，以类似于大学食堂的餐厅取而代之。他关闭了领导者专用电梯，卖掉了公司的直升机，并且禁止主管办公室里摆放绿色植物，因为给植物浇水的费用高。他撤掉了主管办公室里的免费咖啡，取消了送给管理层的圣诞树。他把一摞一摞的报告扔给那些把报告交给装订工的员工，并警告他们：“你们就这样花自己的钱吗？你们知道一个装订工给我们增加的成本吗？”一篇文章这样写道：“赖卡特同其他主管一起开会时，通常坐的是一把破得连填充物都露在外面的旧椅子。有时在听取财务支出报告的时候，他就坐在那里，摆弄摆弄露在外面的填充物，好多必要的支出项目就这样被取消了。”

街对面的美洲银行，主管们也面临着管理混乱的问题，并意识到必须杜绝浪费。但是，美洲银行与富国银行的做法不同，它没有一种训练有素的文化来进行严格规范。他们保留了公司位于美国加利福尼亚州旧金山市中心富丽堂皇的办公室。《崩溃的银行》一书中进行了如下描述："首席执行官的办公室是一间位于东北角上的套房，与大会议室相连，室内铺着东方地毯。从房间里的落地窗向外看，从金门大桥到海湾大桥，旧金山海湾的全景一览无余。"（我们没找到填充物外露的破椅子。）电梯可从底层直达首席执行官的办公室所在的楼层。宽敞的办公室使落地窗看上去更高大，给人一种普天之下唯我独尊的感觉，尤其是在这个各国精英云集的城市里。生活这样美好，为什么要对自己那么苛刻呢？

美洲银行在20世纪80年代中期的3年里损失了18亿美元。此后，银行终于对无序的管理做出了必要的调整（主要是聘用曾在富国银行担任领导职务的人）。但即使在最艰难的日子里，美洲银行都没有停发主管们享受的额外津贴。在美洲银行处于危机状态的一次董事会上，一位董事提出诸如"卖掉公司直升机"的一些合理建议，而其他董事听后却置之不理。

是文化而不是暴政

我们差点儿没有把此章纳入本书中。一方面，实现跨越的公司比直接对照公司的制度更加规范，例如富国银行与美洲银行；另一方面，间接对照公司也表现出与实现跨越的公司一样的制度规范。

"根据我的分析，我们不能把训练有素当作本书的一个发现。"埃里克·哈根在写完专门分析公司领导文化的一章后说，"间接对照公司的首席执行官实行强有力的训练有素的文化规范，因而它们取得了很好的初期效果，这很明显。所以，训练有素不能作为一个显著因素单列一章。"

令我们惊奇的是，当进一步考察这个问题时，埃里克进行了更加深入的分析。当不看其表面，深入分析事实时，我们发现这两类公司制定规范的方法明显存在很大差异。

> 实现跨越的公司有第5级经理人建立的持久的训练有素的文化，但间接对照公司里的第4级经理人，是单纯通过个人的权威来规范组织的。

雷·麦克唐纳在1964年接管宝来公司。麦克唐纳很精明，但性格鲁莽，谈话时他要占上风，开玩笑易过火，常批评那些不如他的人（几乎他周围的所有人）。他利用广为人知的“麦克唐纳恶行”的压力方式，单纯依靠个人权威做事。麦克唐纳在职期间取得了辉煌成就。在他任董事长期间（1964—1977年），公司1美元的收益是市场平均水平的6.6倍。但是，公司除了他之外没有任何训练有素的文化。在他退休后，他的部下毫无决断力，于是纷纷离开公司。《商业周刊》报道，他们“无能力做任何事情”。宝来公司开始出现长期的滑坡，从麦克唐纳时代结束到2000年，公司的累计收益率比市场平均水平低93%（见图6–3）。

斯坦利·高尔特领导下的乐柏美公司，也有类似情况。我在“第5级经理人”一章中提到了高尔特在面临被批评是暴君的谴责时，他反唇相讥道：“没错，但我是一个真诚的暴君。”他用严格的训练有素的文化规范公司，比如严格的计划、竞争对手分析、系统的市场调查、利润分析、严格的成本控制，等等。“这是一个令人难以置信的严格且受训练有素的文化规范的组织。”一位分析师写道，“这就是乐柏美公司运营的全部。”高尔特每天早上6点30分到公司，每周工作80个小时，并希望经理们也能做到。

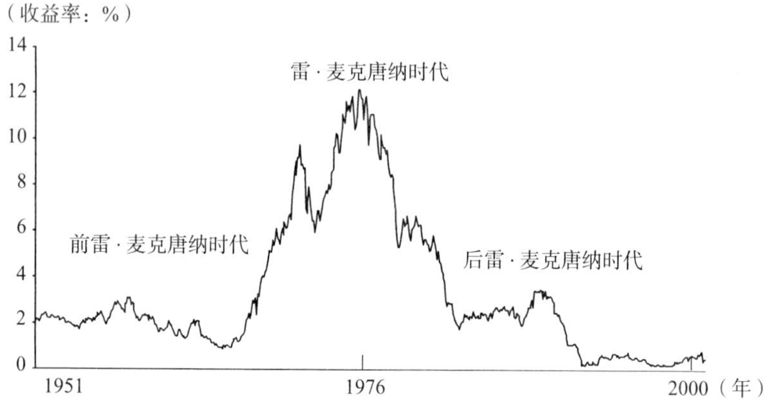

图 6–3　宝来公司—— 一个濒于倒闭的典型公司在转变期股票市场累计收益率

注：设置 1% 为雷·麦克唐纳在任期内的收益率起点

作为主要的训练有素的文化的代表，高尔特个人扮演着公司头号质量控制机构的角色。一次，他在曼哈顿街上行走，看到一个门卫一边向由乐柏美公司制造的簸箕里扫垃圾，一边骂骂咧咧。“高尔特走过去询问他为何不高兴。”理查德·盖茨将这个故事告诉了《财富》杂志。高尔特确认簸箕的边太厚了，于是他立即责令工程师重新设计产品。他说：“对产品质量，我决不做任何让步。”他的首席运营官表示同意：“高尔特真的是勃然大怒。”

乐柏美公司在铁腕领导者的严厉管理下迅速发展，但当他离开后，公司迅速衰落。高尔特在职期间，公司的收益是大盘股指的 3.6 倍。而他退休后，公司在被纽威尔公司收购之前相较于大盘股指，收益损失了 59%（见图 6–4）。

李·艾柯卡领导下的克莱斯勒公司，是反映个人权威的弊病的有趣且典型的例子。《商业周刊》将艾柯卡描述为：“男人，独裁者，李。”

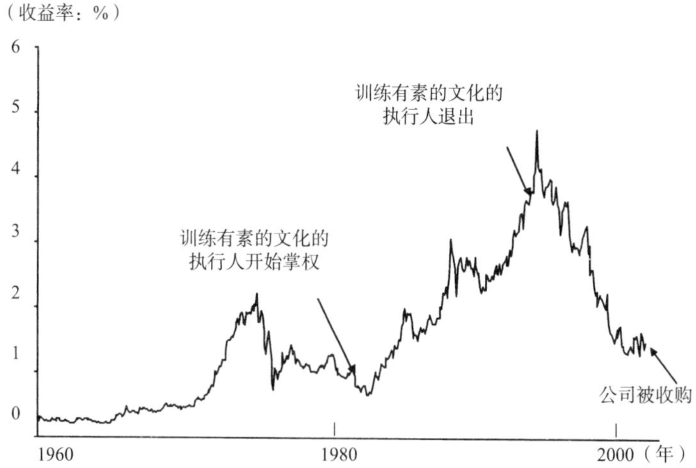

图 6–4　乐柏美公司——一个濒于倒闭的典型公司在转变期股票市场累计收益率

注：设置 1% 为斯坦利·高尔特在任期内的收益率起点

艾柯卡于 1979 年成为克莱斯勒公司的董事长，并开始严格规范公司的组织结构。在提到上任初期时他写道："我立刻明白这里处于混乱状态，（而且）需要用训练有素的文化规范整顿。要尽快！"他在克莱斯勒的第一年便彻底审查管理结构，实行严格的财务控制，提高质量监控措施，使生产程序合理化，并且实行大规模人员下岗以保护现金流。"我感觉自己像一个军医……我们必须动大手术，全力挽救公司。"跟工会打交道时，他说："倘若你们不帮助我摆脱困境，我就敲碎你们的脑袋。明天一早我就会宣布破产，你们全都会失业。"艾柯卡取得了非凡的成绩，克莱斯勒公司成为工业界扭亏为赢的最杰出的公司之一。

然而，大约在他任期的中间，艾柯卡似乎失去了重心，公司开始再次衰退。《华尔街日报》报道："艾柯卡先生带头修复自由女神像，参加了监督削减预算的国会考察团，他又写了一本书。他成为一家辛迪加报纸的专栏作家，买了一栋意大利式的别墅，在别墅里贮藏葡萄酒和橄榄油……评论家认为所有这一切分散了他的注意力，这是造成克莱斯勒公司当前问题的根本原因……不论是否被分散注意力，成为大众英雄显然是一件费力不讨好的事情。”

而比艾柯卡做大众英雄更糟的是，在克莱斯勒公司能够处于世界领先地位的领域中，他没能坚持训练有素的文化规范，因而导致公司涉足了一系列毫无经验的多样化经营范围。1985年，艾柯卡尝试当时热门的航空业：多数首席执行官只要有一架湾流宇航公司的喷气式飞机就满足了，而艾柯卡决定收购整个湾流宇航公司！还是在20世纪80年代中期，他开始与意大利的赛车制造商玛莎拉蒂进行耗资巨大、最终失败的合资项目。《商业周刊》报道：克莱斯勒公司的一位退休经理说：“艾柯卡偏爱意大利人。内部人士认为，艾柯卡在托斯卡纳区有一块不大不小的地产，他非常希望与意大利人合作，以致忽视了公司的经济现状。”一些人估计与玛莎拉蒂的合资损失了20亿美元，相对于在高价小型跑车上的损失来说，这是一笔巨大的资金，况且，只是制造两三千辆跑车。

艾柯卡在任职的早期，取得了显著成果，使公司从濒于破产成长到取得3倍于同行业平均收益水平的成绩。而在后期，公司开始走下坡路，公司股价比大盘股指低31%，使公司又将面临一次破产危机。克莱斯勒的一位经理写道：“如同许多病人要具备一定的心脏条件一样，我们在再次面临破产前的几年时间里通过改革生存了下来。”

上述案例说明我们在每个未能维持优秀业绩的公司中发现的共同点：在铁腕领导者的管理下公司获得了大发展；铁腕领导者离去而公司又没有持久的训练有素的文化，或者当铁腕领导者肆意违反三环理论时，公司就会大幅度衰退。是的，训练有素是取得显著成就的必要条件，但你倘若没有认真理解三环理论，即使有规范的行为，也不能产生持续显著的效果。

疯狂坚持刺猬理念

近 40 年时间，必能宝公司一直处于垄断的保护伞下。凭着与美国邮政局的亲密关系和拥有邮资收费机的专利，必能宝公司完全占领了计费邮件市场。到 20 世纪 50 年代末，美国有近一半的邮件运送要通过必能宝公司生产的机器。由于毛利率超过 80%，公司没有竞争对手，市场巨大，业务又永远不会衰退，所以与其说必能宝公司是一个了不起的公司，不如说它是一个了不起的垄断公司。

之后，像许多垄断公司那样，必能宝一旦没有了垄断的保护伞，就开始长期的衰落。首先到来的是一纸判决，必能宝被迫允许竞争对手免费使用它的专利。不到 6 年时间，必能宝公司的竞争对手就有 16 家。必能宝陷入了大厦将倾的慌乱境地，疯狂地进行多样化经营，投资于没有前途的并购和合资项目，其中包括花费 7 000 万美元（当时相当于持股者股本的 54%）尝试电脑零售业。1973 年，公司出现了历史上的第一次亏损。这个事例成为另一个典型的案例：一旦面临严峻的竞争现实，受垄断保护的公司就会解体。

幸运的是，第 5 级经理人弗雷德·艾伦接管了公司，他提出了严厉的问题，使大家深入思考必能宝在世界上的地位。必能宝没有把自己看作“邮资收费”公司，而是找到了自己能成为一流公司的定位，即在更广泛的通信理念指导下，服务于后勤部门。公司同时看到高级办公用品市场，如高科技传真机和专用复印机，这些恰好能成为利润的推动力，必能宝便建立起广泛的销售服务网络。

艾伦和他的接班人乔治·哈维建立了一个规范的多元化经营模式，例如，必能宝最终占领了高端传真机市场，也就是获利丰厚的那些大公司45%的市场份额。哈维开始系统地投资新技术、新产品研发，比如能够盖戳并发送信件的模范邮件处理机（Paragon）。20世纪80年代后期，必能宝总收入的一半来自过去4年里新开发的产品。后来，必能宝率先将办公用品与互联网连接，开辟了另一条规范的多元化经营的道路。其中关键的一点在于，进行多元化经营和创新的每一步都没有超出三环理论的范畴。

从颁发专利使用许可到1973年这段最艰难的时期，必能宝公司失去了77%的市场。此后，公司反败为胜，1999年年初，公司股价上升为大盘股指的11倍多。1973—2000年，必能宝公司的业绩超过了可口可乐、3M、强生、默克、摩托罗拉、宝洁、惠普和迪士尼，甚至超过了通用电气。你能想象一个公司从垄断的保护伞中崛起，并取得今天如此优异的成就吗？美国电报电话公司不能，施乐公司不能，甚至IBM也不能。

必能宝公司的案例解释了一个公司缺乏与三环理论一致的训练有素的文化规范时会发生的情况，同时也说明了相反的情况。

> 实现跨越的公司完全遵循这样一条原则：与刺猬理念不一致的，我们就不用。我们不会涉足无关行业，不会做无关的兼并。只要不合适，我们就不做。

相比之下，我们发现缺乏与三环理论一致的训练有素的文化规范是对照公司失败的主要原因。这些对照公司要么缺乏规范来理解三环理论，要么缺乏规范使公司在三环理论的范围内运作。

雷诺烟草公司就是一个典型案例。直到20世纪60年代，雷诺烟草公司还有简单明了的理念，它是美国一流的烟草公司，这一地位它保持了至少25年。1964年，美国公共卫生部公布了一则有关吸烟致癌的报告。为应对这一形势，雷诺烟草公司开始实行多元化经营。当然，所有烟草公司包括菲利普·莫里斯公司当时都出于同样原因进行了多样化经营的尝试。但是雷诺烟草公司不遵循三环理论的做法，违背了逻辑。

1970年，雷诺烟草公司用公司1/3的财产购买了一家船运公司和一家石油公司［即海陆公司（Sea-Land）和美国独立石油公司］，它想通过船运和石油赚钱。这个主意本身并不糟糕，但是它对雷诺烟草公司的刺猬理念究竟有何作用？因为海陆公司的创始人是雷诺烟草公司董事长的好友，公司进行这样的并购，是完全不慎重的做法。

向海陆公司投入20多亿美元后，其总投资额相当于股东股本的总和。最后，由于不断从烟草业调拨资金到低迷的运输业，雷诺烟草公司被迫认输，卖掉了海陆公司。雷诺烟草公司的一个员工抱怨道："这些人精通烟草的生产销售，但他们对船运或石油懂多少呢？对他们的破产我并不感到忧虑，他们看上去像兜里揣着太多现金的乡下小子。"

公平地说，菲利普·莫里斯公司也没有多元化经营的良好记录，比如错误地并购七喜公司。然而，与雷诺烟草公司形成鲜明反差的是，菲利普·莫里斯公司回应1964年公布的外部报告的态度更加坚决。菲利普·莫里斯公司没有抛弃刺猬理念，而是重新定义了刺猬理念，在不太利于健康的消费品行业（如香烟、啤酒、软饮料、咖啡、巧克力和加工过的奶酪等）中成长为全球品牌。1964年报告公布后，尽管两家公司面临完全相同的机遇和挑战，但后来二者差别如此之大，其关键原因在于菲利普·莫里斯公司能够严格规范训练有素的文化并遵循三环理论。

1964—1989 年（此后，雷诺烟草公司被收购，再之后就从公开交易中消失了），将相同的资金投入两家公司，投资菲利普·莫里斯公司的收益是投资雷诺烟草公司的收益的 4 倍多。

没有几家公司能够严格规范，探索它们自己的刺猬理念，能严格执行规范的公司更少。它们没有掌握一个悖论：组织越是按三环理论严格规范，公司发展和取得成就的机会就越大。实际上，一个卓越的公司更容易毁于机会太多的环境，而不是因为机会太少被饿死。问题不在于创造机会，而在于选择机会。

对待难得的机会要敢于说“不”。因为如果它不适合三环理论，即使是“一生中唯一的机会”，它也不相干。

严格遵守刺猬理念的含义不只跟投资战略有关，而且它与你管理和建立组织的整个过程有关。纽柯公司的成功得益于以包含文化和科技的刺猬理念为指导来生产钢铁。纽柯公司理念的核心是通过公平的英才管理避免等级差别，使工人的利益与管理层和股东的利益相一致（见图 6–5）。肯·艾弗森在 1998 年出版的《坦率的谈话》一书中写道：

大多数公司的内部都存在不平等现象。我指的是等级上的不平等，即把“我们”和“他们”的原则合法化、制度化……处在公司等级最高层的人享有种种特权，在那些干实际工作的人面前耀武扬威，还想弄清楚为何员工对削减成本、提高利润的改革方案不感兴趣……当我想起高层领导者花几百万美元激励基层员工时，我只能不解地摇摇头。

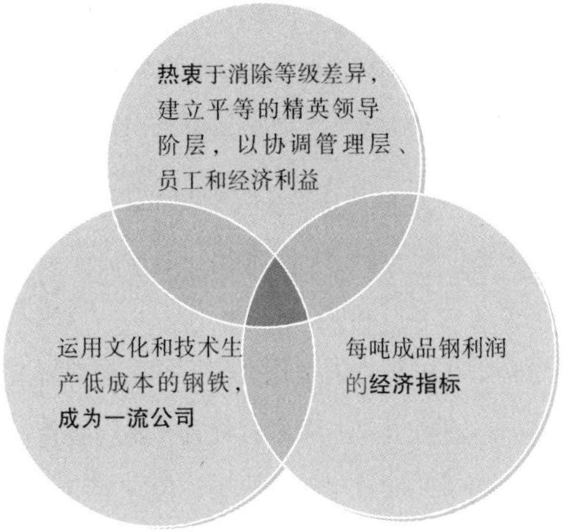

图 6–5　纽柯的三环理论（1970—1995 年）

当我们与肯·艾弗森交谈时，他告诉我们纽柯公司的成功都是因为它有能力将简单的理念转变为相应的行动。以 35 亿美元的资产跻身《财富》美国 500 强，却只有四层管理机构，公司总部成员不到 25 人，包括行政、财务、文秘，整个组织挤在一间牙医诊所般大小的租来的办公室里。门厅里摆放着廉价的板材家具，而门厅本身比壁橱大不了多少。没有公司餐厅，主管们在位于商业街区外的菲尔小餐馆里宴请重要客人。

主管们的待遇并不比一线工人的待遇好。实际上，他们的津贴比一线工人还要少些。比如，所有工人（但不包括主管）的子女每人每年可以得到 2 000 美元，作为中学毕业后的教育津贴，时间最长可持续 4 年。有一次，一个人来找马文·波尔曼说："我有 9 个孩子。你会给我的每个孩子 4 年上大学、技工学校或别的什么学校的教育津贴吗？"波尔曼认为这是理所当然的。"那个人一下子坐在那里，哭了起来。"波尔曼说，"我永远不会忘记。这一瞬间体现了我们努力做的事情是多么重要。"

如果纽柯公司某年利润丰厚，那么公司的每个人都会受益。纽柯公司的工人薪水非常高，以至某工人的妻子对她丈夫说："如果你从纽柯公司离职了，我就跟你离婚。"但是如果公司面临困境，公司的所有员工也要一同承受。例如，在1982年的危机中，工人们的工资下降了25%，主管们的工资下降了60%，首席执行官的工资下降了75%。

纽柯公司采取了特别措施缩小等级差别，因为等级差别迟早会侵害大多数组织。公司的年度报告上不仅有主管和首席执行官的名字，而且有公司7 000名工人的名字。除安全监督者和来访者外，每个人戴着同样颜色的安全帽。帽子的颜色尽管是小事，但它能引发骚动。一些领班抱怨帽子的特殊颜色让他们感到自己的地位高于其他人，他们本可以把这种重要的地位象征放到轿车或卡车的后架上。公司组织了一系列论坛强调，员工在公司里的地位和权威来自他的领导能力，而不是他的职位。要是你不喜欢它——倘若你认为你需要等级差别——那么纽柯公司不适合你。

与纽柯公司面积不大的总部相比，伯利恒钢铁公司为它的主管们建了一幢21层的办公楼。办公楼的形状类似十字形，而不是长方形，这样的设计费用高，但能容纳大量需要独立办公室的副董事长们。"副董事长们提出两面都要有窗户，尽管这不是我们设计的初衷。"伯利恒经理解释道。约翰·艾托美尔在《伯利恒的危机》一书中，详细描述了一种与纽柯公司完全相反的文化。他写道，公司有飞行队，供接送主管的子女上学和周末出游。公司有世界一流的18洞高尔夫球场，一个由伯利恒公司出资整修的乡村俱乐部，俱乐部里还有专供主管使用的浴室。

我们可以得出结论：伯利恒公司的主管认为这样做是为了长久维持这种使他们晋升的等级系统。伯利恒在20世纪七八十年代没有衰落，这主要得益于进口或技术。它的衰落则主要因为公司存在这样一种文化，人们把精力集中在计较复杂等级中的细微差异，而不是关注客户、竞争对手和外部世界的变化。

从 1966 年公司开始积蓄力量到 1999 年，纽柯公司连续 34 年赢利，而同样在这 34 年里，伯利恒公司亏损 12 次，累计利润为负值。到 20 世纪 90 年代，纽柯公司利润每年都高于伯利恒公司。纽柯公司从 10 年前规模不到伯利恒公司的 1/3 发展到在 20 世纪末总收入超过伯利恒公司。更让人吃惊的是，纽柯公司每 5 年每个员工创造的利润是伯利恒公司的 10 倍。对于投资者来说，将 1 美元投到纽柯公司的收益是投到伯利恒公司收益的 200 多倍。

公平地说，伯利恒公司有一个很大的问题，而纽柯公司没有这个问题：敌对的劳工关系与牢不可破的工会。纽柯公司没有工会，而且与工人关系非常融洽。实际上，有一次工会负责人来参观厂房，工人们非常忠于纽柯公司，他们开始大喊大叫，向参观者扔沙子表示抗议，管理层只好出面保护这些参观者免受工人们的攻击。

但是工会提出了一个关键问题：为什么纽柯公司一开始就能与工人建立良好的关系？因为肯·艾弗森和他的团队有一种简单透明的刺猬理念，并用它来协调工人与管理者的利益。最重要的原因，是他们愿意尽全力使整个公司与这个理念相一致。你如果愿意，就可以说他们有些狂热，但是为了取得非凡的成就，我们需要近乎狂热地按理念执行。

列出不该做的事项

你列出计划要做的事项了吗？

你也列出不应该做的事项了吗？

我们大多数人的生活忙碌又不规律。我们一直在扩充“拟做”事项，努力营造做更多事情的良好势头，但作用很小。然而，那些创立实现跨越的公司的人同样看重后一张列表，因为他们划去了各种糟糕的事项，显示出非凡的规范性。

当达尔文·E.史密斯成为金佰利的首席执行官时，他充分利用了后一张列表。他发现华尔街每年所做的预测过分集中于短期，所以他没有采纳这种预测。“权衡利弊，当我们每年做未来收益的预测时，我并没有看到股东收益。”史密斯说，“我们不会做这种预测。”他视“喜爱头衔”为等级意识和官僚主义的标志，于是干脆撤掉头衔。公司里没有人有头衔，除非外界要求他们担任的职位有头衔。他把日益增多的行政层级视为建立公司帝国的自然结果，所以他撤掉了大批科层机构，代之以简单的机制：你倘若不能向你的同事证明你至少需要 15 个人才能完成任务，就没有人会成为你的下属。（记住：早在这种做法流行前，他在 20 世纪 70 年代就这样做了。）为了强调金佰利应把自己看作消费品公司而不是纸业公司，他使金佰利脱离了所有纸品行业联合会。

实现跨越的公司通过运用独特的预算机制，使“不该做什么”这一原则制度化。认真思考一下，预算的目的是什么。大部分人的回答是：预算决定拨给每个项目多少资金或进行成本估算，或两者兼而有之。而以从优秀到卓越这一转变的角度看问题，这两种回答都不对。

在从优秀到卓越的转变时期，预算用来决定哪些行业应全力投资，哪些行业根本不需要投资。换句话说，预算过程不是估算每个项目应投多少钱，而是决定哪些项目最符合刺猬理念应该重点做好，哪些项目应该完全放弃。

金佰利不是把纸品生意上的资源重新分配到消费品行业，而是完全放弃了纸品业，卖掉了工厂，将所有资金投到了新兴消费品行业。

我曾经与纸品行业某公司的几位经理攀谈。这是一个不错的公司，但它还不是很出色。在金佰利转入消费品行业之前，就直接与金佰利竞争。出于好奇，我问他们怎样看待金佰利。

他们说："金佰利做得不公平。"

"不公平吗？"我有些嘲弄地看着他们。

"哦，当然金佰利已成为非常成功的公司了。但你知道，要是我们卖掉我们的纸品业务，成为消费品行业里一个强大的公司，我们也可以做得同样出色。但我们在纸品业已投入太多，不能那样做。"

你如果回顾实现跨越的公司，就会发现它们把资源投到一个或少数几个领域已经表现出了非凡的勇气。它们一旦理解了三环理论，就很少抱残守缺。当年克罗格致力于推翻整套制度建立大型超市，而A&P则留守在自己原有的店铺里经营。雅培公司努力集中大部分资源使自己在诊断设备和医疗营养业中名列第一，而普强公司紧紧守着它的核心医药业（在这一领域它永远不可能成为世界一流的公司）不放。想一想沃尔格林公司是怎样退出利润丰厚的食品服务业，全力以赴抓住最好最方便的药店的。吉列公司和它的感应剃须刀，纽柯公司和它的微型工厂，金佰利卖掉工厂集中全部资源从事消费品行业。它们一旦清楚了自己的刺猬理念，就都有魄力进行巨额投资。

最有效的投资战略是高度集中于适合你的领域。这听起来很滑稽，但它是实现从优秀到卓越转变最重要的方法。"适合"是指找到刺猬理念，"高度集中"是指集中投资于和三环理论一致的项目，彻底放弃其他项目。

当然，关键是这个前提：当适合你的时候。但你怎样知道何时合适？在考察公司时，我们知道如果做得妥当，合适的时机并不很难遇到。如果你有第5级经理人，并选拔了最合适的人；如果你面临残酷的现实；如果你营造一种平等的氛围，人们敢讲真话；如果你有一个领导班子能按三环理论工作；如果你根据一个透明的刺猬理念做出所有决定；如果你弄清楚事情才去做，而不是虚张声势……你只有做到所有这些"如果"，才可能在重大决策上是正确的。真正的问题是，一旦你了解了情况，你能用训练有素的文化规范自己只做正确的事而不做错事吗？

小　结

要　点

- 持续辉煌的业绩需要建立一种文化，使自律的人们采取规范的行为，并严格遵循三环理论。
- 官僚主义文化源于补偿员工能力和训练有素的文化的缺乏，而能力和训练有素的文化的缺乏源于用人不当。你如果用人得当，淘汰不合格者，就无须官僚主义。
- 训练有素的文化具有双重性。一方面，它需要人们遵守一贯的制度；另一方面，它赋予人们在制度框架下的自由和责任感。
- 训练有素的文化不仅涉及行为，而且需要自律的人按照训练有素的文化思考问题，按规范做事。
- 从优秀到卓越的转变看上去单调呆板，但深入考察后，你发现公司员工都非常勤奋地工作，有执着的进取精神。

- 不要混淆训练有素的文化与暴虐的训练有素的维护者。它们是完全不同的，一个是功能性的，另一个是非功能性的。救世主式的首席执行官单纯通过个人权威进行训练有素的文化规范，使公司无法长期发展。
- 要取得持续效果，最重要的训练有素的形式是坚持刺猬理念，愿意放弃一切违反三环理论的机会。

意外发现

- 组织越是严格遵守三环理论，近乎宗教信仰一样，其发展和取得成就的机会就越多。
- 哪怕是“千载难逢的机会”也要放弃，除非它符合三环理论。一个卓越的公司会有很多千载难逢的机会。
- 实现跨越的公司做预算的目的，不是决定每个项目投资多少，而是将预算作为一种机制决定哪些领域最符合刺猬理念，应该集中投资，哪些领域根本不需要投资。
- 列出不能做的事项比列出打算做的事项更重要。

第七章

技术加速器

大多数人宁愿死去，也不愿思考。他们实际上就是这样做的。

——伯特兰·罗素

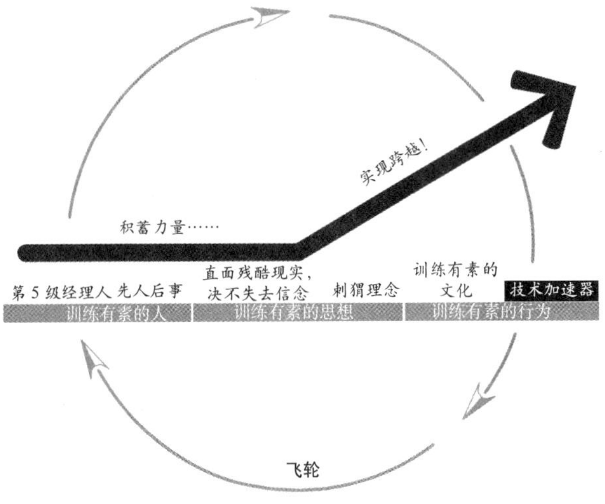

1999年7月28日，首批在互联网上建立的医药商店之一网上药店向市场公开出售股票。仅在开盘的数十秒之内，该公司的股票价格就增长了近3倍，达到每股65美元。4周后，该公司的股票以每股69美元的价格收盘，公司的市场价值超过35亿美元。这样的业绩对于一家只卖了8个多月商品，拥有不到500名员工，长期不分红并早已估算出在盈利之前先要损失数百万美元的公司来说，表现已经是相当不错了。

人们到底借助了什么样的理论，来解释这些不同寻常的数字呢？“新技术将改变一切”就是人们普遍认可的逻辑。一些权威人士还对互联网给予了高度评价：“互联网将使一切从事商业活动的公司发生革命性的变革。”还有许多知名企业家认为：“在互联网这个领域中，如果公司能够先发制人，在市场上抢先占有一席之地，那么无论这种做法的代价有多高，公司都会赢利。”

我们进入了历史上一段很特殊的时期，人们试图创建卓越公司的想法被看作奇怪又落后。飞速发展已成为这个时代的符咒。只要你告诉人们你在做某些与互联网有关的事情，无论你做的是什么事，如果你像魔术师那样喊声“变”，那么你都可以通过向市场公开发行股票而变得富有，即使你的公司并没有获利（甚至你还没有拥有一家真正的公司）。当你通过高喊“新技术”或者“新经济”来说服人们拿出数百万美元投资你的公司时，为什么你的公司从积累到突破，再到最终创造出一个真正可行的模式，还需要走一段艰苦的历程？

一些企业家甚至不打算花力气建立一家真正的公司，更不要说成为一家卓越的公司。2000 年 3 月，有一家公司仅凭拥有一个可提供信息的网页和一份商业计划书就可以申请注册上市。这家公司的经营者向《行业标准》杂志承认，公司在运营之前就上市了。这种做法看起来确实有些奇怪，但是这不妨碍经营者说服投资者购买每股面值 7 美元到 9 美元不等的总价值达 110 万美元的股票，尽管这时公司还没有收入，没有员工，没有客户，还不算真正的公司。既然互联网的发展给人类带来了新技术，谁还需要旧经济遗留下来的出土文物呢？逻辑大体是这样的。

在网上药店飞速发展的顶峰时期，沃尔格林公司正面临严峻的挑战。起初在网上药店上市前的数月中，沃尔格林就因受到其他很多互联网公司的侵袭，其股价的跌幅超过 40%。正如 1999 年 10 月《福布斯》杂志上写的："投资者似乎认为在互联网领域的竞赛中，只有像网上药店，其成交额是收入的 398 倍时，公司才有实力以绝对优势压倒对手继而成为竞争中的佼佼者，而不是像沃尔格林那样的公司，其成交额只有收入额的 1.4 倍。"分析师对沃尔格林公司进行了降级，公司的股市价值缩水近 150 亿美元，这增加了沃尔格林公司反击互联网威胁的压力。

面对这种市场狂热，沃尔格林公司如何回应？

"我们是一家经历过从缓慢爬行，到走路，再到赛跑这样一个过程的公司。"丹·乔恩特在《福布斯》杂志上讲述他进军互联网所采用的精心策划且有步骤的策略时说道。沃尔格林公司的决策者采取了一些与众不同的行动。他们决定停下脚步，进行反思。他们决定开动脑筋去思考！

最初，公司发展很慢（爬行）：在尝试建立网站的同时，沃尔格林以公司特有的刺猬理念为指导，对这种尝试的意义进行了深入的内部讨论。互联网将如何与我们倡导的便捷观念联系在一起？我们怎样把互联网和单位客户实现的现金流量的经济特征联系在一起？我们如何利用互联网使我们的公司以饱满的热情，在全世界众多公司中脱颖而出？沃尔格林公司的决策者信奉斯托克代尔悖论，并将它贯穿于公司整个发展过程："我们坚信公司能够作为一个卓越的公司屹立于互联网领域中；与此同时，我们必须直面互联网领域给我们带来的严酷现实。"沃尔格林公司的一名主管曾告诉我们发生在这段特殊历史时期的一个有趣的小故事。互联网领域的一位领军者曾经这样评价沃尔格林公司："噢，沃尔格林公司呀！它在互联网这个领域显得太陈旧、太平庸了。它早晚要被淘汰的。"沃尔格林人虽然为这位互联网精英傲慢的评论所困扰，但是他们从来没有认真考虑过公开对此做出回应。一位决策者说："我们还是默默无闻地去做我们需要做的事情吧，人们很快就会明白他们的玩笑开错了对象。"

接着，公司发展的速度加快了（正如走路一般）：沃尔格林公司开始想方设法地将互联网与其精密的存货和分销模式直接联系起来，以最终实现便捷理念。在网上填写你的用药清单，驾车去邻近的一家沃尔格林公司开的免下车药店（在任何一个城市你都可以碰到），停留片刻，你只要透过车窗浏览药品，就可以得到你需要的任何一瓶药。如果你需要更方便的服务，那么公司还可以送货到你家。这并不是一时的狂热，也不是骗局，更不是虚张声势，而是沉着地、精益求精地从客户那里寻求一种理解，这种理解只能通过采取沉着的和经过周密筹划的措施才可能得到。

最后公司终于可以奔跑了：沃尔格林公司像大多数纯粹的互联网公司一样，通过拥有一个技术精湛且设计巧妙的网页得以在互联网领域占有一席之地。刚巧在撰写本章之前，也就是2000年10月，我们体验到了沃尔格林公司的网上服务。我们发现它像亚马逊公司（当时在电子商务领域占据统治地位的公司）一样，不仅提供非常便捷的服务，而且拥有一个值得信赖且严密的送货系统。在《福布斯》杂志报道1年后，沃尔格林公司就领悟到如何利用互联网来加快自身发展，并保持永不停止的动力。公司（在它的网页上）宣布大幅度扩招员工，以实现公司的持续增长。1999年沃尔格林公司陷入互联网公司引发的恐慌之中，其股票价格跌至低谷，但在之后的1年内公司的股票价格几乎增长了1倍。

网上药店公司的情况是怎样的？该公司连年亏损，被迫宣布裁员以节约资金。仅仅1年多以前，网上药店的股票价格达到最高点，公司股票的成交价格是写本书时价格的26倍。它几乎已经失去了所有最初的价值。由此看来，沃尔格林公司经历了从爬到走又到跑的过程，相反，网上药店公司经历了从跑到走最终到爬的过程。

也许将来网上药店公司会找到一个实际可行的可持续增长的模式，最终成为一家优秀的公司。但是如果仅靠时髦的技术，天花乱坠的宣传，或者理性的股票市场，它是不会变成卓越的公司的。只有当它能够领悟到如何把技术运用到三环一体的理念时，它才会成长为一家卓越的公司。

技术与刺猬理念

你也许会想："互联网领域出现的狂热只是一种投机性泡沫，它会突然破裂。泡沫破裂会怎样？每个人都知道这个泡沫不稳定，不能持久。这对我们理解从优秀公司到卓越公司的转变又有什么意义呢？"

显而易见，本章的要点与互联网泡沫本身并无多大关系，因为泡沫总是不断地产生又不断地消失。一会儿是铁路行业的泡沫，一会儿又是电子行业的泡沫，一会儿是无线电通信行业的泡沫，一会儿又是计算机行业的泡沫，再后来是互联网的泡沫了。总之，随着不可预见的新技术的到来，泡沫将不断产生。

然而在这一系列的变化中，卓越的公司能够不断调整自己，最终生存下来。实际上，在过去的100年中，大多数可以真正称得上是卓越的公司，从沃尔玛到沃尔格林，从宝洁到金佰利，从默克到雅培，它们的发展都源于经历过电子时代、电视时代和互联网时代等技术变革。它们以前一直不断调整自己，最终脱颖而出。即使是最优秀的公司也需要继续调整，以适应时代的变化。

能带来变化的技术已不再是新鲜的事物。真正的问题不是“技术起到了什么样的作用”，而是“那些优秀公司和卓越公司对技术的看法有何不同”。

我们可以预测到沃尔格林公司最终能够掌握互联网。沃尔格林公司在技术投资方面已经有很长的历史，因此它早于其他公司对互联网产生了热情。早在20世纪80年代，沃尔格林公司就尝试过使用一个名为Intercom的巨型网络系统。这个想法很简单：“通过互联网，沃尔格林公司把其连锁店连接起来，并且将客户数据输送到一个管理中心，这使得公司在全国范围内的各个销售网点都变成了当地的零售药店。假设你住在佛罗里达州，当你去亚利桑那州的菲尼克斯游览时，你就需要重新填写药方。你可以放心的是，由于菲尼克斯的药店和沃尔格林公司的中心系统连接在一起，所以去那里买药就像去佛罗里达的一家沃尔格林药店买药一样方便。”

在今天看来，这种事情似乎非常平常。但是在20世纪70年代末，沃尔格林公司是唯一一家投资互联网的公司。接着公司在Intercom上投资了4亿多美元，其中有1亿美元投资在它自己的卫星系统上。Intercom总部被戏称为沃尔格林地面工作站。一家行业杂志曾写道：“参观Intercom总部就好像是在观看美国航空航天局各种引人入胜的玩意儿。”沃尔格林公司的技术人员擅长把握技术发展的动态，而不依赖于外界的专业人士。不仅如此，沃尔格林公司还率先使用扫描仪和机器人，尝试存货控制计算机化以及应用先进的库存储备记录系统。应用互联网技术，是沃尔格林公司的又一次伟大尝试。

沃尔格林公司之所以采用先进技术，并不只是为了单纯地追求新技术，也不是因担心落后而被动地采取行动。实际情况是公司在取得突破之后，便把技术作为实现新发展的加速器，并且将技术与便捷的刺猬理念直接联系在一起，增加单个客户光顾的利润。一个很有趣的事实是，当20世纪90年代技术变得越来越复杂时，沃尔格林公司的首席信息官是注册药剂师出身，而不是技术方面的带头人。沃尔格林公司十分确信：是公司的刺猬理念驱动它使用技术，而不是相反的情况。

沃尔格林公司的事例反映了一个普遍的模式。在每一个卓越公司诞生的过程中，我们都看到了技术的因素。然而，技术本身并不是公司发展的主要原因，有选择地尝试使用技术才是发展的动因。

每一个经过转变的优秀公司都是技术应用的先驱者，然而这些技术本身有很大的不同之处（见表7–1）。

表 7–1　实现跨越的公司的技术推动力

公司	转变期内与刺猬理念相联系的技术加速器
雅培	率先运用计算机技术来增加单个员工所创造的经济利润。默克、辉瑞等公司在配药的研发方面起到带头人的作用，然而它们与雅培公司有着完全不同的刺猬理念。
电路城	率先使用精密的销售点及记录存货情况的技术——在大额零售方面与麦当劳的零售理念相似，这种技术可以使分散在不同地理位置的销售网点在经营运转方面保持高度的一致性。
房利美	率先使用复杂的运算法则以及计算机分析程序来更准确地估算抵押风险，从而提高每个风险等级所获得的经济利润。更巧妙的风险分析系统为低收入群体提供了住宅抵押服务，这与住宅所有权的普及偏好有关。
吉列	率先使用精湛的生产技术，连续制造数亿个成本低廉且耐用的产品。与可口可乐公司保守其配方诀窍的做法相同，吉列严格保护其生产技术秘诀。
金佰利	率先生产加工以非机织物为原材料的产品，以提高产品的档次。高级研究与开发实验室；“婴儿身上装有温度和湿度传感器”。
克罗格	率先使用计算机及信息技术以实现超市的现代化。克罗格首先把扫描仪与现金流动的循环过程联系在一起进行实验，从而为超市的革新提供资金。
纽柯	纽柯率先使用最先进的微型碾磨钢铁生产技术。为寻求最好的技术，他们“走遍全世界”。公司愿意花费大量资金（总额超过公司净收益的 50%）投资到其他公司视为有风险的新技术上，例如薄板层铸造技术。
菲利普·莫里斯	它率先使用包装生产一条龙的技术。此技术可以生产出高大、轻巧的大箱子——这是近 20 年来行业中首次进行的在包装上的创新。它首先使用计算机生产技术，对生产中心的巨额投资主要用于实验、测试以及提升先进的生产和质量监控技术。
必能宝	它率先使用邮政业先进技术。最初，公司使用机械邮资计算器。后来必能宝在电子、软件、电信以及互联网工程方面大量投资，实现了办公设备的现代化。20 世纪 80 年代，公司用于研究与开发方面的巨额投资革新了原有的邮资计算器的使用技术。

（续表）

公司	转变期内与刺猬理念相联系的技术加速器
沃尔格林	它率先使用卫星通信和计算机联网技术，并将其与连锁药店的便捷观念联系在一起，旨在满足特殊群体和地区的特殊需要。它花费令人惊异的巨额资金用于卫星系统，将所有连锁店连接在一起。每家街头药店都是网络上的一个节点。这好像是一次"美国航空航天局的旅行"一样。沃尔格林至少领先同行业其他公司10年。
富国银行	它率先使用可增加单个员工所创造利润的先进技术。它最早提供24小时电话银行服务，最早使用自动取款机，最早许可人们在自动取款机上买卖共同基金，率先使用互联网以及电子银行技术。它首先使用严密的数学公式以更准确地估算贷款风险。

例如，克罗格公司就是使用条形码扫描技术的开创者，采用这种技术有助于将前方购买与后方库存管理联系在一起，并使得公司加速超过了A&P。也许这点听起来不是很令人激动。（库存管理不是一个能吸引读者的话题。）但是换个角度来想：当你走进库房时，看到到处都是一沓沓厚厚的账单，而不是一箱箱谷物和苹果，成百上千万美元的新旧账单堆积如山。这就是你想象中的库存情况。每一箱单独的罐装胡萝卜，其实不只是一箱胡萝卜那么简单，它们更应该被看作钞票。它们是放在库房里没有用的钱，直到卖出那些罐装胡萝卜后，它们才能实现价值。

现在，回想一下克罗格是如何有步骤地摆脱那些古老陈旧的小百货店，代之以精致耀眼的超市的。为了实现这个目标，克罗格投资了90多亿美元，而这些钱就是从小百货店的薄利经营中积攒起来的。从一个长期过程来看，克罗格已经连续30年每年拿出相当于年利润额2倍多的资金作为其资本性支出。更引人注目的是，1988年公司在承担了55亿美元债券负担的情况下，还分给股东每股40美元的红利，又发行了面值为8美元的债券，以反击来自大公司的竞争。20世纪八九十年代，克罗格一直坚持资本密集型的发展道路。公司不仅接管了所有的连锁店并实现了连锁经营的现代化，而且改善了客户的购物环境，极大地增加了供货种类，还清了数十亿美元的贷款。克罗格通过使用扫描技术兑现了库房中堆积如山的数亿美元钞票，并且更好地使用了这些钞票，这就是它能够变出一个不可思议的戏法的关键——它从帽子中不是变出一只兔子，也不是两只，而是三只兔子。

吉列公司也是技术应用的先驱者。然而，吉列公司的技术加速器在很大程度上依赖于制造业技术。例如，公司拥有能够生产出数亿个价格低廉且耐用的剃须刀片的技术。当看到吉列剃须刀片时，我们都会预期刀片的质量很好，而且单价也不贵。举个例子，吉列为了发明传感器，在产品的设计和研发上投资了 2 亿多美元，大部分资金都投资在生产技术的突破上，并且获得了 29 项专利。在刀片的设计过程中，吉列率先使用了大面积激光焊接技术，而这种技术通常用在生产像心脏起搏器等价格昂贵、技术精密的产品上。吉列剃须刀片设计的关键是它使用了一种独特的生产技术，这种技术就像可口可乐的神秘配方一样已被吉列申请了专利，而且吉列采取了戒备森严的保护措施。

技术是发展动力的加速器，而不是创造者

当吉姆·约翰森继戴维·麦克斯韦成为房利美的首席执行官时，他和他领导的团队聘请了一家咨询公司进行技术审查。一名资深的咨询顾问比尔·凯尔维先生列出了 4 个等级，其中包含 4 个竞争优势和一个绝对优势。房利美只排在第 2 等级。为了坚持“先人后事”的原则，公司决定聘用凯尔维来推动公司发展。1990 年，凯尔维来到房利美，那时公司所使用的技术落后于华尔街其他公司 10 年。

在接下来的 5 年中，凯尔维将公司的评分由 2.0 提升到 3.8。他和他的团队成员设计了 300 多个计算机应用程序，其中包括利用精密的分析程序来管理 6 000 亿美元的抵押证券，建立包含 6 000 万条有关财产和流水线工作流程表信息的网上数据库，这些技术都极大地减少了案头和行政工作。“我们把现代化的办公技术扩展到公司的每一个环节上。”凯尔维说，“我们设计了一个专业化的系统，它可以降低住宅业主的成本。使用这种技术，贷款人获得贷款批准的时间可以从 30 天缩短到 30 分钟，而且获得贷款的成本可以减少 1 000 多美元。”迄今为止，这个系统一共为住宅购买者节约了近 40 亿美元。

请注意：在 1981 年戴维 · 麦克斯韦来到公司时，房利美就开始进入转变期。然而那时公司的技术应用还很落后，直到 20 世纪 90 年代，公司才开始应用先进技术。实际上在公司树立刺猬理念和取得突破进展之后，技术对于公司来说才显得至关重要。技术是被公司领导者称为转变期“第二次旋风”的一个重要组成部分，起到了推动力的作用。克罗格、吉列、沃尔格林和其他卓越公司都采取了相同的发展模式——一般在转变末期而不是初期使用先进的技术。

这使我们领悟到本章的中心思想。合理地使用技术，技术就会成为动力的加速器而非创造者。实现跨越的公司从来不在转变初期开拓新技术，其原因很简单，只有当你知道自己需要什么样的技术时，你才能更好地应用技术。那么，你到底需要什么样的技术？那些并且只有那些与刺猬理念中相互交叉的三环有关的技术。

要想使技术在实现跨越的过程中发挥提高生产力的作用，你就要回答以下几个问题。这种技术直接服务于你的刺猬理念吗？倘若答案是肯定的，那么你需要成为这种技术的首倡者。要是答案是否定的，那么你要考虑你是否真正需要这种技术。如果需要，你应该采用相似的技术。（你不一定需要拥有最先进的电话系统才能成为一家卓越的公司。）如果不需要，这种技术就是不相关的，你可以忽略它。

我们开始认识到，率先使用先进的技术是卓越公司在刺猬理念的框架下保持有条不紊的又一种方法。从观念上讲，这些优秀公司与技术的关系相当于它们与不同类型决策要素的关系：训练有素的人，训练有素的思想，训练有素的行为。如果一种技术不能完全适应刺猬理念中的三环理念，公司就要抛弃所有的迷茫和恐惧，以一种极其沉着冷静的方式经营。然而，一旦知道自己需要什么样的技术，它们就会狂热且富有创造力地应用这些技术。

在一些对照公司中，我们发现只有三家公司是技术应用的首创者。这三家公司是克莱斯勒（计算机辅助设计）、哈里斯（电子印刷）和乐柏美（先进的生产技术）——它们的地位并不稳定，这说明技术本身并不能产生持久有力的结果。例如，克莱斯勒公司虽然采用了先进的计算机辅助设计和其他设计技术，但是它始终没能把这些技术和连贯的刺猬理念联系起来。克莱斯勒在 20 世纪 80 年代中期还徘徊在三环之外，从湾流喷气式发动机到玛莎拉蒂赛车，这说明仅依靠先进的技术是不能把公司从低谷中拯救出来的。如果没有一个明确的刺猬理念做指导，没有训练有素的文化使之在三环之内，技术是无法创造出一个卓越公司的。

技术陷阱

当我撰写这个章节时，我的脑海中浮现出两件事。第一件事，是 1999 年《时代周刊》杂志将爱因斯坦评选为 20 世纪的“世纪伟人”。

假设你把世纪伟人限定在下面这个框架内——“如果那人没有出现，今天的世界会怎样？”，与丘吉尔、希特勒、斯大林或甘地这些领导者相比，无论他们是好还是坏，这些人真正改变了人类历史的发展方向，那么选择爱因斯坦为世纪伟人，这就很意外。物理学家指出，不管有没有爱因斯坦出现，科学家都会发现相对论，也许是在5年以后，很有可能是在10年以后，但绝不可能是在50年以后。纳粹德国根本没有原子弹，而盟军没有原子弹也会取得第二次世界大战的胜利（虽然那样会牺牲更多盟军官兵的生命）。那么，为什么《时代周刊》会评选爱因斯坦为世纪伟人？

《时代周刊》的编辑解释说：“很难将科学家的影响力和政治家的影响力进行比较。然而，我们注意到某些时期主要是以政治标准来划分的，有些时期是以文化标准来划分的，还有些时期是以科学成就标准来划分的……那么，20世纪留给人们的是什么？是民主，是公民权利。这些都没错，然而20世纪让人印象最深的是震撼全球的科技进步……从某种意义上说，科学技术比政治家更能解放人类。在科学技术占主导地位的世纪中……在我们这个狂热地追求偶像的时代里，爱因斯坦就变得引人注目。”

实际上，《时代周刊》杂志的编辑在评选世纪伟人时并不是像评选时代主题（技术和科学）那样，选择一个最有名气的人。很有意思的是，就在宣布爱因斯坦为世纪伟人的前几天，《时代周刊》杂志宣布了1999年的年度人物。花落谁家呢？它就是电子商务的宠儿，亚马逊网站公司的杰夫·贝佐斯，这又一次使我们被技术带来变革这一结论所困扰。让我说得更清楚些吧。我并不是说赞成或是不赞成《时代周刊》的评选结果。我只是觉得这些结果很有趣也很有启发性，因为它们是我们了解现代人心灵的窗口。很显然，我们都承认技术和技术的含义是非常重要的。

这使我联想到第二件事。撰写这本书实在很辛苦，作为短暂的放松，我去在明尼苏达州举办的马斯特斯论坛做了几场演讲。马斯特斯论坛举办经理人研讨班已经十几年了，我很好奇，想知道在过去的十几年中哪类主题被讨论的频率最高。论坛的两个策划人吉姆·埃里克森和帕蒂·格里芬·詹森说：“技术、变化以及两者之间的关系就是众多永恒话题中的一个。”

“为什么你这样认为？”我问道。

“人们弄不清他们不明白的事情。”他解释道，“人们总是害怕某种新的技术会从背后偷袭，并击倒他们。他们并不了解技术，很多人还对技术感到恐慌。但是他们都很清楚技术是推动变革的一个很重要的力量，所以他们需要密切关注技术的发展。”

由于我们的文化对技术的偏执，也由于许多实现跨越的公司曾经都是先进技术的应用者，所以你也许会认为“技术”是我们和卓越公司的决策者进行谈话的一个重要话题。

我们很惊奇地发现在被访问的卓越公司中，80%的公司主管都没有把技术列为公司转变期内必备的五大要素之一。此外，即使一些公司提到了技术，平均起来技术也只排在第4位。在84位被访问的主管中，只有2人认为技术是最重要的因素。

如果技术真的至关重要，那么为什么这些卓越公司的决策者很少提到它？当然不是因为他们忽视技术，也不是因为他们的技术非常先进，远远领先于同行业的其他公司。此外，很多卓越公司都因率先使用先进技术而受益，并接受过众多媒体对它们的报道。然而，这些公司的主管却很少谈到技术因素。这种对比使人感觉，媒体报道的和公司主管描述的是完全不同的两类公司！

例如，纽柯公司因率先采用最先进的小型轧钢生产技术而闻名，曾有许多篇文章和两本书介绍过公司对薄板坯连铸轧钢和电弧炉技术的巨额投资。如今，纽柯公司在商学院已经成为通过开拓新技术来破除旧秩序的典范。

当纽柯公司处于转变期时，我们曾邀请其行政总裁肯·艾弗森列出从优秀向卓越转变过程中最重要的 5 个因素。你认为他会把技术排在第几位？第一位？不是。第二位？不。第三位？非也。第四位？仍然不是。第五位？对不起，还不是。肯·艾弗森说："最重要的因素，是公司的连贯性和构想出整个机构组织哲学体系的能力，这需要我们排除等级制度和官僚制度。"

请停下片刻，对此进行思考。这里我们做了一个很好的案例分析，公司通过使用新技术来破除旧秩序，然而作为决策人的公司首席执行官，居然没有把技术列为公司转型的五大重要因素之一。

在与纽柯公司不同决策者的会谈中，我们得到了相同的结论。在我们访谈的 7 名主要主管和董事会成员中，只有一人将技术列为转变期内五大因素之一，绝大多数人都关注其他因素。在访谈中，一些主管人员确实谈到了纽柯公司在技术上的大量投资，但是他们更强调其他因素——教育员工具有勤恳的工作精神，安排合适的人员在重要的管理岗位上，建立简单的组织结构并减少层级，制定严格的钢铁性能指标以提高每吨成品钢铁的利润。技术是纽柯公司方程式中不可缺少的一部分，但它只是次要部分。纽柯公司的一位主管总结道："我们的成功 20% 来自新技术，80% 来自我们公司的企业文化。"

其实，你可以在同一时间，在与纽柯公司拥有同样资源的任何公司中采用与纽柯公司相同的技术。即使这样，你也不会取得和纽柯公司同样卓越的成就。就像代托纳 500 汽车赛，在竞争中取胜的主要变量不是赛车，而是赛车手和他的团队成员。并不是说赛车不重要，而是说它只处于次重要地位。

一个公司之所以平庸，最重要的原因是管理不善，而不是技术落后。伯利恒钢铁公司所处的困境与小型轧钢生产技术关系不大，但它与公司长年敌对的劳资关系有很大关系，因为这种敌对关系导致了公司落后而低效的管理。伯利恒公司早在纽柯公司和其他小型工厂占据很大的市场份额之前，就开始走向长期滑坡。实际上，当 1986 年纽柯公司在薄板坯连铸轧钢技术上取得突破时，伯利恒公司的市场价值就已经下跌了 80%。这不是说技术与伯利恒公司的衰落无关，事实上技术确实起了作用，并且最终起了很重要的作用。但是在这里技术起到的是加速伯利恒灭亡的作用，而不是它灭亡的原因。同样的道理，技术是加速器，而不是原因，只是在这组对比的案例中，技术起了相反的作用（见图 7–1）。

图 7–1　伯利恒钢铁公司的长期滑坡

注：相对于大盘股指的股票累计收益率（1966 年 6 月—2000 年 12 月）

诚然，我们在比较这些公司时，没有发现哪家公司的灭亡是由水中突然钻出的技术鱼雷造成的。雷诺烟草公司失去世界第一大烟草公司的地位不是技术造成的，而是公司的管理混乱和多样化经营缺少计划性造成的，接着它又牺牲公司的利益继续无节制地出资收购。A&P由全美第二大公司衰落为失去竞争力的公司，并不是因为它的扫描技术落后于克罗格公司，而是它不能面对百货商店需要改革这一严酷事实造成的。

我们通过调查得出的结果，并不能说明技术变革是一些曾经卓越的公司（或者是其他一贯平庸的公司）走向衰落的主要原因。当然技术很重要——你不可能既处于落后的状态，又期望成为卓越的公司。但是，技术本身永远不是公司卓越或者衰落的主要原因。

纵观商业史，早期的技术开拓者很少有能坚持到最后取胜的。例如，VisiCalc是第一个被用于个人计算机电子制表的主要软件之一。今天VisiCalc跑到哪里去了呢？你知道有谁还在使用它吗？是哪个公司最早使用了这个软件呢？没有人知道。甚至连这个软件也早已经不存在了。

VisiCalc最终被Lotus1-2-3代替，后来Lotus又被Excel取代。于是Lotus陷入混乱，最后它被IBM收购才得以保全。同样，第一批发明笔记本电脑的公司现在已经不存在了，比如奥斯本电脑。今天我们使用的笔记本电脑主要是由戴尔和索尼生产的。

第二个（或是第三个、第四个）追随者往往会战胜最早的开路人，这一模式贯穿于整个技术和经济转型的历史过程中。IBM并不是计算机行业最早的开创者。它当时远远落后于Remington Rand（它拥有

UNIVAC，第一台取得商业成功的大型计算机），因而人们将IBM的第一台计算机称为“IBM的UNIVAC”。波音也不是最早制造商用喷气式飞机的公司。DeHavilland开发了第一架喷气式飞机彗星号，但是当公司的一架早期喷气式飞机在半空中爆炸时，公司就失去了生存的基础，那时还不到它树立品牌的时候。波音在市场上的行动较慢些，它投资制造最安全的、最可靠的喷气式飞机，现在在航空业的统治地位已超过30年。这样的例子我还可以列举很多。美国通用电气公司不是AC电子系统的首创者，西屋电气公司才是。Palm计算机并不是掌上电脑的开拓者，苹果公司引人注目的牛顿机才是。美国在线不是首先开拓消费互联网的公司，CompuServe和Prodigy才是。

我们可以列出很多这样的公司，起初它们都是技术的开拓者，但是它们最终未能成为卓越的公司。这张名单很吸引人，但它上面列出的所有公司都强调了一个基本事实：技术本身不能使一个优秀公司发展为一家卓越公司，也不能阻止灾难的发生。

历史反复地提醒人们注意这一教训。想想美国在越南战争中的溃败，当时美国有世界上最先进的武器——超级喷气式战斗机、武装直升机、先进的武器、计算机、精密的通信设备和远距离的高科技边界传感器。其实，美国对这种先进技术的依赖常给人一种错觉，让人觉得美国刀枪不入。美国人缺少的不是技术，而是一个既简单又连贯的作战理论，技术应该依附其上。在整个过程中，美国在各种各样无效的军事战略上摇摆不定，从来没有占据上风。

然而，作战技术落后的越南民主共和国武装力量一直坚持一个简单、连贯的作战理念：游击消耗战，目的是系统地瓦解美国国内对战争的支持。越南民主共和国当时使用的武器非常落后，像AK–47式步枪（在战场上比高级的M–16更可靠，更容易维修），它与简单的作战理念直接联系在一起。结果正如你所知道的那样，美国虽然有精湛的技术装备，但最终并未在越南战争中取得胜利。如果你发现自己还认为技术才是成功的关键，那么你应该想想越南战争。

> 实际上，轻率地依赖技术是一种债务，而不是资产。是的，只有合理地使用技术，让这种技术服务于一个简单、清晰、连贯并且已经被深刻理解的概念时，技术才会成为加速发展的根本推动力。相反，当技术没有被合理使用，只是被当作一个简单的解决办法，也没有被深刻地认识到它是如何与一个清晰连贯的概念联系在一起的时候，技术就是加速你灭亡的工具。

技术和对落后的恐惧

我们的研究小组曾经激烈地争论，在本章讨论这个话题是否有意义。

“应当有一章专门讨论技术问题。”斯科特·琼斯说，“这个时期，我们在商学院里被拼命地灌输有关技术重要性的思想。倘若我们对此不做讨论，这本书将留下一个很大的漏洞。”

布赖恩·拉森表示反对：“但是在我看来，我们对技术的发现只是从训练有素的行为中引出的一个特例，它应该出现在前一章中。训练有素的行为指的是保持在三环内的活动，这就是我们有关技术发现的精髓。”

“没错，但这是一个非常特殊的事例。”斯科特·希德伯格指出，“每一个最早使用技术并且远远领先于世界上其他公司的企业，都变得太专注于技术了。”

“但是和其他发现如第5级经理人、刺猬理念、先人后事等相比，有关技术的发现好像还是一个很小的话题。”安伯·杨说，“我同意布赖恩的意见，技术确实很重要，但它只能从属于训练有素的行为，或者从属于飞轮这一大前提。”

我们争论了整整一个夏天。接着克丽斯·琼斯以她特有的从容和谨慎的方式提出了一个至关重要的问题：“当我们关注互联网的发展动态时，我们会想，为什么实现跨越的公司会对技术保持一种稳定的态度，而许多的优秀公司就像刚孵出的小鸡一样东奔西跑，显得摇摆不定？”

克丽斯提出的问题，使我们认识到了卓越公司与优秀公司之间的本质区别，这个区别最终使我们同意撰写这一章。

要是你有机会坐下来阅读我们在卓越公司采访的2 000多页记录，你就会诧异地发现很多公司在采访中根本没有提到“竞争战略”。在面谈中，他们确实谈到了战略，谈到了绩效，谈到了成为最好的公司，甚至谈到了成功。但是他们从来不使用被动的语气，从来不从反击其他公司的角度来定义他们的策略。他们的谈话只关注他们试图创造什么，以及在卓越的绝对标准下如何改进。

当我们邀请乔治·哈维叙述20世纪80年代他改革必能宝公司的动机时，他说道：“我一直都想看到必能宝成长为一家卓越的公司，就让我们从这个美好的愿望出发，从这里开始吧。这是一个既成事实，不需要理由和解释。我们今天都还没有实现这个目标。明天也不会实现。在当今这样一个日新月异的时代，我们需要创造更多的东西才能变成一家卓越的公司。”韦恩·桑德斯总结了以金佰利公司为典型的企业精神：“我们从不满足。我们可能会很满意，但不会满足。”

对于那些实现跨越的公司来说，它们不受恐惧驱使。它们不是因为担心自己不明白某种事物而受到驱策。它们不是因为担心自己看上去像个木偶而受到激发。它们也不是因为看到别人成为最棒的公司而自己不是就感到害怕。它们不是因为担心被激烈的竞争打垮才前进。

> 不，由优秀公司转变而来的卓越公司是受强烈的创造欲望和追求卓越的内在强烈冲动激励的。相反，那些平庸公司是因为担心落后而鞭策自己前进的。

这两种公司之间的主要区别，体现在20世纪90年代末的互联网泡沫时期。碰巧那时我们正在做一份关于从优秀公司向卓越公司转变的问卷调查。由于处在互联网泡沫时期的历史背景下，人们便有了一个认识优秀公司与卓越公司发挥不同作用的理想参照。当时，像沃尔格林这样的卓越公司始终保持一种沉着冷静的态度，从容地采取经过周密策划的措施推动公司向前发展。然而那些平庸的公司只能恐惧、疯狂地蹒跚而行。

其实，本章的核心不是谈论技术本身。无论技术，如计算机、通信、机器人和互联网，有多么了不起，技术本身并不能够引燃优秀公司向卓越公司转变的火焰。没有哪一种技术，可以带领你达到第5等级；没有哪一种技术，可以把不合格的人转变成合格的人才；没有哪一种技术，可以训练你面对严酷事实的能力，或者灌输给你坚定不移的信念；没有哪一种技术，能够代替对三环的深刻理解，并将这种理解转化到一个简单的刺猬理念中去；也没有哪一种技术，可以创造出训练有素的文化；更没有哪一种技术，能够灌输一个简单的信念，那就是当未被意识到的潜力被放置一边时，也就是有能力变得卓越却始终停留在优秀状态，这是一种犯罪。

遵守上述基本原则并且保持自身稳定的公司，即使在面临重大变革，甚至处于瓦解危机中，都会积累起能够取得突破的动能。相反，那些处于被动地位并做出消极反应的公司只能走螺旋形的下坡路，或者继续保持平庸的地位。这就是卓越公司和一般公司的区别，在这里我们采用飞轮和厄运之轮的比喻来进行对比，厄运之轮代表的方向和我们现在的转变方向正好相反。

小　结

要　点

- 实现跨越的组织在看待技术以及技术所带来的变革时，有与平庸公司截然不同的观点。
- 实现跨越的组织避免对技术采取盲目狂热和追赶潮流的做法，但它们精心挑选技术，成为应用这些技术的先驱者。
- 对于任何技术来说，最关键的问题是这种技术是否直接服务于你的刺猬理念。如果答案是肯定的，那么你需要率先使用这种技术；如果答案是否定的，你可以比较一下相似的技术或者干脆忽略它。
- 实现跨越的公司把技术当作发展势头的推动力，而非创造者。没有哪一个卓越的公司在转变初期就率先使用技术，然而一旦它们领悟到技术如何服务于公司的三环理念，并且在公司取得突破性进展之后，它们就成为技术应用的先驱者。
- 你可以采用与卓越公司同样领先的技术，并且免费传授给它们的对照公司，但是这些对照公司仍然不能取得相同的成果。

- 一个公司如何对待技术变革，是衡量它是否具有成为卓越公司内在驱动力的一个很合适的指标。卓越公司的驱动力来自一种将未实现的潜力转变为实际结果的强制性冲动，它们所采取的行动通常经过深思熟虑而且是富有创造力的。然而平庸公司的激励来自对落后的恐惧感，因此它们变得被动，变得徘徊不前。

意外发现

- 技术嬗变是造成某些曾经不可一世的公司（或者一贯平庸的公司）衰落的主要原因，这样的观点找不到论据支持。当然，一个公司不能在处于落后的状态下还希望成为卓越的公司，但是技术本身绝不是公司卓越或者衰落的根源。
- 在和84位卓越公司主管的访谈中，80%的被访问者都没有把技术列为转变期内最重要的五大因素之一。其中甚至包括像纽柯公司这样以率先应用技术而闻名的卓越公司。
- “从爬行到行走再到奔跑”是一个很有效的方法，即使在重大且急剧的技术变革时期，这个方法也适用。

第八章

飞轮和厄运之轮

革命意味着转动车轮。

——伊戈尔·斯特拉文斯基

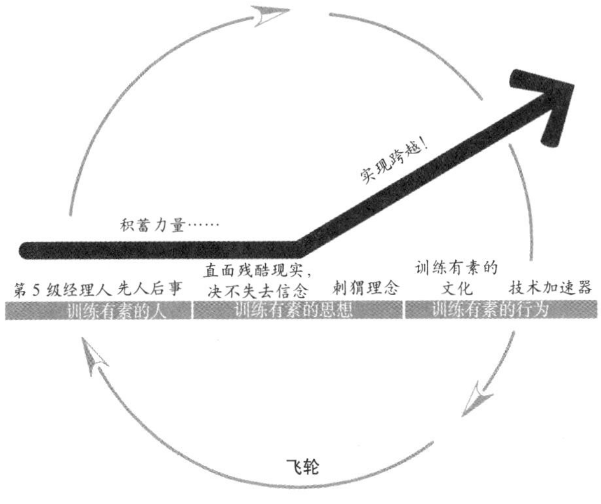

想象一个又大又重的飞轮—— 一个水平地安装在轮轴上的巨大的金属轮盘，一个直径为 30 英尺[①]，厚 2 英尺，重 5 000 磅的金属圆盘。现在设想一下，你的任务是让轮子在车轴上旋转，旋转速度要尽可能地快，时间要尽可能地长。

你使劲地推飞轮，它前进了 1 英寸，开始时，这样的前进不易被人察觉到。你继续推，不间断地推，两三小时后你会发现你的轮子已经转完一整圈了。

你继续推，飞轮开始转快了。你不停地努力推，飞轮又转完第二圈。你继续沿着同一个方向推，3 圈……4 圈……5 圈……6 圈……轮子加快速度……7 圈……8 圈……你接着推……9 圈……10 圈……轮子有了动能……11 圈……12 圈……每圈加快……20 圈……30 圈……50 圈……100 圈。

然后飞轮就到达了一个点——突破点！这种积累起来的动能对于你来说是有利的，它用力向前推飞轮，一圈又一圈……嗖嗖，飞轮飞快地转动！……就连飞轮自身的重量也在帮你推。虽然你花的力气和第一圈一样大，但是飞轮越转越快。飞轮的每一圈转动都建立在前面运动的基础之上，当然也掺杂着你的努力。飞轮转动的速度快了 1 000 倍，接着 10 000 倍，再接着 100 000 倍。这个又大又重的圆盘以永不枯竭的动力向前飞转。

---

① 1 英尺 =30.48 厘米。——编者注

这时，设想一下如果有一个人走过来问你：“那个推动飞轮快速旋转的动力到底来自哪里？”

你无法回答这个问题，因为它太荒谬了。是推动飞轮的第一下吗？是第二下吗？是第五下吗？是第 100 下吗？都不是。它是作用在同一方向上的作用力的总和。某些推动力可能作用会更大些，但是任何一个单独的力量，无论它有多大，都是作用在飞轮上的合力中的一小部分。

积累和突破

飞轮这个形象表现了公司从优秀向卓越转变过程中的全部感受。无论最后的结果多么富有戏剧性，这种转变绝不是一个突然动作。其中没有单独起决定作用的行动，没有重大的方案，没有一劳永逸的创新，没有纯粹幸运的突变，也没有剧烈的革命。从优秀向卓越的转变是一个积累的过程，循序渐进的过程，一个行动接着一个行动，一个决策接着一个决策，飞轮一圈接一圈地转动，它们的总和产生了持续又令人惊叹的效果。

然而，当你看完媒体对这些公司的报道之后，你有可能得出一个截然相反的结论。通常只有在飞轮达到每分钟旋转 1 000 转的速度时，媒体才会报道这家公司。这歪曲了我们对这种转变的认识，它使转变看起来好像是一夜间发生的突变。

例如，1984 年 8 月 27 日，《福布斯》杂志发表了一篇关于电路城公司的文章。这是第一篇在全国范围内发表的介绍该公司情况的文章。文章不长，只有 2 页，它提出了电路城公司能否持续保持近期的增长速度的问题。不管怎么说，这也是第一篇公开承认电路城公司取得突破性成绩的报道。新闻记者刚刚发现这家新的热门公司，因此电路城公司的突破就好像是一个一夜成名的故事。

然而，这个看似一夜成名的故事是经过10多年的酝酿才成形的。艾伦·沃泽尔在1973年继承他父亲的职位，当上了电路城公司的首席执行官，当时公司正濒临破产。首先，他重组了行政队伍，接着他客观地审视了公司外部和内部的严酷事实。1974年，公司仍然挣扎在巨大的债务负担中，沃泽尔和他的团队开始尝试以仓储陈列室的形式从事零售服务（规模化库存、价格低廉、送货快捷），并且在弗吉尼亚州里士满通过这种模式来销售器具。1976年，公司又开始尝试以仓储陈列室的形式来销售消费电器。1977年，公司将这种观念付诸实践，建立了第一家消费电器零售店。

当这种尝试大获成功后，公司开始将传统的商店逐步转变为消费电器零售商店。至1982年，飞轮已经持续旋转了9年，沃泽尔和他的团队在此期间一直忙于实现电路城超市的构想。在接下来的5年中，公司完全转变到这个构想上来，电路城公司继而创造了纽约股票交易所最高的分红纪录。从1982年到1999年，电路城所创造的股票累计收益是市场平均水平的22倍，轻松打败了英特尔、沃尔玛、通用电气、惠普和可口可乐（见图8–1）。

很自然，电路城公司发现自己逐渐成为媒体关注的焦点。然而，自转变期开始的10年间，我们没有看到一篇关于电路城公司有价值的报道，在转变期后的10年中，我们却看到了97篇值得研究的文章，其中22篇有很重要的研究价值。虽然电路城公司从1968年起就在一家重要的股票交易所上市，而且沃泽尔和他的团队在取得突破之前的10年中就已经做出了令人瞩目的成就，但是媒体报道的情况使人感觉公司在转变成功之前似乎不存在。

电路城公司的经历反映了一个普遍存在的模式。在一个又一个的例

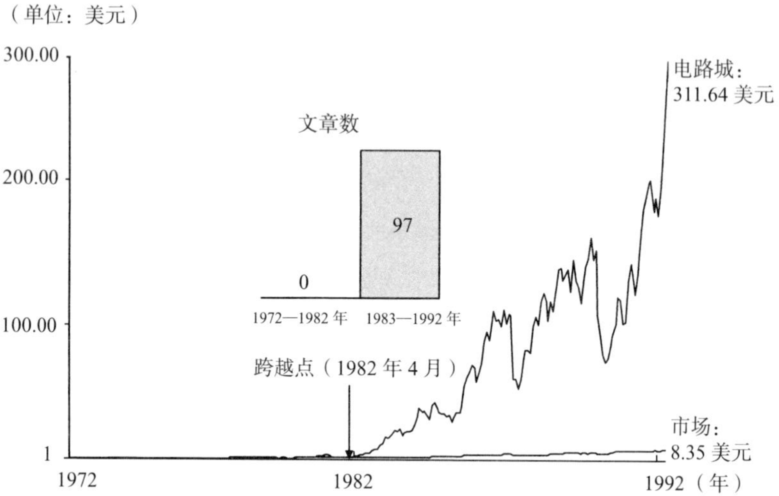

图 8–1　电路城公司 1 美元的投资累计回报价值

注：数据来源于 1972 年 12 月 31 日—1992 年 12 月 31 日，媒体公开发表的文章

子中，我们发现在公司转变开始的前 10 年中媒体对公司的报道，要比在转变完成后的 10 年中的报道少得多——平均少近 2/3。

例如肯·艾弗森和山姆·西格尔早在 1965 年就开始旋转纽柯公司的飞轮了。整整 10 年，没有人关注过它，当然这里面不包括财政新闻媒体和其他钢铁公司。假如你问伯利恒钢铁公司或者美国钢铁公司的主管有关 1970 年“纽柯危机”的事，他们会一笑了之，当然前提条件是那时他们已经注意到这家公司了（这一点值得怀疑）。直到 1975 年当纽柯的转变期年份出现在股市图表中时，它已经拥有 3 家小型加工厂，具有独特的生产文化，并且正在逐渐成为美国最赢利的钢铁公司。然而直到 1978 年，《商业周刊》才首次报道纽柯公司，这时纽柯公司的转变期已经进入了第 13 个年头，而《财富》杂志对纽柯公司的报道在其转变的第 16 个年头才问世。从 1965 年到 1975 年的 10 年中，我们只看到了 10 篇有关纽柯公司的报道，其中没有一篇文章是有意义的。从 1976 年到 1995 年，我们却搜集到了 96 篇有关纽柯公司的报道，其中 40 篇是公司的情况介绍和国家级媒体特写报道。

这时，你可能会想：“我们应该预料到，在一些公司获得显著成功之后，当然会出现更多关于它们的报道。可是报道的重要性何在？”

这里我们将告诉你报道的重要性。我们通常只从表面来看公司的转变问题，并据此形成我们对公司内部情况的认识。从表面上看，公司的转变似乎富有戏剧性，几乎可以称得上是革命性突破。但是从内部情况分析，它们给人的感觉就完全不同了，公司的转变更像是一个有机组织的发展过程。

想象一下那里放着一个鸡蛋。一直以来都没有人注意到它，直到有一天蛋壳破了，从里面蹦出一只小鸡！突然，所有知名的杂志和报纸都冒出来了，它们竞相报道这个事件——“鸡蛋孵出小鸡了！”“鸡蛋的伟大革命！”“一个令人目瞪口呆的转变！”这就好像是鸡蛋经过一夜的转变，突然变成小鸡似的。

但是从小鸡的角度来看是怎样的？那就是一个完全不同的故事了。当这个看似休眠的鸡蛋被世界忽视时，里面的小鸡正在成长、发展、孵化。从小鸡的角度来看，破壳而出只是一连串步骤中的一步。当然这是很重要的一步，但这一步绝不像从表面上看起来的那样，是一个激进的、一步完成的转变。

这或许是一个愚蠢的自以为是的类比。但是这里，我想借用它来强调我们从调查中得出来的很重要的发现。我们一直以为自己已经发现了突破产生时所出现的“唯一重要的东西”，我们甚至在采访中还努力寻找它。但是那些经过转变的卓越公司的主管，并没有简单地指出发生在转变期内有代表性的单一的重要历史事件或历史时刻。通常，他们很反感在访谈中列举要点，并且反感把众多因素按优先级排列。在对每个卓越公司的采访中，至少会有一位被访问者不自觉地给我们发出一个警告，比如他们会说："瞧，你们不能把这个东西分解成一连串细小而精致的独立因素和若干要素，或者把某个时刻视为'奇迹'和'唯一重要的东西'。它是由许多相互依赖、相互联系的部分组成的整体。"

即便是我们整个研究项目中最具戏剧性的案例——金佰利公司出售其加工厂，金佰利的主管向我们描述的也是一个公司内部有机积累的过程。"达尔文也不是在一夜之间就改变了公司的发展方向的。"金佰利公司的一位主管说，"它经过了一段时期的积累。转变并不是一朝一夕的事情。"另外一位主管说："这是一个循序渐进的过程。我认为只有在多年以后，每个人才能真正理解这一转变的过程。"当然，卖掉加工厂是一个作用在飞轮上的巨大推力，但是它只是其中的一个推力而已。在卖掉加工厂之后，公司还需要上千个附加的推力作用在飞轮上，不论这种推力是大是小，每一个推力都叠加在上一个推力的基础上，只有这样才能把公司完全转变成一个以纸张为原料的消费产品生产公司。金佰利公司经历了很多年才积累起足够强大的发展动能，以至媒体都公开报道它的转型。《福布斯》杂志写道："当金佰利公司决定与宝洁公司直接抗衡时，我们曾预言将会有一场灾难发生。这想法看起来多么愚蠢。但后来事实证明，这不是一个愚蠢的想法，相反这是一个非常聪明的想法。"《福布斯》发表这两篇文章相隔多久？21年。

当我们开展这个项目时，我们总是习惯性地问那些来到调查研究室接受访问的主管这样一个问题：他们希望从调查中了解到什么东西。一位首席执行官问道："他们怎样描述自己做的事情？他们为这种转变起过名字吗？他们当时又是怎样议论的？”这是一个很了不起的问题，并引起了我们的反思。我们惊奇地发现，人们并没有赋予它任何名字。

> 卓越公司甚至都没有为自己的转变起任何名字。这一转变既没有剪彩仪式，也没有结束语，总之他们没有安排类似的节目。一些主管说，他们甚至在转变完成之前还没有意识到一个卓越的转变正在进行。通常情况下，他们都是在事情发生以后才对情况有清楚的认识，而不是在转变进行时就已发觉。

于是我们开始明白：没有瞬间的奇迹（见表 8–1）。虽然对于那些只看表面现象的人来说，公司的转变可能看起来像是瞬间实现的突破，但是那些真正经历过转变的人是绝对不会认可这种观点的。实际上，转变是一个为取得最好的成果而冷静周密地策划公司需要做的事情的过程，然后就是按部就班地重复这一过程，一步接着一步，推动飞轮一圈接着一圈周而复始地转动。当飞轮在一段时期内持续地向同一方向转动时，突破点迟早会来临。

表 8–1　在转变期内没有“瞬间的奇迹”（在采访中有代表性的阐述）

公司	启示
雅培公司	转变不是一个盲目的瞬间，也不是一个意外的新发现。我们的变化是一个伟大的变化，然而它是一连串行动累积起来的变化。这就使得变革如此成功。我们以一种精巧又明智的方式，达到这些效果。
电路城	向超市的转变，并不是一夜之间发生的。我们最早是在 1974 年提出这个想法的，直到 10 年后我们才完全实现了超市的想法。因为那时我们已经改进了我们的想法，并且为未来积累了足够的发展动能。
房利美	这里没有不可思议的事件，也没有转折点。转变是由很多事情共同作用的。虽然最终结果有些戏剧性，但它更多是一种循序渐进的演变。

（续表）

公司	启示
吉列公司	我们没有特意真正地做出过某个伟大的决策，或者推出一个发起伟大变革或转型的方案。无论个人还是集体，我们都达成了共识，即我们要最大限度地提高我们的业绩。
金佰利公司	我认为事情做起来没有听起来那么突然。这些事情不会在一夜之间发生，它们是逐渐成长起来的。想法是逐渐形成的，接着迅速成长，最终成形。
克罗格公司	转变并不是晴天霹雳，我们一直在关注处于实验阶段的超市的成长。我们坚信这个行业会发展起来的。莱尔曾说过，我们将在一个有充分准备的基础上开始变革。
纽柯公司	我们决不会在任何一个特殊时刻做出决定，表示我们支持什么。我们的每一个决定都是由许多痛苦的争论和斗争发展而来的。在我们回顾过去之前，我并不能确信我们很清楚自己为何而战。后来，我明白我们为确立自己的地位而战斗。
菲利普·莫里斯公司	不可能仅有一件伟大的事件就可以代表公司从优秀向卓越的转变，因为我们的成功同革命相比是进化而来的，每一次成功都建立在前一次成功的基础之上。我认为这绝不是一个单独事件可以办到的。
必能宝公司	我们关于变化的话题谈得不是很多。以前我们并不十分认可我们需要变革，但是我们承认需要发展，这使我们做了与以往不同的事情。我们认识到相对于变革来说，演变是一个完全不同的概念。
沃尔格林公司	没有启发性的会议，没有令人顿悟的瞬间，也没有一个伟大的人物可以指引公司的发展方向。转变是一种进化。
富国银行	它并不是某一刻突然降临的某个转变。渐渐地，主题变得越来越明显，越来越坚定。在卡尔任首席执行官时，没有出现过某个重大的转折。迪克领导整个进化过程中的一个阶段，而卡尔在前人基础上领导下一个阶段。只是这个过渡很平稳，不像转变那样突然。

在讲述这个要点时，有时我会引用20世纪六七十年代初期处于鼎盛时期的加州大学洛杉矶分校布鲁因斯篮球队的例子。这个例子与研究

无关，但它恰到好处地说明了这个要点。很多篮球球迷都知道布鲁因斯在过去 12 年中，赢得了 10 场全美大学生体育协会锦标赛的冠军。在富有传奇色彩的教练约翰·伍顿的指导下，该球队创造了连胜 61 场的神奇纪录。

但是你知道当布鲁因斯第一次赢得全美大学生体育协会锦标赛的冠军时，伍顿已经训练这支球队多少年了吗？ 15 年。从 1948 年到 1963 年，伍顿在球队的工作一直不被人注意，直到 1964 年，布鲁因斯才第一次获得锦标赛的冠军。经过年复一年的努力，伍顿教练为球队打下了一个坚实的基础，制定了一个完善的征员制度，贯彻一个连贯的指导思想，同时锻炼了队伍全场猛攻的作战方式。当初并没有人十分在意这个沉默寡言、脾气温和的教练和他所训练的球队，直到有一天，球队取得了突破，连续 10 多年击败了一个又一个有实力的竞争对手。

与此类似，从优秀公司到卓越公司的永久转变总是遵循从积蓄到突破这样一种普遍模式。在某些情况下，从积蓄到突破要经历一段很长的时间。但在其他情况下，时间会短些。例如电路城的积蓄阶段共持续了 9 年，纽柯持续了 10 年，然而吉列只经历了 5 年，房利美 3 年，必能宝甚至只有 2 年。无论这个阶段是长是短，每次转变都沿着一个相同的基本模式进行——不断积累发展势头以推动飞轮一圈圈地旋转，直到实现突破。

并非天赐良机

我们需要理解的关键问题是，飞轮旋转遵循从积蓄力量到突破这样一个模式并不是天赐良机。有人会说：“瞧，我们受到了束缚，无法采取这种长远的方法。”这些人都应该牢记公司的转变必须遵循这种模式，无论公司短期的情况有多糟糕，比如富国银行遭遇金融松绑，纽柯和电路城濒临破产，吉列和克罗格面临被接管的潜在威胁，房利美陷入每天亏损 100 万美元的困境。

这种模式同样适用于应对来自华尔街的短期压力。“我不同意一些人的观点——由于华尔街的限制，你不能建立一家永久卓越的公司。”房利美的戴维·麦克斯韦说，“我们曾经和分析师沟通过，想让他们明白我们在做什么，我们会朝哪个方向发展。刚开始的时候，许多人对此不能信服——你不得不接受这个事实，但是一旦我们走出了那些黑暗的日子，我们就做得一年比一年好了。多年以后，由于我们已经取得了实际成果，我们的股票被炒得很热，我们再也不会倒退了。”房利美的股票确实被炒得很热。在戴维·麦克斯韦任职的最初两年中，房利美的股票价格低于市场平均水平，但是不久以后它就开始腾飞了。从 1984 年年末到 2000 年，投资 1 美元在房利美，其市值会增长 64 倍，是市场平均水平的 6 倍，其中包括 20 世纪 90 年代末期纳斯达克股票价格疯狂贬值的因素。

> 由优秀公司转变而来的卓越公司，同它们的对照公司一样，都受到华尔街短期压力的影响。然而，与其竞争对手相比，这些卓越公司可以不担心压力，凭借耐心和有条不紊的训练，遵循从积蓄力量到突破这样一个转动飞轮的模式。而且根据华尔街自身的成功标准来看，卓越公司最终都取得了非凡的成果。

由此，我们懂得了从优秀公司转变为卓越公司的关键是学会利用飞轮效应来应对短期的压力。为实现这一目标，雅培公司实验室研究出了一个很棒的方法，它应用了一个名为“蓝色计划”的机制。每年雅培公司都会告诉华尔街的分析师它所预测的某个具体的收入增长幅度，比如 15%。与此同时，雅培公司会设定一个更高的增长速度作为其内部目标，比如 25%，甚至 30%。同时，雅培公司还对那些没有资金投入但已通过提议的风险项目，即蓝色计划，按重要级别排序。到年底时，雅培公司将确认一个虽已超出分析师的预期值，却还未达到实际增长目标的数值。这样雅培公司就可以计算出“使分析师满意”的增长值与实际实现的增长值之间的差额，然后将这笔资金投入到蓝色计划中。这既是一个为应付短期压力而设置的巧妙机制，也是一种对未来系统性的投资。

我们在那些对照公司中没有发现类似的蓝色计划。普强公司的主管在大量买进股票（“买进未来”）的同时，还虔诚地信奉“长线投资”理念，特别是在公司业绩不理想的情况下。普强公司不断投资创意大胆的项目，如培健脱发治疗，试图跳出积累阶段直接跨越到突破阶段。实际上，普强公司使我们联想到了一位赌徒，他在拉斯维加斯将许多赌注下在红色上，说：“瞧，我们正在为未来投资。”结果可想而知，当未来到来时，预期的结果却很少会出现。

很自然，雅培公司始终扮演一个成功的角色，它深受华尔街欢迎，然而普强公司永远令人失望。从 1959 年到 1974 年，雅培公司取得了突破性进展，两个公司的股票大致沿着相同的轨迹运动。随后它们便分道扬镳了，直到 1995 年普强公司被收购时，它的股票价格不到雅培公司的 1/6（见图 8–2）。

与房利美和雅培公司一样，所有实现跨越的公司在经历从积累到突破的阶段时，都能有效地应对来自华尔街的压力，它们并没有看到两者之间有什么矛盾。它们只是专注于积累成果，常常采用低调许诺和超值兑现的办法。当成果一点点被积累起来的时候，如同飞轮积累动能的过程一样，投资团体就会爆发出一种极大的热情。

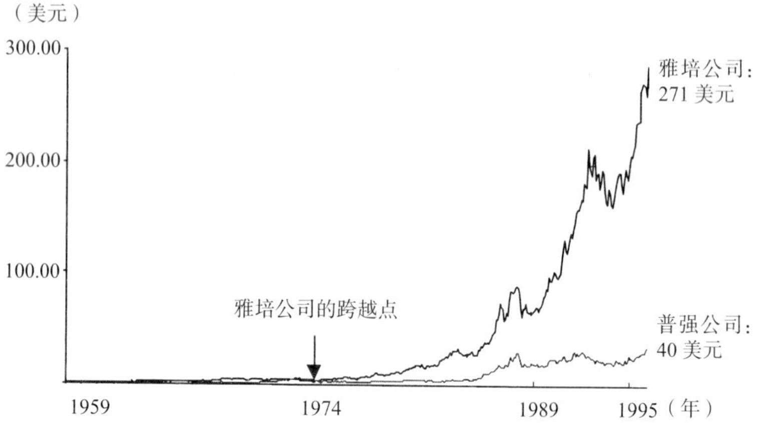

图 8–2　雅培公司对比普强公司

注：在雅培公司和普强公司分别投资 1 美元的累计价值（1959—1995 年）

飞轮效应

所有实现跨越的公司都明白这个简单的道理：巨大的动能依赖于不断地改进和取得成果。针对那些有形成就，它们开始时呈递增趋势，我们再进一步说明这些步骤如何适应总体观念的实施环境。当你做事的方式可以使人们看得到并且感觉得到动能在积累时，人们就会怀着极大的热情站在你身边支持你。我们称之为“飞轮效应”（见图 8–3），它不仅适用于外部投资者，而且适用于内部的成员。

下面我要告诉你一个发生在调查中的故事。当我们的研究工作进入一个十分关键的阶段时，调研小组的成员差点要造反了。他们把采访记录往桌上一扔，问道：“我们必须不断重复地问那个愚蠢的问题吗？”

“什么样的愚蠢问题？”我问道。

“关于承诺、结盟以及人们如何管理变革的问题。”

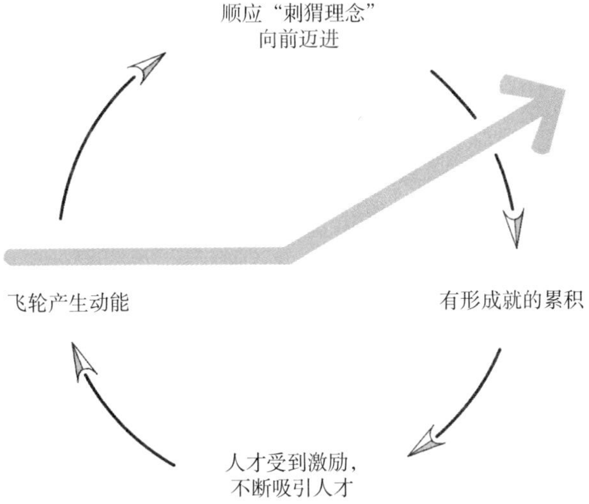

图 8–3 飞轮效应

“那不是愚蠢的问题。”我回答，“那是很重要的问题。”

“好吧。”一个成员说道，“许多实现了转变的主管本人都认为这是一个愚蠢的问题。一些人甚至不理解这个问题！”

“我们还需要继续问相同的问题。”我说道，“我们需要在整个采访过程中保持前后一致。此外，更有意思的是他们还不理解这个问题，所以我们要继续探索下去。我们需要了解他们是如何克服对变革的抵制情绪的，又是如何使他人产生兴趣并支持他们的。”

我认为试图获得每一个人的支持，用行话来说就是“建立联盟”，是管理者在公司从优秀向卓越转变时所面临的最大挑战之一。毕竟，几乎每一位来到实验室接受采访的主管都以各种形式问到了相同的问题——“我们怎样才能使公司转变方向？”“我们如何能使人们热衷于新的愿景？”“我们如何动员大家联合起来？”“我们如何使其他人拥护这种变革？”

使我感到吃惊的是，我们发现结盟合作并非是实现跨越的公司的领导者所面临的一个主要挑战。

> 很显然，实现跨越的公司确实达成了许多让人难以置信的承诺和团队合作——他们很巧妙地应对变革——但是他们从来没真正花很长时间思考它。变革，对于这些实现跨越的公司来说是完全透明的。我们知道，如果条件合适，有关承诺、团结、激励和变革的问题就能迎刃而解。因此，在很大程度上，这些问题是自动解决的。

以克罗格为例，你如何使一个拥有50 000多名员工的公司，其中包括出纳、装袋工、货架管理员、洗涤工人等，去支持一个全新的激进策略，这个策略最终将彻底改变公司经营小百货商店的流程？答案是你无法做到。无论如何，你不能仅通过一个重要的事件或是一个伟大的方案就解决这个问题。

第5级经理人吉姆·赫林发起了克罗格的转变。他告诉我们，他总是避免做任何喧闹的鼓动人心的宣传。相反，他和他领导的团队成员首先转动了飞轮，并且创造出了实实在在的成果，以证明他们的计划是有意义的。“我们之所以向人们展示我们在做什么，是为了让他们看到我们的成就。”赫林说，“我们尽力使计划逐步走向成功，这样大众才能从我们的成功中，而不仅是从我们的话语中树立信心。”赫林懂得要使人们支持一个大胆的新观念，就要推动飞轮朝与新观念一致的方向旋转，从2圈到4圈，从4圈到8圈，然后从8圈到16圈。他还说：“看我们现在所做的，一切进行得多么顺利。由此推断，这就是我们今后发展的趋势。”

实现跨越的公司，往往在开始的时候不公开宣布他们的伟大目标。

事实上，他们在开始转动飞轮的时候，才逐渐领悟到他们所采取的行动的伟大意义，一步接一步，一圈接一圈，直到飞轮积累起足够的动能时，他们才抬起头来说："嘿，只要我们不停地转动飞轮，我们就完全有理由做到最好。"

再举另外一个例子。纽柯公司早在1965年就开始转动飞轮，开始的时候纽柯只是为了避免破产，接着又因为找不到可以信赖的供应商而建立了第一家钢铁厂。此后，纽柯公司的员工发现他们有一套能够生产出比别人质量更好且价格更低的钢铁的诀窍，所以他们建立了第二家小型钢铁厂，接着是第三家。纽柯终于赢得了客户，接着是更多的客户，越来越多的客户。飞轮转了一圈又一圈，日积月累，年复一年，最终积累起很大的动能。于是大约在1975年，纽柯公司的员工突然明白只要他们不停地转动飞轮，他们就能成为全美最棒的、盈利最高的钢铁公司。马文·波尔曼解释道："我记得1975年我和肯·艾弗森谈话时，他对我说：'马文，我认为我们可以成为美国最棒的钢铁公司。'天哪，那是在1975年！我又对他说：'肯，现在你能告诉我什么时候我们可以成为最棒的公司吗？''我不知道。'他说，'但是只要我们不停地转动飞轮，我们完全有理由做到最好。'"在此后的20年中，纽柯公司不停地推动飞轮旋转，最终成为《财富》杂志评选出的1 000家钢铁公司中盈利最高的公司。

> 如果可以使飞轮说话，你就不必热心地传达你的目标了，因为人们自己就能够从飞轮旋转中做出推断："嘿，如果我们坚持不懈，那么你就等着看我们成功吧！"当人们决定把潜力转化为实际的结果时，目标就差不多自发地设定好了。

停下来仔细思考一分钟。合适的人才最想做的是什么？他们想成为获胜队伍中的一员。他们想在创造有形结果的过程中，贡献出自己的一分力量。他们想为自己竭尽全力地工作而感受兴奋。当这种合适的人才看到，一个简单的计划生来就要面对严酷的事实时——这个计划是经过周密考虑和发展而来，并非虚张声势——他们会说："这个计划行得通。算我一个。"当他们看到这个简单的计划的背后是一支紧密团结的主管队伍，并且这支队伍具有第5级经理人无私奉献的素质时，他们将停止一切冷嘲热讽。当人们开始感受到动能的魔力时，当他们开始看到有形结果时，当他们能够感觉到飞轮开始加速时，那就是许多人排成一队，用自己的肩膀倚靠飞轮并推动它旋转的时候了。

厄运之轮

我们在那些对照公司中发现了一个完全不同的发展模式。它们并没有冷静周密地思考自己需要做些什么，并把它付诸实践，相反它们常常启动一些新方案，而且总是营造一种声势浩大的气氛来"提高士气"，却不料看到这些方案没能取得可持续性的结果。它们寻求一个决定性行为，一个伟大的方案，一个能打败竞争对手的发明，以及一个奇迹般的瞬间，以为这些都可以帮助它们越过积累阶段直接跳到突破阶段。起初，它们推动飞轮朝一个方向旋转，接着它们又停下来改变路线，继而推动飞轮朝新的方向旋转，它们又停下来改变路线，飞轮又朝另外一个方向旋转。久而久之，这些公司因徘徊不前而没能积累起持续性动能，最终陷入我们所说的"厄运之轮"（见图8–4）。

回想一下华纳–兰伯特公司的案例吧，它是吉列的对照公司。

早在1979年，华纳–兰伯特公司就在《商业周刊》上宣布它会成

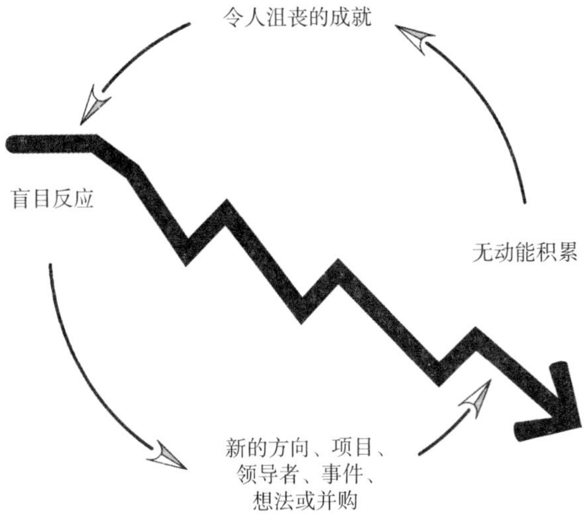

图 8–4　厄运之轮

为生产消费产品的一流公司。

1 年以后，即 1980 年，华纳–兰伯特公司突然改头换面转到保健护理行业中去了，然后公司又公开说："我们将全力以赴追随默克、礼来和葛兰素史克公司的脚步——每一个人都会竭尽全力。"

1981 年，华纳–兰伯特公司又转回原来的方向，专注于消费产品的生产及多样化经营。

6 年以后，也就是 1987 年，华纳–兰伯特公司来了个 180 度大转弯，即远离消费品市场再次追随默克公司。（此时，公司用于消费品广告宣传的费用已经是研发费用的 3 倍——这对于一个试图打败竞争强敌默克的公司来说，真是一个令人费解的策略。）

20 世纪 90 年代初期，为响应美国克林顿时代发起的保健护理改革，公司再次掉转方向，重新采用多样化经营模式并建立消费品品牌。

华纳–兰伯特公司每一位新上任的首席执行官都会带来一个新的方

案，因而前任的动能积累就会停止。沃德·哈根在1982年曾经试图用巨资收购一家为医院提供医用品的公司以创造新的突破。3年以后，他的继任者乔·威廉姆斯又把华纳—兰伯特公司从医用品供给行业中撤出来，并因此让5.5亿美元的资金打了水漂。接着他竭尽全力地致力于打败竞争强敌默克公司，但是他的继任者又领导公司回到多样化经营和消费品的生产上来。就这样摇摇摆摆，翻来覆去，公司的每一任首席执行官都试图在自己构想的方案上做出一些显著的成就。

从1979年到1998年，华纳—兰伯特公司共经历了3次重大重组——每一位新任首席执行官在任期内都会发起一次重大重组。为尽早实现突破，公司共计裁员20 000人。经过几次反复后，公司以往取得的成果都突然崩溃，接着飞轮便懈怠下来，再也不能积累加速旋转所需要的持续不断的动能了。从此以后，华纳—兰伯特公司的股票收益在市场上逐渐失去了优势，最终它被辉瑞制药吞并，从此不再是一个独立存在的公司了。

虽然华纳—兰伯特公司是一个比较极端的案例，但是我们发现那些卓越公司的对照公司也在上演着类似的故事（详情请见附录4.1）。尽管各公司的厄运之轮的具体表现千差万别，但是它们存在一些非常普遍的模式，其中两点值得特别关注：一是错误指导下的收购行为；二是选拔废除前任领导者努力成果的继任者。

被误导的收购行为

彼得·德鲁克曾经发现一些公司的合并和收购行为很少来自理性的判断，而更多地来自一个普遍存在的事实，那就是达成几笔交易比做一些实际的工作更能使人兴奋地工作一整天。其实，这些公司都十分清楚20世纪80年代普遍存在大量滞销货物的事实："当情况变糟糕时，我们就去购物吧！”

为了了解收购在公司转变过程中的作用，我们对所有被调查的公司的收购和被收购行为进行了一个系统性的定性和定量分析，收购和被收购行为从转变期开始前的10年算起，直到1998年结束。我们注意到在收购的价值总量或是收购规模上，不存在某种特定模式，但是我们确实发现那些实现跨越的公司与对照公司在收购的成功率上有天壤之别（见附录4.2）。

为什么实现跨越的公司的收购行为，特别是一些重大的收购行为会有相当高的成功率？它们成功的关键在于，收购行为通常发生在刺猬理念发展之后和飞轮积累起重大动能之后。它们把收购当作飞轮积累动能的推动力，而不是飞轮动能的创造者。

相反，那些对照公司总是千方百计地想通过收购或兼并的方式直接跳跃到突破阶段，但这从来都行不通。在一般情况下，这些公司的核心业务都处于窘困状态，它们却不顾一切地投入到收购的大潮中，期待快速成长，或者分散对现存问题的注意力，或者使首席执行官看起来更有能力。然而它们从来没有触及最根本的问题：我们在哪方面可以比世界上其他公司做得更好，而这个方面既符合我们的经济指标又符合我们的兴趣点？它们从来不明白一个简单的事实，那就是虽然你可以买到成长方式，但是你不可能买到转变为卓越公司的方式。两个大型平庸公司合并在一起，不可能创造出一个卓越公司。

阻止飞轮旋转的领导者

另外一个常见的导致公司陷入厄运之轮模式的错误，是新任职的领导者常常阻止飞轮旋转，并且推动它朝一个全新的方向旋转。想一想哈里斯公司，在 20 世纪 60 年代早期，哈里斯公司就树立了卓越公司应具有的经营理念，并且开始了一个非常棒的能取得突破的动能积累过程。乔治·戴弗利和他的继任者理查德·塔利斯，认为哈里斯公司的印刷和通信技术在全世界都算是最棒的，他们的刺猬理念就是根据这样的想法产生的。公司尽管没有完全坚持这个理念（塔利斯有偏离三环的倾向），但是公司在那时确实取得了一定进步，并且创造了显著成果。哈里斯公司看起来是一个能完成从优秀到卓越转变的、很有潜力的候选公司，而且它终于在 1975 年取得了突破性进展。

然而，接着飞轮的旋转开始慢下来，直至停滞不前。

1978 年，约瑟夫·博伊德成为公司的首席执行官。在这之前博伊德在激光公司任职，这家公司很早就被哈里斯公司收购了。作为一名首席执行官，他推出的第一个重大决策是把公司总部从俄亥俄州的克利夫兰市迁至佛罗里达州墨尔本市——激光公司的故乡，也是博伊德居住的地方，还是他 57 英尺长、名为“懒散的流氓”的机动船的停泊地。

1983 年，博伊德放弃了印刷业务，这相当于突然猛转飞轮，使它朝其他方向旋转。因为那时，哈里斯公司已经是世界上最好的印刷设备生产商了。印刷业务在当时是公司最有利可图的业务之一，其所创利润相当于公司经营利润总额的 1/3。博伊德廉价卖掉公司如宝石般的业务后，其收益又用在了何处？他轻率地带领公司投入办公自动化行业中。

然而，哈里斯公司能够在办公自动化行业中成为世界一流的公司吗？这不太可能。“可怕”的软件开发问题耽误了哈里斯公司第一个工作站的建立，因为当哈里斯公司真正站在战场上时才发现，它需要面对像 IBM、DEC（美国数字设备公司）和王安电脑这样的强敌。接着为了跳跃到一个新的突破阶段，哈里斯公司拿出整个集团净收入 1/3 的资金购买了拉尼尔公司的产品，拉尼尔是一家销售低档文字处理软件的公司。《电脑世界》杂志曾写道：“博伊德把自动化办公设备业务作为公司的一个支柱产业……不幸的是，哈里斯公司最不适合生产办公产品了。设计并推销文字处理系统的努力最后以凄惨的失败而告终……由于产品不符合市场需求，哈里斯公司在试销期内就被抛弃了。”

飞轮从戴弗利和塔利斯开始，本来一直以强大的动能旋转着，但之后它就开始脱离轴心，在空中摇摆不定，最终坠落，以致停滞不前。从1973年年底到1978年年底，哈里斯公司所创造的利润高于市场平均价值5倍多。然而从1978年年底到1983年年底，哈里斯公司所创造的利润平均低于市场39个百分点，到1988年哈里斯的利润已经低于市场平均水平70个百分点了。厄运之轮已经取代了飞轮。

一个视野宽广的飞轮观念

当我调查实现卓越的公司的转变时，总有一个词语出现在我的脑海中——连贯性。物理学教授R. J.彼得森送给我另外一个词语“一致”。“1加1等于几？”他问道。然后，他停顿一下强调：“等于4！在物理学上，我们一直在讨论有关一致的思想：一个因子作用于另一个因子，其效果会成倍增加。在看到飞轮的概念时，我禁不住想起这个一致原则。”无论你使用哪个词语来形容它，其基本思想都是相同的：系统中每一部分的存在都是为增强系统中其他部分的稳定性，从而形成一个完整的统一体，这个整体要比各部分的总和强大得多。只要保持前后连贯性，经过不断迭代发展，你就能取得最大成果。

从某种意义上讲，本书一直在探讨和描述飞轮从积累动能到实现突破这一过程的发展模式（见表8–2）。我们通过重新审视总体框架图，发现所有要素共同作用才能创造出这个模式，并且每一个组成部分都对飞轮产生一个推动力。

表 8-2　如何区分你处于飞轮的上面，还是厄运之轮的里面？

处于飞轮之上的特征（实现跨越的公司）	处于厄运之轮里面的特征（对照公司）
公司遵循从积累到突破的发展模式。	公司希望略过积累直接跳跃到突破阶段。
公司通过逐步实施飞轮逐圈转动这样一种积累的过程来实现突破，感觉像是一个有机的进化过程。	公司实施重大方案，实现激进变革，完成伟大革命；长期重组——总是期待瞬间奇迹或新的救世主的到来。
公司勇敢地面对残酷的现实，更加清楚地认识到为了积累动能还需要采取什么样的行动。	公司不敢面对残酷的现实，追赶时尚，热衷于花架子式的管理。
连贯性贯穿于清晰的刺猬理念始终，公司坚定地保持在三环之内。	公司表现出长期的不连贯性——摇摆不定、翻来覆去，脱离于三环之外。
公司遵循首先培养训练有素的人（最重要的人），其次形成训练有素的思想，最后采取训练有素的行为这样一个模式。	在形成训练有素的思想和培养训练有素的合格人才之前，公司就莽撞地采取行动。
公司使用适当的技术来实现刺猬理念，并加速动能的积累。	公司面对技术变革时，像小鸡一样惊慌失措，担心会落后。
实现突破之后（如果有可能的话），公司才会启动重大的收购计划，以加速动能积累。	实现突破前，公司就启动重大的收购计划，这种创造动能的努力注定要失败。
公司花费很少的精力激励员工或与员工结盟，飞轮旋转的动能很有感召力。	公司花费大量的精力激励员工或与员工结盟，公司召集人们围绕在新思想周围。
公司让结果去说明一切。	公司出卖未来，以弥补结果的缺乏。
公司连贯性的原则贯穿始终；新一代人的工作依赖于上一代人创造的成果；飞轮持续不断地积累动能。	公司表现出长期的不连贯性；每一个新上任的领导者都会开创出一条激进的新道路；旋转的飞轮开始停滞不前，而厄运之轮开始转动起来。

一切转变都从第5级经理人开始，他们很自然地被飞轮模型吸引。他们对那些可以使自己看起来更像领导的浮华的计划不太感兴趣！“领导”这个词的英文大写首字母是“L”。相反，他们对那些通过推动飞轮旋转来产生结果的深思熟虑的过程更有兴趣！“结果”这个词的英文大写首字母是“R”。

雇用合适的人在公司工作，解聘不合适的人，同时把合适的人安排在合适的职位上，这些都是早期积累阶段需要采取的关键步骤，也是飞轮旋转的重要动力。此外，牢记斯托克代尔悖论同样重要：“我们并未打算在圣诞节之前就实现突破，但是如果我们能够持续不断地朝正确的方向推动飞轮，那么我们最终会实现突破。”勇敢地面对残酷的现实可以帮助你发现飞轮转动所需要采取的步骤，这些步骤是显而易见的，虽然我们不容易做到。对最终的结果充满信心，能帮助你度过数月乃至若干年的积累阶段。

接下来，当你对刺猬理念中的三环思想有了深刻的理解，并开始推动飞轮朝你所理解的方向旋转时，你就找到了实现突破的力量，以及加速飞轮转动的推动力。率先使用技术是主要的推动力之一，它与三环直接联系在一起。

> 从根本上讲，实现突破意味着具有做出一系列与刺猬理念一致的明智决策的能力——采取训练有素的行为的前提条件，是要有能够形成训练有素思想的训练有素的人。这就是进入突破阶段的关键所在。

总之，如果你能够坚持不懈、成功地将每一个观念应用于整个公司中，并且持续推动飞轮朝同一个方向旋转，使其逐步积累动能，你最终就会实现突破。它可能不会在今天、明天或者下周的某天发生，甚至到明年它还不会发生，但是，终有一天它会发生。

在实现突破后，你又将面临一系列崭新的挑战：如何加速动能积累以满足日益增长的期望值？如何确保飞轮在未来的日子中持续不断地旋转？总之，你面临的挑战不再是如何从优秀公司转变成卓越公司，而是如何从卓越公司转变成持久卓越的公司。这是本书最后一章要讨论的问题。

小　结

要　点

- 从优秀到卓越的转变对于那些局外人来说，既像是戏剧性的事件，又像是革命性的事件，但是对于那些执行者来说，这一转变感觉像是一个有机的积累过程。很长时间以来，把最终结果（戏剧化的结果）同过程（有机的积累过程）混淆在一起的做法，一直影响我们洞察真正起作用的力量。
- 无论最终的结果多么富有戏剧性，从优秀向卓越的转变从来不会突然降临。这里没有决定性的行为，没有雄伟的规划，没有一劳永逸的创新，没有幸运的突变，更没有奇迹般的瞬间。
- 可坚持到底的转变总遵循一个能够预测的模式——从积累到突破。要想推动一个庞大又沉重的飞轮旋转终究需要花费很大的力气才能做到，但是在很长的一段时间内，坚持不懈地推动飞轮朝同一个方向旋转，飞轮就会积累起动能，最终实现突破。

- 对照公司遵循一种截然不同的模式，即“厄运之轮”。它们不仅不通过飞轮逐圈旋转来积累动能，而且还设法略过积累阶段直接跳跃到突破阶段。然后当他们面对令人失望的结果时，它们又摇摆不定、翻来覆去地改变飞轮转动的方向。
- 对照公司常常通过大量误入歧途的收购来设法创造突破。与此相反，那些卓越公司基本上只有在突破实现以后才开始进行大规模收购，为原本已经旋转得很快的飞轮加速积累动能。

意外发现

- 实现跨越的公司的决策者通常并不能在转变过程中意识到转变的伟大意义；只有当他们事后回顾时，转变的伟大之处才变得清晰起来。人们没有赋予转变任何名称，转变没有标签，没有剪彩活动，也没有方案表明他们到底在做什么。
- 实现跨越的公司的领导者从不花费精力去“结盟”“提高士气”“应对变化”。在正常情况下，有关承诺、结盟、激励和变化的问题在很大程度上可以自行解决。结盟主要建立在结果和动能的基础之上，而不是相反。
- 应对华尔街的短期压力与遵循飞轮模式的做法是一致的。飞轮效应与克服短期压力并不矛盾。实际上，飞轮效应是应对压力的关键。

第九章

从《从优秀到卓越》到《基业长青》

你的工作才是你生命的终极魅力所在。

——巴勃罗·毕加索

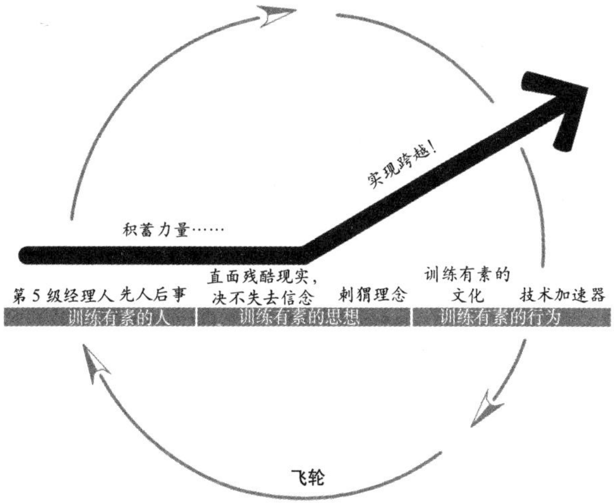

启动《从优秀到卓越》这个研究项目时，我们处在一种进退两难的境地：在《从优秀到卓越》的研究中，我们应该怎样思考《基业长青》中的观点呢？

简而言之，《基业长青》是20世纪90年代初我们在斯坦福大学商学院进行的一项长达6年的科研项目。它回答了这样一个问题：如何白手起家建立并长期维系一家卓越的公司。我的研究顾问、《基业长青》的另一位作者杰里·波勒斯和我共同研究了18家有名望的卓越公司。这些公司历经岁月的考验，有些公司的历史可以追溯到19世纪初，它们最终成为20世纪末的明星卓越公司。我们仔细研究了许多大公司，如宝洁公司（成立于1837年）、美国运通公司（成立于1850年）、强生公司（成立于1886年）以及通用电气公司（成立于1892年）。另外，花旗银行（现为花旗集团）成立于1812年——拿破仑在同年进军莫斯科！被列入研究的最年轻的公司是沃尔玛公司和索尼公司，两者的历史都可以追溯到1945年。同本书相似的是，我们同样使用了直接对照公司——3M公司和诺顿公司，迪士尼公司和哥伦比亚电影公司，马里奥特公司和强生公司等18家互为对照的公司。总之，我们就是要在它们几十年乃至几个世纪的漫长历程中，寻求卓越公司和优秀公司的本质区别。

那年夏天，我第一次将《从优秀到卓越》项目的研究成员召集起来，我问他们："在此次研究中，《基业长青》应该扮演什么样的角色？"

"我认为它不应该起任何作用。"布赖恩·巴格利回答道，"我参加这个小组不是要去做另一项工作的衍生品。”

“我也不是。”艾里森·辛克莱说，“新项目和新问题总是让我激动不已，如果只是为你的另一本书做些补充，我想它是很难让人有成就感的。”

“但是，请等一下。”我回答，“我们花了6年的时间进行前期的研究，或许在以前工作的基础上开展新研究是有好处的。”

“我似乎记得，你之所以有这项研究计划，是因为麦肯锡公司的一位合伙人谈到《基业长青》没有回答如何才能将一家优秀公司变得卓越。”保罗·韦斯曼指出，“如果答案完全不同，我们该怎么办？”

这样的讨论持续了数周。后来斯坦芬妮·贾得的一番话使我改变了看法。她说：“我很喜欢《基业长青》中的观点，但这也正是我所担心的。我担心要是我们以《基业长青》中的模式作为参考框架，我们恰恰陷入了圈套，证实了我们自己的偏见。”显然，从零开始风险会大大减小。不管结果是否与先前的研究匹配，我们都应着手寻找可能发现的一切。

研究刚开始，我们就做出了一个重要决定。首先，我们决定不考虑《基业长青》的存在，开展从优秀到卓越的研究。我们既要看清优秀公司向卓越公司转变中的关键因素，又要尽量避免受先前研究工作的影响，这是唯一的办法。然后，我们再回过头来回答，究竟这两项研究有何关联。

现在，5年过去了，本书也即将付梓。此刻我们就能置身事外地观察这两本书，以及它们彼此之间的关系。

在对这两项研究做了详细的调查后，我得出了以下4条结论：

第一，在《基业长青》中那些持久卓越的公司身上，我找到了充足的证据证明：它们早期的领导者恰恰遵循了从优秀到卓越的框架。二者唯一的区别在于《基业长青》研究的公司领导者当时是处于早期阶段的初创企业的创始人，而不是努力带领已建成的公司从优秀走向卓越的首席执行官。

第二，具有讽刺意味的是，我认为《从优秀到卓越》并不是《基业长青》的续篇，而是它的前篇。刚起步或已建成的公司可以运用本书中的发现去创造持续的卓越业绩，然后运用《基业长青》中的发现从取得了了不起成就的公司走向持久卓越的公司。

已有或新创立的公司 + 从优秀到卓越的理念 → 持续卓越的业绩 + 基业长青的理念 → 持久卓越

第三，从一家拥有持续卓越业绩的公司转变成偶像级的持久卓越的明星公司，领导者就要运用《基业长青》的中心理念：发现高于金钱的核心价值及目标（核心理念），并将它与发扬核心—促进发展的动态趋势结合起来。

第四，这两项研究有明显的相通之处，因此二者产生了共鸣：彼此的观点都丰富了对方的内容，并且赋予了对方活力。特别是，《从优秀到卓越》回答了一个在《基业长青》中提出却并未得到解答的最基本的问题：一个大胆创新的宏伟目标和一个鲁莽危险的宏伟目标有哪些区别？

基业长青早期阶段的从优秀到卓越

回顾《基业长青》的研究，我们不难看出：那些持久卓越的公司的确经历了从起飞到突破这样一个过程，它们在创立期都遵循了从优秀到卓越的框架。

以沃尔玛公司在变革中的起飞—突破飞轮模式为例。大多数人认为山姆·沃尔顿只是突发奇想，他凭借开拓郊区折扣零售业的点子一跃成名，从而使一家刚起步的公司实现突破。但是，事实胜于雄辩。

1945 年山姆·沃尔顿以一家单一的廉价商品店起家，7 年后他才开了第二家商店。接着沃尔顿开了一家又一家商店，就像绕飞轮转了一圈又一圈一样。直到 20 世纪 60 年代，作为自然进化的一个步骤，建立大型折扣商业中心的刺猬理念在他脑海中浮现出来。沃尔顿用了 25 年，将一家单一的廉价商品店发展成为拥有 38 家沃尔玛超市的大型连锁公司。从 1970 年到 2000 年，沃尔玛抓住突破契机，一跃成为拥有 3 000 多家超市、收益达 1 500 亿美元的大公司。就像我在“飞轮和厄运之轮”一章中提到的小鸡破壳的故事一样，沃尔玛在它破壳而出之前已经酝酿了几十年。正如山姆·沃尔顿亲笔所写的：

> 许久以来人们总觉得沃尔玛是……一夜成名的伟大点子的结果。但……它是我们自 1945 年以来所有努力的结果……像大多数看似骤然成功的例子一样，我们为此酝酿了 20 多年。

倘若有这样一个经典范例，它从建立走到刺猬理念，继而引发飞轮中的突破契机，那么它就是沃尔玛公司。唯一的区别在于：山姆·沃尔顿是作为一位白手起家创建卓越公司的创始人来遵循这一模式的，他不是作为已建成公司的首席执行官带领公司从优秀走向卓越的。然而其中的基本观点是相同的（见图 9–1）。

被列入《基业长青》研究的惠普公司是另一个在其创立初期体现《从优秀到卓越》基本观点的最佳范例。例如，比尔·休利特和戴维·帕

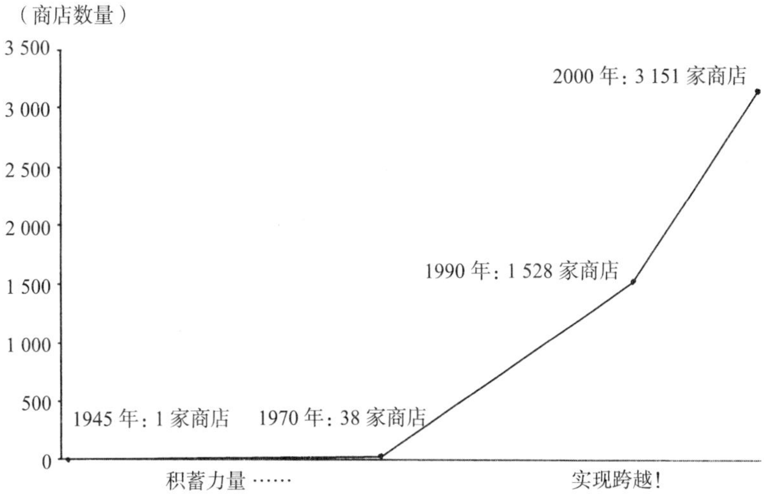

图 9–1　沃尔玛自积蓄力量到实现跨越的飞轮模式
（1945 年、1970 年、1990 年和 2000 年的商店总数）

卡德创立惠普的总体理念不是源于事而是人，即与对方共同创业。他们在读研究生的时候就已经是好朋友，两人只想共同创立一家卓越的公司，吸引志趣相投、价值观和标准相似的同人一起工作。1937 年 8 月 23 日，他们召开了创立公司的首次会议，会议记录证明他们要设计、制造并销售电子工程领域的产品（这个定义相当笼统）。紧接着，这份记录又这样写道："制造什么产品这个问题暂时不予考虑……"

休利特和帕卡德在接下来的几个月中艰辛探索，试图找到某种东西——任何能使公司能真正运转起来的东西。他们考虑过帆船和游艇信号发射装置、空调制冷设备、医疗器械和留声机、扩音器等多种产品。他们还制造了保龄球道电子感应器、显微镜时钟驱动装置以及一种帮助肥胖者减肥的摇摆机。在公司成立早期，生产什么东西并不重要，只要这些产品对技术创新有贡献，并能使休利特和帕卡德同其他志同道合者共同建设公司。这是一个真正的"先人后事"的开始。

后来，休利特和帕卡德不断攀登新高峰，但他们始终坚持“以人为本”的指导方针。即使在第二次世界大战后，由于战时合同终结，公司收入大大萎缩时，他们还雇用了一大批从政府实验室中外流出来的杰出人才，尽管当时公司并没有什么具体的工作安排给他们。回顾一下我们在第三章中列出的“帕卡德定律”：没有哪家公司能在未招到合适的人的情况下仍保持收入增长。

休利特和帕卡德本身就是理想的第 5 级经理人，无论当初作为创始人，还是后来成为公司的首席执行官。在惠普加入全球最重要的技术公司行列后，休利特仍然保持着谦逊的品质。1972 年，惠普副总裁巴尼·奥利弗在为争取“创始人奖”而写给美国电气及电子工程师协会（IEEE）评奖委员会的推荐信中这样写道：

> 我们的成功令人兴奋不已，但这并没有使我们的创始人得意忘形。近期，在一次主管委员会议上，休利特说：“看！我们的增长应归功于行业的增长。我们非常幸运，在火箭发射时能够坐在它的顶端。我们没有什么值得感到荣耀的。”片刻的沉默中，我们每个人都在思索这番挫人锐气的话。随后，帕卡德说：“好了，比尔，至少我们没有完全变坏！”

在戴维·帕卡德去世前不久，我有幸见到了他。尽管他是硅谷首批白手起家的亿万富翁之一，他却仍住在和妻子 1957 年亲手盖的那栋小房子里，从房子里可以俯视一座简朴的果园。小小的铺着漆布的厨房和布置朴素的起居室足以显示出，他不需要任何物质来证明：我是一个亿万富翁，我是重要的，我是成功的。与帕卡德共事 36 年之久的比尔·休利特说：“他认为最好的时光就是把朋友召集起来，去安装带刺的铁丝网。”帕卡德还将他价值 56 亿元的房产捐赠给了一个慈善组织。他去世后，他的家人编写了一本悼词小册子，里面有一张他身穿农装坐在拖拉机上的照片。图片说明文字并未提及他是 20 世纪一位伟大的工业家，而只是简单地写着：“戴维·帕卡德（1912—1996 年），牧场主及其他。”这才是真正的第 5 级经理人的写照。

核心意识：持久卓越的另一维度

在采访比尔·休利特时，我们问他在自己漫长的职业生涯中，他最骄傲的事是什么。他说：“回首一生的工作，最值得骄傲的大概就是我帮助创建了这样一家公司，它凭着自己的价值、实践和成功给全世界其他公司的运营方式带去了巨大影响。”渐为人知的“惠普方式”反映了一套深入人心的核心价值观，它使公司本身比任何产品都更重要。这些价值观包括：技术贡献，对个人的尊重，社会责任感以及一种深沉的信仰——利润并不是公司经营的根本目标。这些原则在今天看来相当平常，但在 20 世纪 50 年代是相当激进的。戴维·帕卡德这样评价那时的商人：“他们在表达异议时相当有礼貌，但是很明显，他们坚定地认为我并非他们中的一员，而且我显然没有资格去管理一家重要的公司。”

休利特和帕卡德示范了极其重要的持久卓越的“另一维度”（extra dimension），这一维度有助于将他们的公司提升到持久卓越的不凡地位。它是促成从优秀到卓越转向基业长青的一个关键维度，即“主导宗旨”或者“核心意识”。它包括核心价值观和一个核心目标（高于赚钱的目标）。它同《独立宣言》中的原则类似（我们相信真理是不言而喻的）——人们从来无法完全去履行它，但它一直是一个催人前进的标准，并且它还解答了我们的存在为什么那么重要。

> 持久卓越的公司并不只是为股东谋利益而存在的。事实上，一家真正卓越的公司，利润和现金流就像一个健康机体所必不可少的血和水：它们对生命至关重要，但绝不是人生的目标所在。

我们在《基业长青》中记录了默克公司决定研制并分发一种治疗盘尾丝虫病的药剂。这种令人痛苦的疾病困扰着上百万人，他们因为积聚在眼中的寄生虫而失明。由于患此病的人大多生活在亚马孙河流域等偏远地区，他们没有钱来治病，于是默克公司提出要创建一个独立的配给系统，将药剂送到偏远的部落、山村，并且免费分发给全世界数百万名患者。

需要弄清楚的是，默克公司并不是慈善机构，它也没有如此看待自己。事实上，它是一家利润丰厚的公司，一直以来在市场中的表现颇佳，利润高达 60 亿美元。1946—2000 年，它曾十多次在市场竞争中大获全胜。尽管它的财务业绩十分显著，默克公司并未将盈利视为自己的终极目标。1990 年，乔治·默克二世，即公司创始人之子，这样宣布了公司的宗旨：“我们努力铭记——药是为病人而研制的……并非为了利润。如果我们记住这一点的话，那么盈利就是自然的，利润总是会获得的。我们若更好地记住这一点，那么我们的利润就会越多。”

对核心意识这一理念，我有一点需要重点说明：要成为一家持久卓越的公司，没有特定正确的核心价值观做指引。无论你提出什么样的核心价值观，我们都会找到不具备这种核心价值观的持久卓越的公司作为例证。为了实现持久卓越，公司无须处处为客户着想（索尼就是这样的），无须尊重个人（如迪士尼），甚至无须重视质量（如沃尔玛公司）或者社会责任（如福特公司）。这也是《基业长青》中最自相矛盾的一个发现——核心意识对持久卓越至关重要，但其具体内容又无关紧要。关键不在于你有什么样的价值观，而在于你是否有核心意识并且知道它是什么，你是否能将它融入组织中并长期恪守这一核心意识。

发扬核心意识是持久卓越公司的一个主要特征。很显然，问题在于你如何发扬这一核心意识，并使之适应变幻莫测的世界。其答案是：领悟“保存核心、刺激进步”这个关键理念（见图9–2）。

图9–2 发扬核心意识

持久卓越的公司在恪守它们的核心价值观和核心目标的同时，不断转换商业策略和运营方式以适应这个变幻莫测的世界。这就是保持核心和刺激进步的奇妙结合。

华特·迪士尼的故事充分证实了这种双重性。1923年，一位21岁的意气风发的画动画的青年从堪萨斯城搬到洛杉矶，试图在电影业中谋得一份工作，然而没有哪家电影公司愿意雇用他。于是他凭自己那点儿可怜的积蓄租了一台照相机，在舅舅的车库里开了一个摄影棚，开始制作动画。1934年，他（迪士尼）迈出了史无前例的一步，成功创作了《白雪公主》、《木偶奇遇记》、《幻想曲》和《小鹿斑比》等大型动画故事片。20世纪50年代，迪士尼凭借米老鼠俱乐部进军电视业。同一时期，迪士尼经历了一次决定命运的游览。他参观了许多游乐园，结果每次他都是非常反感地离开，他称那些游乐园是“由面目可憎的人开办的肮脏、虚假的地方”。他决定建一个更好的，或许是世界上最棒的游乐园。迪士尼开始运营建立主题公园这项崭新的业务。迪士尼先建了迪士尼乐园，接着建了华特·迪士尼世界以及迪士尼未来世界。游览迪士尼主题公园已成为许多家庭不可缺少的娱乐项目。

从卡通片到大型动画故事片，从米老鼠俱乐部到迪士尼世界，迪士尼虽历经种种巨变，但它始终如一地恪守一套核心价值观——对创意的执着，对细节的迷恋，对嘲讽的憎恶以及对“迪士尼神话”的维护。迪士尼先生同时还将一个恒定的不凡目标注入迪士尼公司的每一项新事业，那就是给成百上千万人，尤其是给孩子们带去幸福。这个目标跨越了国界，历经了时间的考验。1995年，当我和妻子去以色列游玩时，我们有幸见到了那位将迪士尼产品带入中东的先生，他自豪地告诉我们:“我的一切想法就是要给孩子们带去欢乐。这里的孩子们没有足够的欢笑，因此这是极为重要的。”迪士尼公司不愧是“保存核心、刺激进步”的典范。它在维护核心意识的同时，不断改变策略与方式。坚持这一原则是它成为持久卓越公司的根本原因（见图9–3）。

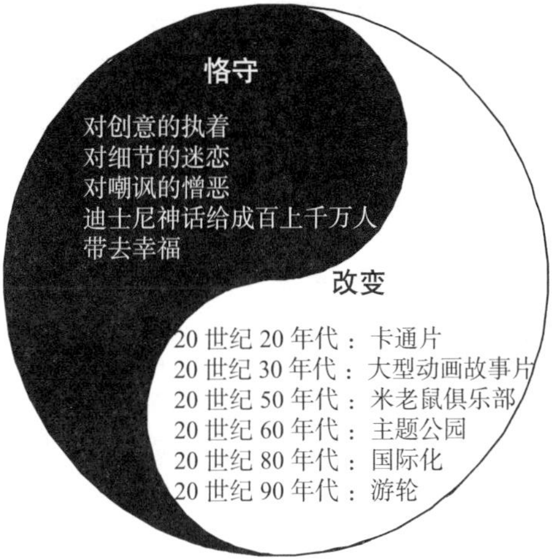

图 9–3　迪士尼的核心意识

胆大包天的目标、危险鲁莽的宏伟目标及其他理念关联

在表 9–1 中，我概括地列出了两次研究中的理念关联。通常，从优秀到卓越的理念为基业长青的理念的成功奠定了基础。我喜欢将《从优秀到卓越》中提到的理念视为从起步到突破期间维持飞轮转动的动力，而《基业长青》中列出的中心理念则使飞轮加速前进，并在不久的将来把公司提升到明星地位。细看表 9–1，你会发现《从优秀到卓越》的研究成果使《基业长青》中的四大中心理念成为可能。简而言之，这四大中心理念是：

表 9–1　从《从优秀到卓越》到《基业长青》的理念关联

《从优秀到卓越》的理念	与《基业长青》的理念关联
第 5 级经理人	造钟，不是报时：第 5 级经理人建立的是，一个缺少他们仍能正常运作的公司，而不是要通过使自己成为不可或缺的人物来自我满足的公司。 协调一致的威力：个人的谦逊与职业上的远大志向。 确立核心理念：第 5 级经理人对公司以及公司代表的一切有着远大抱负；他们有超越个人成就的使命感。 保存核心、刺激进步：为了赢得有形的成果和成就，第 5 级经理人坚持不懈地刺激进步，即使这意味着解雇自己的伙伴。
先人后事	造钟，不是报时：坚持“以人为本”即建造时钟；坚持“以事为先”（事先设定策略）是报时。 协调一致的威力：选择合适的人上车与迫使不合适的人下车。 确立核心理念：实行“人先”意味着择人时更多要看他是否适应核心价值和目标，而不是看他的技能和知识。 保存核心、刺激进步：“先人后事”意味着从内部提拔人选的倾向，这使核心价值得以加固。
直面残酷的现实（斯托克代尔悖论）	造钟，不是报时：创造沟通顺畅的环境是建造时钟，尤其在你创建了红旗机制以后。 协调一致的威力：直面现存的严酷事实与坚信你会最终取胜——斯托克代尔悖论。 确立核心理念：直面残酷事实，使组织真正恪守的核心价值观凸显，以与那些表面上想固守核心价值观的公司形成鲜明对比。 保存核心、刺激进步：残酷的事实使人们明白究竟该做哪些事情才能刺激进步。
刺猬理念（三环）	造钟，不是报时：理事会体制是完美的“建造时钟”。 协调一致的威力：深层理解与惊人的简洁。 确立核心理念：“你执着追求的”飞轮循环与核心价值观、核心目标恰好吻合。正是这些你执着追求的、无论如何都不会放弃的价值观，才是真正的核心。 保存核心、刺激进步：胆大包天的目标来自理解，而危险鲁莽的宏伟目标则来自虚张声势。好的宏伟计划恰恰就在三环的交界处。

（续表）

《从优秀到卓越》的理念	与《基业长青》的理念关联
训练有素的文化	造钟，不是报时：纯粹通过扮演教员的个性运营公司就是报时，构建一种恒久的训练有素的文化才是造钟。 协调一致的威力：自由与责任。 确立核心理念：训练有素的文化将那些与组织价值观和规范不吻合的人排除在外。 保存核心、刺激进步：当你拥有一种训练有素的文化时，你可以给人们更多的自由去尝试，最终找到通向成功的最佳路径。
技术加速器	造钟，不是报时：科技推动力是时钟的一个重要组成部分。 协调一致的威力：避开一时的科技狂热与做推进科技应用的先锋。 确立核心理念：在一家卓越公司，科技是核心价值观的附属物，而不是相反情况。 保存核心、刺激进步：恰当的科技加速飞轮的动能，从而促成胆大包天的目标实现。
飞轮，而非厄运之轮	造钟，不是报时：飞轮效应创造持续的动能，公司并非依靠魅力十足的空想家来激发人们的热情。 协调一致的威力：渐进的增长过程与剧烈的变革结果。 确立核心理念：厄运之轮使推行核心价值观和目标几乎不可能，因为人们长期以来一直在怀疑："我们是谁？我们代表着什么？" 保存核心、刺激进步：飞轮的稳定性、一致性及日益增长的向突破点迈进的势头创造了理想的条件，使公司在刺激进步和加速进程时注入核心价值观成为可能。

1.造钟，不是报时。建立起的组织能够持久适应数任领导者和多个产品的生命周期。这与仅以一位卓越的领导者或一个伟大的点子为中心而建立起来的组织截然相反。

2.协调一致的威力。在许多范围内同时拥有两个极端。不是选A或选B的问题，而是想方设法同时拥有A与B——目标与利润、持续与变革、自由与责任等。

3.确立核心理念。灌输核心价值观（本质、恒久的信念）和核心目标（利润之上的追求），并使之成为长期指导决策和激励员工的原则。

4.保存核心、刺激进步。公司在激发变革、改进、创新和更新时，始终把保存核心意识作为出发点。在维持核心价值观和目标不变的情况下，不断转换方法和策略。设定与核心意识一致的胆大包天的目标，并努力实现它。

在此，我想强调一个尤为重要的关系：胆大包天的目标和刺猬理念中三环的关系。在《基业长青》中，我们认为一个胆大包天的目标是保存核心、刺激进步的主要方式。胆大包天的目标就是一个大胆的宏伟目标——一座有待攀登的大山。它显而易见，咄咄逼人，人们很快就意识到它的存在。一个胆大包天的目标将人们凝聚在一起，不断激励人们，使人们在迈向成功的进程中形成团队精神。譬如在1996年美国航空航天局的登月任务中，一个胆大包天的目标捕获了人们的想象力，激发了人们的勇气。

尽管胆大包天的目标令人激动不已，但是我们过去仍未能回答那个关键问题：一个胆大包天的目标和一个危险鲁莽的宏伟目标的区别何在？从澳大利亚游泳到新西兰，对于我而言，可谓一个宏伟的目标，但这个目标只会把我毁掉。在研究实现跨越的公司中，我们直接得到了这样一个答案（见图9–4）。

危险鲁莽的宏伟目标来源于虚张声势，而胆大包天的目标却是理解的结果。事实上，如果你把对三环的冷静理解与胆大包天的目标的无畏精神结合在一起，你就会得到一个强有力的、近乎神奇的组合。

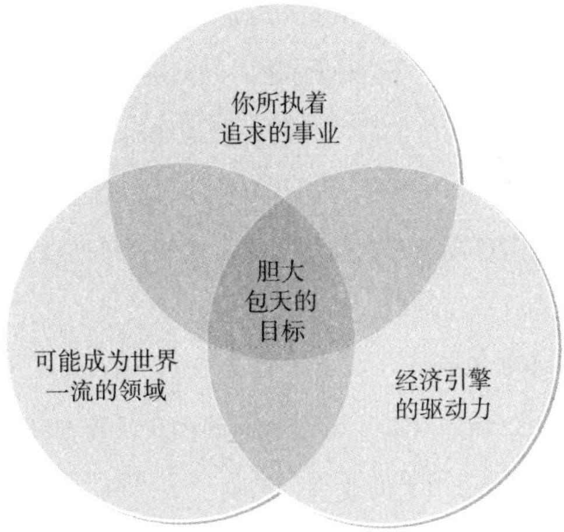

图 9—4　确立胆大包天的目标的三要素

注：包括核心价值观和核心目标

20 世纪 50 年代的波音公司，就是一个极好的例子。20 世纪 50 年代之前，波音公司一直致力于制造巨型军用飞机——B–17 空中堡垒、B–29 超级堡垒和 B–52 洲际喷气式轰炸机空中堡垒。然而，波音公司未曾实质性地涉足商用飞机市场，航空公司对从波音公司购置飞机也没有兴趣。面对波音公司的追问，他们答道："你们在西雅图制造伟大的轰炸机，为什么不持之以恒？" 如今，我们完全可以这样认为：大多数的空中旅行我们都需要乘坐波音飞机。但是在 1952 年，除了军人以外，几乎无人乘坐波音飞机。

20 世纪 40 年代，波音公司非常明智地站在商用飞机领域之外。那时，麦道（麦克唐纳·道格拉斯）公司凭借它在生产小型螺旋桨飞机上的绝对优势占据中心位置，它生产的飞机足以组成一支商用飞机战队。然而在 20 世纪 50 年代初期，波音公司抓住了超越麦道公司的大好时机，把自己生产大型飞机的经验融入对喷气式飞机引擎的理解中。在第

5级经理人比尔·艾伦的带领下，波音公司决策者对涉足商用飞机领域是否明智的问题展开了激烈的讨论。他们逐渐意识到：虽然10年前波音公司无法制造出最好的商用飞机，但是他们在生产军用喷气式飞机和军用大型飞机的过程中经过日积月累所获得的经验，如今将使这个梦想变为现实。他们还逐渐看到商用飞机市场的经济效益远胜于军用飞机市场，这一点绝对不容忽视。制造商用喷气式飞机的决定，就这样彻底改变了波音公司的未来。

因此，1952年，比尔·艾伦和他的团队决定拿出公司净资产总额的1/4，制造一架适用于商业飞行的喷气式飞机。于是他们制造了波音707，在一次竞标中，波音707使公司一跃成为世界首屈一指的商用飞机制造公司。30年过去了，波音公司已经成功地生产了5款一流的商用喷气式飞机（波音707、波音727、波音737、波音747和波音757），波音公司无可争议地成为全世界商用飞机领域中最卓越的公司。直到20世纪末，波音公司的霸主地位才受到严重挑战，那是由于名为空中客车的政府财团的出现。

这就是关键所在：波音公司的宏伟目标，尽管胆大包天，但它并不是随随便便确立的目标。它是在三环范围内的有意义的目标。波音公司的决策者冷静客观地认识到：（1）公司虽然未涉足过商用飞机市场，但是它有可能成为最好的制造商；（2）增加每架机型的利润，这种转变会大大提高波音公司的经济效益；（3）波音公司的高层管理者对这一想法兴致勃勃。

波音公司在历史紧要关头，凭借理解而不是虚张声势采取行动，这是它成为持久卓越公司的一个重要原因。

波音公司的例子强调了这样一点：要保持长盛不衰，一方面，要在三环中平衡自己的位置，另一方面，随时准备改变三环的具体表现形式。波音公司在1952年并未脱离三环或放弃自己的核心意识，而是创造了一个激动人心的新的宏伟目标，它调整了自己的刺猬理念，将生产商用飞机融入发展进程中。

三环或胆大包天的目标的框架，有力地展现了这两次研究中观点的关联性。我想在此向你推荐：这一框架是你在自己的组织中创建关联性的实用工具。然而单一的框架不能使你的公司变得卓越，并保持基业长青。创建一家卓越的公司需要理解这两次研究中的关键理念，并将其融会贯通，而且还要持之以恒地实践这些理念。如果你舍弃主要观点中的任何一个，你的组织就会不可避免地走下坡路，最终陷入平庸。切记，成为卓越公司远比维持卓越公司容易得多。最后，你要融会贯通地去运用这两次研究成果，二者互为基础，都为营造持久卓越创造了最佳契机。

为什么要实现卓越

一次，我给来自斯坦福大学的一群学生举办了研讨会。会间休息时，一位学生眉头紧锁，他过来对我说："或许是我不够有野心吧！可我真的不想拥有一家大公司，难道这也有错吗？"

"一点儿没错。"我回答，"优秀和卓越与否并不能只看规模的大小。"于是我给他讲起了希纳·西曼托的故事。我的研究室就设在他经营的大楼里，他创造的是一个真正卓越的机构。1892年，那栋大楼还只是一座陈旧的红砖砌成的教学楼，如今却已焕然一新，对装饰细节和整体风格的完美追求使它几近无可挑剔。结果，这座大楼吸引了博尔德市最引人注目的那群人，为当地其他建筑设定了一个标准，并且使单位面积的地皮实现了利润最大化。因为这一切，西曼托的小公司成为我家乡真正意义上的卓越机构。西曼托从未按照规模来定义卓越，他也没有理由那样去做。

他停顿了片刻，说：“好吧！我接受这一点，我无须为了拥有一家卓越的公司而去建立一家大公司。但即便如此，我为何偏要去创立一家卓越的公司呢？如果我只想获得成功，那么我该怎么做？”

这个问题顿时令我哑口无言。这并非出自一个懒惰的人之口。他年轻时就已经拥有了自己的事业，后来他读完了法学院，研究生毕业后成为一位责任心很强的企业家。他有超乎常人的精力，洋溢着极富感召力的热情。在我多年来结识的学生中，他是我认为最有可能成就一番事业的学生。然而他对建立持久卓越公司的整体想法表示怀疑。

对他的疑问，我能给出以下两个答案。

首先，我认为建构卓越公司不会比建构优秀公司更难。从统计数字来看，或许只有极少数的公司才能达到卓越，但这并不表示建构卓越公司要比恒久平凡经历更多的磨难。事实上，如果我们研究的公司显示出了一些迹象，那么它们也会是更少的磨难。研究成果的魅力在于它能把我们的生活彻底简单化，与此同时，它也增加了我们的能力。明确这个简单的事实往往会给人以莫大的安慰，使我们弄清什么是重要的，什么是不重要的。

> 事实上，全书的主旨不是要将这些发现附加在我们的工作中，加重我们的工作负担。绝非如此！其目的是要使我们意识到，我们所做的许多事充其量不过是浪费能源。倘若我们依据这些原则来安排我们的工作时间，忽略或不做其他事情，我们的生活就会变得更简单，工作的结果也会大大改善。

我想借用一个非商业的例子来说明这一点，这也是本书中的最后一个故事。最近，一支高中越野长跑队的教练们欢聚一堂，庆祝他们的队伍两年来第二次获得州冠军。在过去5年中，这项活动已从优秀（全州排名20）转向卓越（男队和女队同时摘取全州桂冠）。

一位教练说："我有些不明白，为什么我们能有此番成绩？我们做得很简单，为什么会如此有效？"

他所说的正是这项活动中的刺猬理念。简而言之，我们在最后时刻跑在最前面；在紧张的锻炼之后跑得最棒；在赛季末跑得最好，而这就是最关键的时刻。一切都与这些看似简单的想法吻合。教练们懂得如何实现这种效果，如何比全州其他的长跑队做得更好。例如，他们在2英里处（赛程是3.1英里）安排一名教练收集运动员经过时的信息。大多数长跑队伍重视计时，即队员每跑1英里所花费的时间，而这支队伍却强调相对位置，即队员在经过某点时所处的名次。因此，教练们不去记录队员能跑多快，而是看他们从2英里处开始到比赛结束时能赶超几个对手。然后依据这些信息在赛后奖励他们"骷髅头"（骷髅头就是形状像缩水的骷髅那样的小珠子，孩子们常把它们串成项链或手镯，以此代表自己已战胜的对手）。那些孩子懂得如何掌握速度，如何满怀信心地赛跑。"我们要在最后时刻跑得最棒。"在一场恶战快结束时他们这样想，"因此，如果我损伤严重，那么我的对手肯定比我伤得更惨。"

同样重要的是，他们从不浪费精力。例如，在主教练接管这项任务时，她发现大家都期待她能制定"趣味方案"和组织"啦啦队"来激励孩子们——安排晚会、旅行、去耐克专卖店购物，以及举办具有鼓舞性的演讲活动来激发孩子们的兴趣。但她毫不犹豫地终止了一切分散精力的事情。她说："瞧！这项活动是建立在赛跑的乐趣的基础之上的。赛跑就是乐趣，进取就是乐趣，赢得比赛就是乐趣。如果你对我们在这里所做的一切毫无热情，那么请你找别的事做吧！”结果怎样？5年内参加这项活动的人数从原来的30人增加到现在的82人。

在男队首次将全州越野跑冠军的辉煌写入学校历史之前，她没有明确地设定任何目标，或者竭尽全力地激励孩子们朝某个方向努力。相反，她让孩子们自己赢得动力，让他们在一场又一场的比赛中，一周接一周的训练中不断评价自己，以确保在全州比赛中能够战胜其他对手。一天，在训练跑道上，一个男孩对他的队友说：“嘿！我觉得我们能赢。”“是的，我也这么想。”另一个队友附和道。直到孩子们确认自己能取胜时，教练才向他们提及全州冠军这个想法。

在这7名代表队员感到自己有责任赢得全州冠军时，一种最强有力的、训练有素的文化诞生了。他们并非为了教练而做出承诺，而是为了彼此。一名队员在比赛的前一天晚上竟和其他所有队员通了电话，目的是确保他们都能早些睡觉（在这支队伍中，教练再也无须担任维持秩序的角色）。

在最后1英里的激烈竞争中，每个队员在超过多个对手后体能损耗都很大（“要在最后跑得最棒”），但是他们深信倘若自己没有成功，那么他们无颜面对自己的队友，那时候的伤害会更大。他们每个人都没有失败，他们的团队战胜了全州其他队伍。

主教练依据“以人为本”的思想开始重建整个计划。其中一位助理教练以前是足足有300磅重的铅球运动员（他与瘦高的长跑运动员形象几乎完全不搭），但他无疑是一位合适的助理教练，因为他拥有那些价值观，具有帮助建立一支优秀队伍的助理教练的许多特征。当这项运动蓬勃发展时，它吸引了更多的孩子和教练。人们渴望加入增长势头强劲的旋转飞轮，梦想成为冠军队伍中的一员，并融入这种一流的文化之中。当这支越野跑队伍再次在体育馆高举冠军奖杯的时候，又有更多的孩子申请加入其中。团队的后备力量得到充实，队伍迅速壮大，而这又会给这支队伍带来更多的冠军荣誉，继而吸引更多的优秀成员。这一过程呈螺旋上升的趋势不断推进，最终形成极具感染力的飞轮效应，从而加快团队建设。

要建设这样一个团队，团队的教练是否经历了比其他教练更多的磨难？他们是否更卖力地工作？不！事实上，所有助理教练在训练之余都有全职工作——工程师、计算机专家、教师，这份工作实际上不能给他们带来足够多的收入，他们在忙碌的工作中腾出这份时间，目的是为建设一支卓越的团队贡献自己的力量。他们把注意力聚焦在适当的地方，而不是滥用精力。他们所做的实际上就是我们在本书中所叙述的一切。在那种具体情况下，他们没有将时间浪费在那些毫无意义的事情上。他们的做法简洁、明了、直接、漂亮，而且富有乐趣。

这个故事告诉我们，这些观点是起作用的。若你在某场合运用这些观点，它们就会使你的人生和经历变得更美好，而且会不断改善事情的结果。沿着这条路走下去，你很有可能在你从事的事业中创造卓越。因此，我会再问：如果一切不会更困难（已知这些观点），结果会更好，过程又充满乐趣，那么何乐而不为呢？

要说明一点，我不是在暗示从优秀到卓越很容易，或者每个组织都能成功地实现这样的飞跃。很明显，并非每个人都能高人一等。但是我敢断言，那些努力变优秀为卓越的人会发现，这个过程并不像甘心沉溺于平庸的麻木之人所想的那样辛苦劳神。是的，从优秀到卓越的确要消耗精力，但是形成动能会为团队注入更多的能量，这要远远高于它所消耗的精力。相反，持续的平庸本质上是一个令人沮丧的过程，它从团体积蓄的能量中所吸收的营养远比它重新注入的养分多得多。

然而，对为什么要变得卓越这一问题，我们还有另一个答案，即理藏在我们内心深处的，激励我们当仁不让地执行一项计划的源泉：探求意义，更确切地说，寻求有意义的工作。我曾问过越野跑队伍的总教练，她为什么觉得非要建立一支卓越的队伍。她沉默了片刻，说："这个问题问得好。"又过了许久，她说："这个问题实在很难回答。"接着是更长的等待。"我猜……那是因为我真正在乎我们所做的一切。赛跑是我的信仰，我相信它会影响孩子们的生活。我想使他们拥有不凡的经历，有成为绝对一流团体中举足轻重的一员的经历。"

有趣的是，这位教练是毕业于美国顶级商学院的工商管理硕士，曾是PBK（Phi Beta Kappa，即美国大学优等生荣誉协会）经济学专业的毕业生，并且在全世界最挑剔的大学里赢得了本科生最佳论文奖。她的同学大都就职于华尔街投资银行、新兴互联网公司、管理咨询业、IBM或其他类似行业的公司，然而她发现这样光鲜的工作对于她而言毫无意义，也未曾想过要使它们变得卓越。在她的眼里，它们无足轻重。因此，她决定寻找一份有意义的工作，一份她孜孜以求的工作。于是"为什么要实现卓越"这个问题看上去似乎是多余的——如果你正从事你十分热爱的事业，而且你坚信它的目标与宗旨，那么很难想象你不会去努力使它变得卓越——一切都是顺其自然的。

我尽力想象我们研究的公司中的那些第5级经理人会怎样回答"为什么要实现卓越"这个问题。当然，大多数人会说："我们并不卓越，我们还会做得更好。"但是如果非要他们给出"为什么要为卓越而努力"的答案时，我相信他们的回答会与那位越野跑主教练的答案类似。

他们从事的是他们真正在乎、执着追求的事业：像比尔·休利特一样，他在意的可能是创造这样一家公司——凭借自己的价值观影响全世界公司的运营方式；像肯·艾弗森那样，他可能认为自己身负改革者的重任，要去铲除导致劳工和管理降级的压迫人的等级制度；像金佰利公司的达尔文·E.史密斯那样，他可能在追求自身完美价值的同时，感受到了一种强大的目标感，那种感觉源自内心，并使它所触及的一切达到最佳状态；像克罗格公司的莱尔·埃弗林厄姆或者沃尔格林的科克·沃尔格林一样，他们在那项事业中成长，深深热爱那项事业。你无须列出任何冠冕堂皇的理由来说明你为何热爱你所做的事情，或者证明你深深爱着你的工作（尽管你可能会这样做），重要的是你确实热爱它，在乎它。

因此，“为什么要变得卓越”这个问题几乎是毫无意义的。不管什么原因，倘若你从事的是你热爱而且在乎的事业，那么你无须回答这个问题。因为问题已不再是为什么，而是该如何做。

> 事实上，真正的问题不是“为什么要卓越”，而是“什么工作会使你有一种迫切感，以至你想要努力去创造卓越？”如果你必须问这个问题——“我们为什么要尽力使它卓越？难道成功还不够吗？”，那么极有可能的原因是，你从事的工作并不真正适合你。

或许，成为建构卓越团体中重要一员的追求不在你的事业目标中，那么请在其他地方找找看吧！若目标不在公司，那么或许你可以使你的教堂变得卓越。若目标也不是教堂，那么你可以在一个非营利机构或社区中找找，也可以在你执教的班级中找。在你非常在意的事情上用功吧，那样你会拥有一种冲动感，从而努力使它变得尽量卓越。这种愿望不是源自你能从中得到些什么，而是因为你能够这样做。

当你这样做时，你不可避免地在朝第5级经理人的方向努力。在此书的前一部分，我们还在讨论如何达到第5级经理人的要求，并且建议你应该首先通过实践本书其他的发现来努力。但在什么情况下，你才有动力和自制力去全身心地实践那些发现呢？大概是在从事你孜孜以求的工作的时候，在当你的责任感和自己的三环理念吻合的时候。

当你把这些只言片语融合在一起时，你的工作正在走向卓越，你的人生也在走向辉煌。倘若人生毫无意义，你就不可能拥有伟大的人生。如果工作毫无意义，那么人生也难有意义。在你离开人世的那一刻，如果能想到自己曾经为创造一项真正卓越的事业尽到了绵薄之力，那么你可能会获得一份难得的心灵平静。事实上，你也许会获得最深层的内心满足：回首往事，自己并未虚度年华，此生无憾。

后　记

问：你最初鉴定的符合实现跨越的公司是否不止这 11 家？如果是这样的话，你又是如何挑选样本进行研究的？

答：在首批《财富》美国 500 强公司中，唯有这 11 家完全符合列入《从优秀到卓越》内容研究的所有标准，它们并不是所谓的样本（挑选过程详见附录 1.1）。事实上，我们研究了所有符合标准的公司，这令我们对研究结果信心倍增。我们无须担心会有另一组《财富》美国 500 强公司按照其他方式，而不是我们的标准从优秀走向卓越。

问：为什么只有这 11 家公司符合标准？

答：其中有三个主要原因。第一，我们采用了一个相当严格的标准来衡量公司的业绩，那就是 15 年中公司股价的上涨幅度是整个大盘股指的 3 倍。第二，要达到 15 年持续上涨这一要求是相当困难的。许多公司凭借一种主打产品或一位极具魅力的领导者在 5 到 10 年中业绩猛增，但极少有公司能设法维持 15 年之久。第三，我们寻求的是一种相当特殊的模式：在持续的卓越业绩出现之前，要有一段业绩平平甚至业绩偏差的时期。卓越的公司并不难找，但是实现跨越的公司实属罕见。在你把各种因素综合起来后，看到我们仅鉴定出 11 家公司这个事实，也就不足为奇了。

然而，我想强调一点：虽然结果只有 11 家公司，但这并不会令人气馁。我们必须做一次筛选，而且我们的筛选是相当苛刻的。我们如果设置一个稍低一些的标准，比如公司股价的上涨幅度是整个大盘股指的 2.5 倍或者持续期限是 10 年，就会有更多的公司符合要求。在这项研究结束后，我深信许多组织倘若运用本书中的经验，都会从优秀走向卓越。问题并不是统计数据的差异，而是人们正在不适当的地方挥霍他们的时间和资源。

问：假如只有 11 家实现跨越的公司，而整个研究范围是 28 家公司（含列入对照的公司），那么统计的意义何在？

答：我们聘请了两位知名教授来帮助我们解决这一问题。其中一位是统计学家，另一位是应用数学家。统计学家杰弗里 · T. 拉夫蒂格就职于科罗拉多大学，在听说我们的困境后，他坚决地认为我们并不存在统计问题。他指出只有在抽样检查数据时，统计的意义才适用。他说："看，你并没有拿公司做样本，你们所做的是一次目的性极强的挑选，最终发现《财富》美国 500 强公司中只有 11 家公司符合你们的标准。当你拿这 11 家公司与其他 17 家公司做对比时，框架中的观点随机出现的可能性理论上为零。"我们还请应用数学家威廉 · P. 布里格斯检测了我们的研究方法，他提出了这样的疑问：偶然发现这样一组 11 家公司的可能性有多大，它们每家都要具备你们发现的那些基本特征，而进行直接对照的公司却不具备这些特征。他推断这种概率低于 1/17 000 000。实际上，要偶然发现 11 家恰巧显示我们寻找的从优秀到卓越模式的公司是根本不可能的。因此，我们信心十足地认为，我们发现的特征与从优秀到卓越的过渡是紧密相连的。

问：你为何将研究范围界定在上市公司？

答：上市公司有两大利于研究的优势：受到公认的对业绩的定义（这使我们能够严密地挑选一组研究对象）和充足的易获信息。未上市公司的可利用信息是有限的，这对于对照公司而言尤其麻烦。上市公司的好处就在于，我们无须它们的合作就能够获得信息。无论它们喜欢与否，与研究相关的大量信息都已经是公开记录。

问：你为何将研究局限在美国公司？

答：我们认为严格挑选本身，要比将国际公司作为研究对象所带来的好处更为重要。把各公司在美国股市以外的股票收益信息排除在外，可能会削弱我们选拔过程的连贯性。但是对照研究消除了不同情况下的"噪声"（相似的公司、产业、规模和历史等），增强了我们对研究结果的信心。这种信心绝不是覆盖不同地域的研究对象所能带来的。然而我认为我们的发现会跨越地理上的界限，会被证明是普遍适用的。我们研究的公司有许多是跨国企业，无论它们在哪里做生意，同样的理念都是适用的。况且我相信对我们的研究发现，如第 5 级经理人和飞轮模式，美国人比其他文化背景中的人更难接受。

问：为什么在研究对照组中没有高科技公司？

答：大多数科技公司未被纳入考虑之中，因为它们历史不够悠久，不足以显示从优秀到卓越的模式。我们要求公司至少应有 30 年的历史才值得关注（15 年的优秀业绩之后，有 15 年的卓越表现）。在那些有 30 年历史的科技公司中，没有一个显示出我们寻求的从优秀到卓越的特殊模式。例如英特尔公司一直都是卓越的，没有一段时间是表现平平的。倘若在 10 年或 20 年之后再进行这样一项研究，我完全有理由期待名单上会出现高科技公司。

问:《从优秀到卓越》这本书如何适用于已经非常卓越的公司?

答：我建议他们参考《从优秀到卓越》和《基业长青》这两本书，以更好地理解它们杰出的原因，这样做它们才能保持不做错事。正如我最敬仰的斯坦福商学院教授罗伯特·伯格尔曼多年前曾教导我的那样：“工作和生活中最大的危险不是彻底的失败，而是成功了却全然不知成功的原因。”

问：你如何解释近来某些实现卓越的公司面临的困境?

答：每个公司无论有多么杰出，都会面临困境。世界上没有哪家公司会长盛不衰，保持完美无瑕的记录。它们的经历总是起起伏伏。关键不是它们会不会陷入困境，而是它们要有走出困境再创辉煌的能力。而且，倘若哪家公司没有按研究结果去做，它就必将走下坡路。孤立的任何一个变量都不会使公司走向卓越，只有将所有变量综合为一个整体，并使它们长期协调一致地起作用，公司才会完成从优秀到卓越的飞跃。下面两个真实的例子充分说明了这一点。

一个例子是吉列公司（见图附 1）。它在 1980—1998 年这 18 年内创下了非凡业绩，股价的上涨幅度是大盘指数的 9 倍多，但在 1999 年它跌入低谷。我们认为它陷入困境的主要原因，是公司需要更强有力的秩序来坚守自己的事业，并把这种秩序完全嵌入刺猬理念的三环中。产业分析师的喧嚣曾引起人们的更大关注，他们认为吉列急需引入一位魅力十足的首席执行官来重振雄风。如果吉列公司聘任一位第 4 级经理人，那么它成为持久卓越公司的可能性将大打折扣。

另一个例子是纽柯公司。它在 1994 年达到事业巅峰，股票价格上

图附 1　吉列公司会从实现卓越走向基业长青吗?

注：相对于大盘股市的股票累计收益率（1927—2000 年）

涨幅度曾一度是大盘指数的 14 倍，随后历经肯·艾弗森退休后接踵而至的管理混乱，元气大伤。艾弗森选定的继任者上任没多久，就在不堪入目的决策层混战中被赶下台。这场内部斗争的一位挑起者在美国夏洛特市的《新闻和观察者》（1999 年 6 月 11 日版，第 1 页）中透露：艾弗森在晚年已经不再是第 5 级经理人了，相反他开始更多地展示以自我为中心的第 4 级经理人的特征；艾弗森在他全盛时期不愧是一位能人，但他想使公司与他同归坟墓。不过艾弗森自己并不这样认为，他觉得真正的问题是由现在的管理层希望公司进行多样化经营，不再固守刺猬理念所引起的。《新闻和观察者》写道："艾弗森只是摇头，他说纽柯公司正是由于远离多样化才可以积蓄力量，在钢铁制品业中占据龙头地位。"无论哪种情形——第 5 级经理人的逝去，或者对刺猬理念的偏离，或者两者兼而有之，在本书即将付梓时，纽柯公司能否成为一家卓越公司仍然不得而知。

然而，值得注意的是，大多数实现卓越的公司在此书著述时仍然保持着很强的发展势头。其中 7 家公司在实现飞跃后的 20 多年里创下了不凡的业绩，其余两家也各有 24 年的突出表现。无论用何种标准衡量，这些都是不寻常的纪录。

问：你如何把卓越的菲利普·莫里斯公司与它销售烟草的事实协调起来？

答：或许没有哪家公司会比菲利普·莫里斯公司更能引起人们的反感，即使人们认为一家烟草公司是真正卓越的公司（许多人对此仍表示怀疑）。但是由于来自立法和社会的制裁威胁不断增加，它能否保持长盛不衰仍然有待观察。具有讽刺意味的是，菲利普·莫里斯公司创下了拥有不凡业绩最持久的纪录——自实现卓越之日起长达 34 年，而且它是唯一一家同时列入《从优秀到卓越》和《基业长青》的公司。这种表现不仅是因这种产业的功能所致，即利用高额差价将产品卖给嗜烟者。菲利普·莫里斯公司击败了所有的烟草公司，其中包括与它进行对照的雷诺烟草公司。但对于菲利普·莫里斯公司而言，要想拥有光明的未来就意味着要直面那些残酷现实——社会与烟草的关系以及社会对烟草业的认知。有一部分人认为该产业中的每个人都同等参与了有组织的行骗活动。不管这种说法公正与否，人们（尤其是生活在美国的人）能够饶恕许多种罪恶，但绝不会忘记或饶恕被他人欺骗。

无论人们对烟草业的态度如何（在研究小组中也是争论不休），把菲利普·莫里斯公司纳入《从优秀到卓越》和《基业长青》的研究，在后来被证明是有指导意义的。它告诉我与业绩息息相关的不是公司的价值观内容，而是员工对这些价值观的信任度。这是一个让我难以接受的发现，但是大量的数据证明了这一点（详细叙述请见《基业长青》第三章）。

问：一家公司能不能在恪守刺猬理念的同时，拥有高度多元化的业务组合？

答：我们的研究有力地说明：高度多元化的公司和组织很难持续创造卓越的业绩。然而有一个明显的例外，即通用电气公司。但是我们可以这样解释，通用电气公司有一个不同寻常的微妙的刺猬理念，这一理念使它把各类业务凝聚在一起。通用电气公司与其他公司相比强在何处？它创造了一流的总经理。我们认为这是通用电气公司刺猬理念的精髓。那么通用电气公司的经济指标如何？应该是每 4 名高级管理人才创造的利润。我们可以考虑一下：假设你有两个业务机会，每一个都可能带来几百万美元的利润，但是其中一项业务要占用 3 倍多的高层管理人才，才能赢得和另一项业务相同的利润，那么显然后者与刺猬理念吻合，而前者则不能。通用电气公司最引以为傲的究竟是什么呢？拥有世界顶尖的管理层！这是员工的真实感受，绝对不是白炽灯、喷气式飞机引擎和电视节目制作能带来的。就这样，通用电气公司构建的刺猬理念不仅使公司实现了多元化经营，而且使公司将精力集中在三环的交叉处。

问：在从优秀到卓越的转变中，董事会扮演什么样的角色？

答：首先，董事会在挑选第 5 级经理人时扮演着重要的角色。近来有大批董事会成员迷恋魅力型的首席执行官，尤其是“具有震撼力的名人”。事实上，这种趋势对公司的长期健康发展是有极大危害的。董事会应该知道第 5 级经理人的特征，并起用这种人才担任重要职务。

其次，公司的董事会应该将股票价值与股票价格区分开来。在任何时候，董事会都无须对拥有公司股份的大量股民负责，即那些轻易抛售股票的人。他们应该集中精力建立一个真正为股东创造价值的卓越公司。董事会如果没有用更长远的眼光（未来 5~10 年）来经营股票，就很容易混淆价格与价值，从而无法对股东负责。你若想了解一个好的董事会在从优秀到卓越的转变中所起的作用，我向你推荐丽塔·里卡多·坎贝尔的著作《阻击恶意收购》(*Resisting Hostile Takeover*)。坎贝尔女士原来是吉列公司在科尔曼·莫克勒时代的董事会成员之一。在这本书中，她详细叙述了一个负责任的董事会会怎样解决价格和价值这个棘手的难题。

问：当今世界变幻莫测，赌博性投资盛行。在这种情况下，新兴科技公司能否拥有第 5 级经理人？

答：我的答案是约翰·莫里奇。他是一位领导公司实现转变的首席执行官。他使一家马萨诸塞州垂死挣扎的小公司一举成为过去 10 年里卓越的科技公司之一。随着飞轮模式开始运作，这位谦逊的、鲜为人知的男士退居幕后，将公司转交给下一代领导者。或许你未曾听说过约翰·莫里奇，但我敢说你肯定知道这家公司，它就是思科公司。

问：面对杰出人才匮乏，我们如何实施“先人后事”的原则？

答：首先，在机构的高层人员中选拔，你必须遵守这样一条准则——没有合适人选决不盲目录用。在从优秀到卓越的飞跃中，最糟糕的一步就是在关键职位上出现用人失误。其次，拓宽你对“合适人选”的定义，更多地重视人的性格特征，而不是专业知识。人们可以学会技能，获取知识，但不可能学会具备某种基本的性格特征，以适合你的组织机构的要求。最后，也是最重要的一点，就是在经济困难时期聘用优秀人才，即使那时你并不清楚该给他们安排哪项具体工作。一年前我曾写下这样一番话：每个人都在感叹他们很难将高层人才从新兴科技公司和互联网公司中吸引出来。然而此时泡沫已经破裂，成千上万名人才失意街头。第5级经理人将意识到这是近20年来绝好的机遇——不是市场或科技机遇，而是人才机遇。他们将把握这种契机，在力所能及的范围内尽量多地雇用最优秀的人才，随后再决定如何安排这些人才。

问：在很难解雇不称职人员的情况下（如在学术机构或政府机关里），我们该如何践行“适者上车，否则下车”这条原则？

答：基本观点仍然适用，但是要花费更多的时间完成。例如，在20世纪六七十年代，一所著名的医学院完成了从优秀到卓越的转变。医学院的院长撤换了所有的教职人员，但这历时20年之久。他无法解雇终身教授，但他可以聘用合适的人来填充每个空位，从而逐步营造一种新的环境。在这种环境下，那些不称职的人日益感到不安，最终纷纷退休或者另谋出路。同样地，你也可以借助理事会机制来帮你实现这种转变（详见第五章“刺猬理念”）。只要理事会的每个席位都为合适的人所占据，你就无须顾虑其他。是的，你可能迫于无奈，不得不携不称职的人同行，但是你可以将他们排除在理事会之外，从而实质上将他们限制在巴士的后座上。

问：我是一家小公司的负责人，这些理念怎样才适用于我呢？

答：直接适用。在第九章，我详细论述了从优秀到卓越的理念对小型或初创公司的适用性。

问：我不是首席执行官，对这些发现，我能做些什么？

答：能做许多。我能给出的最好答案，就是请把第九章末尾的那个故事再看一遍，那个有关高中越野赛跑队教练的故事。

问：我应该从何开始，又怎样开始？

答：首先，熟悉所有的研究发现。切记没有哪个发现可以单独创造一个卓越的组织，你应该使它们作为一个有机整体发挥作用。然后，按照框架顺序去运作。从“先人后事”开始，逐步历经各个主要环节。与此同时，要坚持不懈地努力使自己不断地向第 5 级经理人的方向发展。在编写本书时，我采用的顺序与我们观察到的公司的情形是一致的。本书的结构就像一幅行程图。希望你在从优秀到卓越的旅途中好运常伴！

附录1.1

《从优秀到卓越》的研究项目：实现跨越的公司的选择过程

研究小组成员彼得·范·詹德伦为确立选择标准煞费苦心，他还在按照标准寻找实现跨越的公司的“财务分析的艰难长征”路上，起到了重要作用。

实现跨越的公司的选择标准

1.公司经过一个转折点，显示出“优秀”业绩的模式，然后转向“卓越”业绩。我们把“卓越”定义为从转折点开始经过15年时间，公司股票累计收益率至少是市场平均水平的3倍。我们把“优秀”业绩定义为在转折点之前的15年时间，公司股票累计收益率不超过市场平均水平的1.25倍。除此之外，转折点后的15年内的股票累计收益率和转折点前的15年内的股票累计收益率相除，结果必须超过3。

2.从优秀到卓越的经营模式必须是公司转变，而不是一次行业事件。换句话说，公司展示的模式不仅必须与市场无关，而且要与行业无关。

3.在转折点上，公司必须是一个已经存在的并继续发展的公司，而不是一个新公司。我们规定这家公司必须在转折点前至少有25年的经营历史。除此以外，它必须在转折点前有至少10年公开上市的股票收益数据可供分析。

4.转折点必须在1985年以前出现，以便我们有足够的数据来评估转变后的持续能力。1985年后出现的从优秀到卓越的转变可能是实现跨越的转变，但是那时我们已经完成了调查，无法计算它15年的股票累计收益与市场平均水平的比值。

5.无论转变发生在哪一年，从接受选择到我们下一阶段的调查研究，公司都必须仍是一个继续发展且独立经营的重要公司。要达到这个标准，公司必须出现在1996年发布的1995年《财富》美国500强名单里。

6.最后，在被选择时，公司应该仍显示上升趋势。对任何1996年前在T+15阶段效益下降的公司，从转折点到1996年相对于市场平均水平的股票累计收益率的斜率，应该等于或超过T+15阶段，达到3/15的斜率。

从优秀到卓越的选择过程

我们使用越来越严密的筛选程序来寻找符合要求的公司。我们进行了4次筛选（见图附2）。

第一次筛选：从所有公司中选出1435家

我们决定选用一张公司名单列表开始我们的调查。这些公司都出现

图附 2　实现跨越的公司的筛选过程

在《财富》杂志关于美国最大的上市公司的排名榜单里。最早的一批名单出现于 1965 年。我们的第一批名单包括 1965 年、1975 年、1985 年和 1995 年名单里的所有公司。一共有 1435 家这样的公司。大多数人都知道这些排名就是《财富》美国 500 强，尽管榜单里的公司总共可能只有 1 000 家，因为《财富》杂志偶尔会改变排名的数量和形式。作为我们开始分析的基本材料，《财富》杂志的排名有两个主要优点。第一，它只选择足够大的公司（这些公司靠年收入挤入了 500 强名单）。因此，出现在《财富》杂志里的绝大多数公司在转变期都是持续经营的公司，符合我们的要求。第二，所有公司都是上市公司，我们可以使用股票收益数据作为基础，进行更严密的筛选和分析。非公开上市公司不需要达到同样的会计和公告标准，所以我们就没有机会对它们的业绩进行一对一的、直接的比较分析。把我们的对象仅限于《财富》美国 500 强公司有一个明显的缺点：我们的分析只针对在美国的公司。然而，我们发现，在筛选过程里，只使用遵循一个共同报告标准（一对一的股票收益数据）的美国上市公司的好处，超过了使用一个国际数据组的好处，因为这种筛选更加严密。

第二次筛选：从 1435 家公司到 126 家公司

我们的下一步，是使用芝加哥大学证券价格研究中心（CRSP）的数据，对实现跨越的公司做最后选择。然而，我们需要一种方式把公司的数量减少到可以控制的程度。我们采用了《财富》杂志公布的收益率来减少候选公司数量。《财富》杂志早在 1965 年就为 500 强名单里的每个公司计算了投资者的 10 年回报。通过运用这些数据，我们把公司的数量从 1 435 家减少到 126 家。我们选择在 1985—1995 年、1975—1995 年和 1965—1995 年三个时间段里表现超出一般水平的回报丰厚的公司。我们也寻找那些经历了一般水平回报，或低于一般水平回报之后，显示出超出一般水平回报的公司。更具体地说，这 126 家公司通过了下列全部测试：

测试 1：1985—1995 年，投资者的年综合回报超出《财富》杂志工业和服务投资者的年综合平均回报的 30%（即总回报超过平均回报 1.3 倍），而且公司在前 20 年（1965—1985 年）业绩表现一般或低于一般水平。

测试 2：1975—1995 年投资者的年综合回报超出同时期《财富》杂志工业和服务投资者的年综合平均回报 30%（即总回报超过平均回报

1.3 倍），而且公司在前 10 年（1965—1975 年）业绩表现一般或低于一般水平。

测试 3：1965—1995 年间投资者的年综合回报，超出同时期《财富》杂志工业和服务投资者的年综合平均回报 30%（即总回报超过平均回报 1.3 倍）。《财富》杂志排名没有包含 1965 年前 10 年的回报，因此，我们决定在第一批名单里选入 30 年来所有业绩突出的公司。

测试 4：1970 年后建立的公司在 1985—1995 年或 1975—1995 年投资者总回报超出同时期《财富》杂志工业和服务投资者平均回报 30%（即总回报超过平均回报 1.3 倍）。有的公司因为没能进入《财富》杂志排名，所以没有达到以上标准。这样，我们就能够细致考察在后来的几十年里业绩非凡，但是以前没有被列入《财富》美国 500 强名单里的公司。这次筛选也允许我们确认和删除那些历史太短，不能完成合格转变的候选公司。

第三次筛选：从 126 家到 19 家公司

根据芝加哥大学证券价格研究中心的研究数据资料，我们分析了每家候选公司相对于市场平均水平的股票累计收益率，寻找从优秀到卓越的公司的股票收益率模式。所有达到第三次筛选排除标准的公司在这个阶段都被剔除了（见表附 1）。

第三次筛选排除标准

所有达到下列任何一个排除标准的公司，在这个阶段都将被剔除。

第三次筛选排除标准使用的术语注解：

T 年：我们确认的年份是业绩开始出现上升趋势的时间

点——“转变年”，它是指实际股票收益显示出可见的上升转变。

X时期：紧接T年之前的相对于市场平均水平的可见的“优秀”业绩的时期。

Y时期：紧接T年之后，远远超过市场平均业绩的时期。

第三次筛选排除标准1：根据CRSP数据，公司在整个阶段显示出相对于市场平均水平的持续上升趋势——没有X时期。

第三次筛选排除标准2：公司显示出相对于市场平均水平的逐渐上升势头的平缓趋势，没有向突破业绩的明显转变。

第三次筛选排除标准3：公司表现出一个转变期，但是X时期不到10年。换句话说，转变期前一般业绩数据资料不够丰富，不能显示出基本的转变特征。在有些案例里，公司可能在转变年份以前有更长的X时期，但是在X时期股票在纳斯达克、纽约证券交易所或美国证券交易所上市交易。因此，我们没有更早的数据用来证实某个X时期。

第三次筛选排除标准4：公司显示出相对于市场平均水平的糟糕业绩并向一般业绩的转变。也就是说，我们排除那些典型的彻底改头换面的公司。那些公司摆脱了下滑趋势，然后进入与市场平行的轨道。

第三次筛选排除标准5：公司显示出一个转变期，但是出现在1985年以后。在这个时间出现的实现跨越的公司也可能是合格的候选公司，然而到我们完成调查时，无法证实它15年的相对市场平均水平的股票累计收益率是否达到3X标准。

第三次筛选排除标准6：公司表现出业绩上扬的转变期，但是这种上扬没有持续。首次上扬后，相对市场平均水平就呈现平缓或下滑趋势，一直持续到我们做出选择进行研究的时候。

第三次筛选排除标准 7：公司表现出变化无常的收益模式——大幅上升和猛烈下滑，没有明显的X时期、Y时期或T年。

第三次筛选排除标准 8：没有 1975 年前的完整的CRSP数据，无法确认某个可以核实的 10 年的X时期。

第三次筛选排除标准 9：有一个转变模式，但是公司在X时期以前显示出一段时间的辉煌业绩（上升到超过市场平均水平 20 倍）。这就提供了大量证据表明此公司是一个在困难时期暂时下滑而业绩出色的公司。典型公司是华特·迪士尼公司。

第三次筛选排除标准 10：在第三次筛选分析时，公司被收购、兼并或不再是一个独立的公司。

第三次筛选排除标准 11：公司表现出温和的转变，但是低于市场平均收益率的 1/3。

表附 1　第三次筛选分析结果

编码	进入第二次筛选的公司	第三次筛选结果
1	AFLAC	根据标准 3，被删除
2	AMP公司	根据标准 6，被删除
3	雅培公司	进入第四次筛选分析
4	阿尔本特森公司	根据标准 1，被删除
5	艾尔科标准公司	根据标准 3，被删除
6	阿利赫尼·特利丹公司	根据标准 6，被删除
7	奥尔泰尔公司	根据标准 2，被删除
8	美国运通公司	根据标准 6、7，被删除
9	美国商店公司	根据标准 6，被删除
10	安修瑟·布希公司	根据标准 2，被删除
11	应用材料公司	根据标准 5，被删除
12	阿切尔·丹尼尔斯·米德兰公司	根据标准 6，被删除

（续表）

编码	进入第二次筛选的公司	第三次筛选结果
13	自动数据处理公司	根据标准 1，被删除
14	第一银行	根据标准 6，被删除
15	纽约银行有限公司	根据标准 2，被删除
16	巴耐银行	根据标准 3、6，被删除
17	伯克希尔·哈撒韦公司	根据标准 1，被删除
18	波音公司	根据标准 1，被删除
19	布朗宁·费里斯实业	根据标准 3，被删除
20	坎贝尔汤料公司	根据标准 2，被删除
21	卡地纳保健	根据标准 8，被删除
22	克莱斯勒公司	根据标准 6，被删除
23	电路城	进入第四次筛选分析
24	可口可乐公司	进入第四次筛选分析
25	高露洁棕榄公司	根据标准 11，被删除
26	柯美利加公司	根据标准 3，被删除
27	冠群电脑国际	根据标准 8，被删除
28	计算机科学公司	根据标准 6、7，被删除
29	康尼格拉公司	根据标准 3，被删除
30	康喜可人寿保险公司	根据标准 8，被删除
31	CPC 国际（后来是贝斯特食品）	进入第四次筛选分析
32	CSX	根据标准 8，被删除
33	迪安食品公司	根据标准 7，被删除
34	迪拉德公司	根据标准 6，被删除
35	多弗公司	根据标准 3、6，被删除
36	杜邦公司	根据标准 11，被删除
37	恩格尔哈德公司	根据标准 2，被删除
38	FMC 公司	根据标准 7，被删除

（续表）

编码	进入第二次筛选的公司	第三次筛选结果
39	房利美	进入第四次筛选分析
40	第一洲际银行	根据标准 2，被删除
41	第一邦联公司	根据标准 3、6，被删除
42	弗利特金融集团	根据标准 6，被删除
43	弗利特伍德公司	根据标准 7，被删除
44	弗斯特·惠勒公司	根据标准 6，被删除
45	GPUInc.	根据标准 2，被删除
46	盖璞公司	根据标准 8，被删除
47	GEICO	根据标准 10，被删除
48	通用动力公司	根据标准 7，被删除
49	通用电气公司	根据标准 5、11，被删除
50	通用食品公司	进入第四次筛选分析
51	通用雷公司	根据标准 2，被删除
52	巨人食品公司	根据标准 6，被删除
53	吉列公司	进入第四次筛选分析
54	大西部金融公司	根据标准 3，被删除
55	孩之宝公司	根据标准 6，被删除
56	亨氏公司	进入第四次筛选分析
57	赫尔希食品公司	进入第四次筛选分析
58	惠普公司	根据标准 7，被删除
59	胡马纳公司	根据标准 3、6，被删除
60	伊利诺斯工具产品公司	根据标准 2，被删除
61	英特尔	根据标准 1，被删除
62	强生	根据标准 6、7，被删除
63	约翰森控制公司	根据标准 6，被删除
64	凯洛格公司	进入第四次筛选分析

（续表）

编码	进入第二次筛选的公司	第三次筛选结果
65	凯利服务公司	根据标准 3、6，被删除
66	KeyCorp	根据标准 3，被删除
67	金佰利公司	进入第四次筛选分析
68	克罗格公司	进入第四次筛选分析
69	礼来大药厂	根据标准 2，被删除
70	洛斯保险	根据标准 3、6，被删除
71	洛拉尔公司	根据标准 7，被删除
72	洛氏公司	根据标准 2，被删除
73	MCI通信公司	根据标准 7，被删除
74	马普托公司	根据标准 3、6，被删除
75	马斯科公司	根据标准 3、6，被删除
76	马特尔	根据标准 3、6，被删除
77	麦当劳	根据标准 7，被删除
78	梅尔维尔公司	根据标准 10，被删除
79	默克公司	根据标准 1，被删除
80	美孚石油公司	根据标准 2，被删除
81	孟山都公司	根据标准 4、5，被删除
82	摩托罗拉公司	根据标准 1，被删除
83	涅尔公司	根据标准 3、6，被删除
84	耐克公司	根据标准 1、7，被删除
85	Norwest Corp	根据标准 5，被删除
86	纽柯公司	进入第四次筛选分析
87	Olsten Corp	根据标准 1、7，被删除
88	OwensCorning	根据标准 2，被删除
89	帕卡尔	根据标准 2，被删除
90	太平洋健康系统	根据标准 8，被删除

（续表）

编码	进入第二次筛选的公司	第三次筛选结果
91	百事公司	进入第四次筛选分析
92	辉瑞制药	根据标准 1，被删除
93	道奇	根据标准 2，被删除
94	菲利普·莫里斯公司	进入第四次筛选分析
95	必能宝公司	进入第四次筛选分析
96	宝洁	根据标准 2、5，被删除
97	Progressive Corp	根据标准 3、1，被删除
98	雷声	根据标准 6，被删除
99	锐步	根据标准 8，被删除
100	纽约共和公司	根据标准 3、6，被删除
101	罗克韦尔国际公司	根据标准 3、6，被删除
102	SCI 系统公司	根据标准 7，被删除
103	SAFECO Corp	根据标准 2，被删除
104	萨拉李公司	进入第四次筛选分析
105	先灵·葆雅公司	根据标准 7，被删除
106	股份霸主公司	根据标准 7，被删除
107	肖工业公司	根据标准 3、6，被删除
108	索诺科产品公司	根据标准 3、6，被删除
109	西南航空公司	根据标准 1，被删除
110	State Street Boston Corp	根据标准 3，被删除
111	太阳信用银行公司	根据标准 8，被删除
112	思科公司	根据标准 3、6，被删除
113	天地公司	根据标准 6，被删除
114	电信公司	根据标准 3、6，被删除
115	特纳广播公司	根据标准 8，被删除
116	蒂科国际公司	根据标准 2、6，被删除

（续表）

编码	进入第二次筛选的公司	第三次筛选结果
117	泰森食品公司	根据标准 1、3，被删除
118	联合碳化物公司	根据标准 6，被删除
119	美洲银行	根据标准 2，被删除
120	VF 公司	根据标准 6，被删除
121	沃尔玛公司	根据标准 1，被删除
122	沃尔格林公司	进入第四次筛选分析
123	华特·迪士尼	根据标准 9，被删除
124	华纳·兰伯特公司	根据标准 6、7，被删除
125	富国银行公司	进入第四次筛选分析
126	温迪克西百货公司	根据标准 7，被删除

第四次筛选：从 19 家到 11 家实现跨越的公司

我们想找到实现转变的公司，不是实现转变的行业。公司在恰当时机处于热门行业，并不能说明公司有资格进入我们的研究范围。为了区分行业转变和公司转变，我们决定对剩下的 19 家公司重复 CRSP 分析，只是这次参照综合行业指数，而不是股票市场。我们将选择显示出与所在行业不具有相关性转变的公司，作为最后的研究对象。

我们通过标准普尔工业综合指数考察剩下的 19 家公司的历史，并且找到了处于转变期（5 年以内）的一组行业公司。然后，我们拿到了所有公司在行业综合指数的 CRSP 的股票收益数据。如果公司涉足多个行业，我们就使用两个独立的行业测试。接着我们设置了一个行业累计收益指数，为了做对比，我们又为转变公司设置了股票累计收益率。因此，我们能够确认和排除任何没有显示出与所在行业不具有相关性转变的公司。

通过行业分析，我们排除了 8 家公司——萨拉李公司、亨氏、赫尔希食品公司、凯洛格公司、CPC 和通用食品公司，它们大约在 1980 年，显示出相对股票市场平均水平的大幅上扬，但是没有一家公司表现出相对食品工业的转变。可口可乐和百事可乐大约在 1960 年和 1980 年股价一路狂飙，但是这种飙升完全没有发生在饮料行业。所以，最后我们选择了通过了从第一次到第四次筛选的 11 家公司，作为研究对象。（注：在第一次选择时，3 家公司—电路城、房利美、富国银行没有完整的 15 年的股票累计收益数据。我们持续监控这些数据直到 T+15 年，确保它们的业绩符合 15 年股票累计收益率是市场平均水平的 3 倍这一标准。3 家公司都做到了，所以我们在研究时保留了这 3 家公司。）

附录1.2

《从优秀到卓越》的研究项目：直接对照公司的选择

《从优秀到卓越》的直接对照分析，旨在尽可能地创造一个“历史的受控试验”。想法很简单：通过寻找和实现跨越的公司几乎同时创立、在转变期有类似机遇、行业范围和成就记录相似的公司，我们就能在研究中进行直接对照分析，从而探求在转变中发挥重要作用，使公司得以扬名的因素。我们的目标是要找到那些原本能像从优秀到卓越的公司那样实现飞跃，但实际上未能成功的公司。然后再探究其原因：究竟不同之处在哪里？我们按照以下6条标准，系统地、有条理地收集并评估了同每家实现跨越的公司形成鲜明对比的候选公司。

行业相似性：在转变期间，对照候选公司与实现跨越的公司要生产相似的产品或提供相似的服务。

规模相似性：在转变期间，对照候选公司与实现跨越的公司要具有基本相同的规模。我们采用了一个统一的评估计量标准，即在转变期对照候选公司的收益与实现跨越的公司所创收益的比值。

时代相似性：对照候选公司与实现跨越的公司要创建于同一时代。我们采用的评估计量标准是对照公司与实现跨越的公司之间的年限比值。

股市记录相似性：在跨越之前，对照候选公司股市记录中的累计收益率在趋势上应大体与实现跨越的公司保持一致。正是在转折点上，两者才会出现轨道分离，自此后者的表现远远胜于前者。

保守性测试：在转折点上，对照候选公司比实现跨越的公司皆略胜一筹。前者规模较大，利润较高，市场态势较坚挺，同时享有较好的声誉。这是一项十分重要的测试，它使我们要找的实现跨越的公司突显出来。

表面有效性：这要考虑两大因素：（1）选中列入研究的对照公司和实现跨越的公司应大致属于相同的行业；（2）在列入研究时，对照公司应不如实现跨越的公司成功。

这样，表面的有效性与保守性测试共同发挥作用：保守性测试表明了在转变前对照公司比实现跨越的公司更强大，但在纳入研究时它们肯定变得不如后者。

我们正是根据以上六大标准对对照公司进行了评估，并且依据以下4个分值算出了它们的分数。

4=对照候选公司极其符合标准，没有任何问题或资格限制。

3=对照候选公司还算符合标准，但存在少量问题或资格受限，故不能得4分。

2=对照候选公司不太符合标准，存在严重的问题，但值得关注。

1=对照候选公司根本不符合标准。

下面的列表，是每家实现跨越的公司的对照候选公司以及以6项标准衡量得出的平均分值。排在每个列表首位的公司即是被选中的直接对照公司。

雅培公司

普强公司	4.00
Richardson-Merrill	3.25
G.D.Searle&Co	3.00
斯多林药业	2.83
先灵 · 葆雅公司	2.70
必治妥 · 施贵宝公司	2.67
诺威齐华公司	2.67
帕克达维斯公司	–2.40
Smith Kline Beecham	2.33
辉瑞公司	2.33
华纳—兰伯特公司	2.17

电路城公司

Silo公司	3.40
天地公司	3.25
最佳购物	1.83

房利美

大西部金融公司	2.83
萨利梅公司	2.67
弗雷迪马克公司	2.50
H.F.Ahmanson & Co.	2.33
家庭国际公司	2.33
大陆银行公司	2.20
第一渣打银行	1.60

吉列公司

华纳—兰伯特公司	2.67
雅芳公司	2.50
宝洁公司	2.33
联合利华公司	2.33
国际芳香公司	2.33
露华浓公司	2.33
高乐氏公司	2.33
高露洁棕榄公司	2.25
旁氏公司	2.00
Bic	1.50
Alberto-Culver	1.50
美国安全剃刀公司	1.50
普雷克斯公司	1.00
Faberge	1.00

金佰利公司

斯科特纸业*	3.50
米德公司	3.50
Crown Zellerbach	3.25
圣·里吉斯造纸公司	3.13
国际造纸公司	2.92
联合阵营公司	2.67
佐治亚—太平洋公司	2.50
The Westvaco公司	2.50

（注：*之所以选中斯科特纸业，是因为它在转变前是金佰利公司更直接的对手。）

克罗格公司

大西洋和太平洋食品公司	3.17
赛福威公司	2.58
温迪克西百货	2.50
美国商店	2.42
巨人食品公司	2.33
宝石商店	2.25
艾伯森商店	2.08
食品王	1.50
联合百货	1.00

纽柯公司

伯利恒钢铁公司 *	3.00
内陆钢铁公司	3.00
美国钢铁马拉松	2.92
国民钢铁公司	2.60
佛罗里达钢铁公司	2.50
西北钢铁电线公司	2.40
内湖钢铁公司	2.40
阿利赫尼 · 特利丹公司	1.83
共和钢铁公司	1.75
利克斯公司	1.60
惠林公司	1.50

（注：* 内陆钢铁公司只是在时代相似性上得分较高，而伯利恒钢铁公司在保守性测试与表面有效性上分值较高。因此我们最后选择了伯利恒钢铁公司。）

菲利普 · 莫里斯公司

雷诺烟草公司	3.50
美洲烟草公司	3.40
利格特烟草集团	3.25
劳利拉得烟草公司	3.20

必能宝公司

信件和文件复印机公司	3.42
巴罗斯公司（现为优利公司）	2.83
史密斯 · 克罗那公司	2.58
施乐公司	2.33
NCR 公司	2.25
IBM 公司	2.00
数据控制公司	1.33

沃尔格林公司

埃克德公司	3.42
Revco D.S. Inc.	2.67
来德爱公司	2.17

富国银行

美洲银行	3.33
芝加哥第一银行	3.17
国民银行	3.17
梅隆银行	3.00
伊利诺斯大陆银行	3.00
波士顿银行	2.83
第一洲际银行	2.25
西北银行	2.17

附录1.3

《从优秀到卓越》研究项目的间接对照公司

图附 3、表附 2 展示了典型的间接对照公司的发展模式：

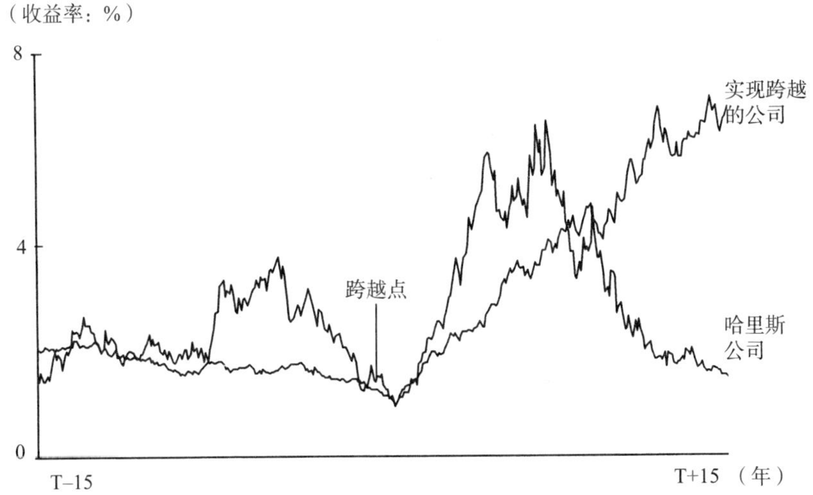

图附 3　哈里斯公司

注：一个典型的间接对照公司相对于股票市场的累计收益率 T–15 到 T+15

表附 2 间接对照公司

间接对照公司	上升年间[①]	上升年间股市累计收益率	下一个 10 年股市累计收益率[②]
宝来	10.08	13.76	0.21
克莱斯勒	5.67	10.54	0.69
哈里斯	6.42	6.63	0.16
孩之宝	6.33	35.00	0.63
乐柏美	10.83	6.97	0.31[③]
特利丹	9.42	17.95	0.22
平均值	7.92	12.15	0.26
未持续平均值	8.125	15.14	0.37
同期实现跨越的公司的平均值		2.02[④]	2.02[⑤]

注：① 这是指从开始上升到顶点整个转变期的年数，同时相对于市场间接对照公司再次开始衰落。

② 每当股市收益率低于 1，表明相对于市场价值出现衰退。比如，若比值是 0.2，那么你投资该公司的每 1 美元收益将低于同期你将这 1 美元投资于普通股票市场的所得。

③ 乐柏美的数据在达到顶峰后持续了 7.17 年有效，之后该公司被收购。

④ 按以下方法计算：对每家实现跨越的公司来说，市场累计收益率始于开始向上转变，在 8.125 年后（8.125 是落选公司上升周期的平均年数），然后按照 T+8.125 计算 11 家实现跨越公司的平均值。（在转变日分别投资 1 美元于股票市场和入选公司，在 T+8.125 年时收回。）

⑤ 按以下方法计算：对每家实现跨越的公司来说，市场累计收益率从 T+8.125 年起算，到 T+18.125 年结束，按照 T+18.125 年计算 11 家实现跨越公司的平均值。（在 T+8.125 年投资 1 美元于市场和公司，在 T+18.125 年时收回。）要是一家公司的数据在 T+18.125 年之前结束，就使用平均值中可获得的最后一个数字。比如富国银行，我们使用了 1998 年西北银行兼并前（1988 年 10 月 30 日）的最后一个数字。

附录1.4

《从优秀到卓越》调查步骤回顾

一旦选定 28 家公司（11 家实现跨越的公司，11 家直接对照公司，6 家间接对照公司），研究小组就进行了以下调查和分析。

公司规章文献

对每家公司，研究团队的成员会寻找收集有关文章和书面材料，包括：

（1）在公司整个历史上，所有发表过的有关公司的主要文章，其来源广泛，如《福布斯》《财富》《商业周刊》《华尔街日报》《国家经济》《纽约时报》《美国新闻》《新共和》《哈佛商业评论》《经济学人》，以及从行业或专题材料中选取的文章。

（2）直接从公司获得的材料，特别是主管撰写的书和文章，他们发表的演说、内部刊物、年度报告和公司其他文件。

（3）公司或外界观察家出版的有关该行业、该公司和（或）公司领导者的书。

（4）商学院案例和行业分析。

（5）商业和行业参考资料，如《美国商业领导者传记词典》《公司历史国际名录》《胡佛公司手册》《美国工业发展》，以及其他类似材料。

（6）年度报告、代理声明、分析师报告和其他有关公司，特别是公司转变期的材料。

然后，研究人员将每家公司的所有信息编录成“密码文件”，以公司建立至今的时间为序，按以下分类进行编录：

密码分类1：组织筹备。“硬件”项，如组织结构、政策和程序、制度、奖励和激励、所有制结构。

密码分类2：社会因素。“软件”项，如公司文化惯例、人文政策和惯例、标准、程序、神话和故事、团队活力、管理风格和其他相关项目。

密码分类3：商业战略和战略过程。公司战略主要因素，制定战略的过程，包括重要的并购。

密码分类4：市场、竞争对手和环境。公司竞争环境和外部环境的主要方面的主要竞争对手，竞争对手的重要活动，主要市场转移，国内外重大事件，政府规定，行业结构问题，大范围技术改造以及相关项目。其中包括公司与以华尔街为代表的金融领域的关系的数据。

密码分类5：领导。公司领导——主要主管、首席执行官、总裁、董事会成员。有关领导者换届、领导风格等有趣的数据。

密码分类6：产品和服务。公司历史上重要的产品和服务。

密码分类7：地理环境和位置。公司所在地的厂房和办公室装修、新设备等。其中包括公司关键部门选址等类似的重要决定。

密码分类8：技术运用。公司如何运用技术——信息技术、生产工艺和装置、高级技术和相关项目。

密码分类 9：洞察力、核心价值、目标和愿景。这些变量存在吗？如果存在，它们是怎样形成的？这些变量是否在公司历史的某些时期存在，而在别的时期不存在？它们起什么作用？如果公司有核心价值和明确的目标，这些价值和目标仍然是完整的，还是已经变形了？

密码分类 10a（只适用于直接对照公司）：实现跨越的公司在相应转变期内的变化或转变活动。实现跨越的公司在转变日前 10 年和后 10 年，公司所做的变革和刺激转变的主要努力。

密码分类 10b（只适用于间接对照公司）：尝试转变期。尝试转变期 10 年里公司采取的主要转变设想和相应活动。

密码分类 11（只适用于间接对照公司）：转变后的衰落。在尝试转变期的 10 年里，导致公司陷入危机的主要因素。

财务电子数据表分析

我们对每家公司进行了深入的财务分析，针对 1980 年的数据进行所有变量的计算（共 28 家公司，每家公司平均 35 年）。数据包括收集收支平衡表原始数据，计算转变期前后 10 年的以下变量：

以名义价格和实际价格（考虑通货膨胀）计算的总销售额。

销售增长

利润增长

利润盈余

销售盈利

以名义和实际价格计算的人均销售额

以名义和实际价格计算的人均利润

财产、厂房和设备

股息支付率

以百分比表示的销售费用、日常费用和行政管理费

以百分比表示的研发费用

以天计算的时间

存货周转率

资本收益

负债资本率

长期负债资本率

以百分比表示的利息

每股的高股价收益

每股的低股价收益

每股的平均股价收益

主管访谈

我们对高级管理人员和董事进行访谈，主要针对曾在转变期任职的主管。我们记录了所有访谈，将访谈内容整理成综合数据进行分析（见表附 3）。

表附 3　公司和访谈的次数

公司	访谈次数
雅培	8
电路城	8
房利美	10

（续表）

公司	访谈次数
吉列	6
金佰利	7
克罗格	6
纽柯	7
菲利普·莫里斯	6
必能宝	9
沃尔格林	8
富国银行	9
总计	84

访谈问题

（1）你能简要介绍一下与公司的关系——在公司的任期及主要工作吗？

（2）你认为转变期前后 20 年，其间公司不断创造佳绩的 5 个最重要因素是什么？

（3）现在，我们逐一分析这 5 个因素。根据 5 个因素在转变期的重要性，请以百分比的形式分别表示各因素所占比例（全部 5 个因素 = 100%）。

（4）你能解释一下前 2 个或前 3 个因素吗？你能举些具体例子来解释吗？

（5）在这个时间框架里，公司是不是有意识地进行大变革或转型呢？

（6）（如果是有意识的）你能准确说出何时公司开始做出转变这一

重要决定的（大约哪一年？）

（7）（如果是有意识的）是什么促使公司决定进行转变？公司在转变期做出重要决定和开发新战略的过程是什么？……不是做出什么决定，而是怎样做决定的？

（8）在决策时如果有外来顾问和专家参与，他们的作用是什么？

（9）如果信心值范围是1~10，在知道结果之前，你对做出的决定有多大信心？（10表示你信心十足，认为决策正确，成功可能性很大；1表示你对决策没有信心，而且决策的风险大，类似掷骰子。）

（10）（如果你的信心大于等于6）是什么使你对决策如此有信心？

（11）公司是如何落实决策的？

（12）你能举例说明吗？

（13）在转变期你的哪些措施不奏效？

（14）公司在做长期变化调整和投资的同时，如何应对华尔街的短期压力？

（15）许多公司进行大调整，但它们的努力没有产生持续效果。从优秀到卓越的转变期的一个重要方面是它产生了持续效果，而不是昙花一现。我们发现了这一点。什么原因导致这种不同？主要因素是什么？

（16）我们比较了在贵公司转变期里同行业的对照公司，但是，与实现跨越的公司不同，对照公司的长期持续效果并没有体现出来。实现跨越的公司有什么不同？其他公司能够做到像贵公司一样实现跨越，实际它们没有做到，你是怎样做到的？

（17）以你的经验和观察，能否举一个特别有说服力的例子来说明实现转变的实质是什么？

（18）你能否向我们推荐其他可以采访的对象？

转变期间和转变后的内部管理者。

外部董事或重要的公司外人物。

（19）还有应该说明，但我们没提到的问题吗？

特殊分析单元

我们编写了一系列特殊分析单元，旨在对实现跨越的公司和对照公司进行系统比较和对重要变量进行量化分析（如果有可能），继而理解其中存在的问题。

收购和撤资

本分析单元试图解释收购和撤资在从优秀向卓越转变中的作用。

目的：

- 实现跨越的公司在转变前期和转变后期在收购和撤资方面若有数据不同，那么不同在何处？
- 实现跨越的公司在收购和撤资方面，与直接对照公司有何不同？用数据支持结论。
- 实现跨越的公司在收购和撤资方面与间接对照公司有何不同？用数据支持结论。

为了进行这种分析，我们为每家公司每一年的情况建立一个数据库。

· 一年中收购清单和它们的财务状况。
· 一年中收购总量。
· 一年中总收购规模。
· 一年中撤资清单和它们的财务状况。
· 一年中所有撤资项目。
· 一年中所有撤资的总规模。

利用这些数据，我们做了 8 项主要分析：

· 实现跨越的公司：转变前和转变后。
· 实现跨越的公司和对照公司：转变前和转变后。
· 间接对照公司：转变前期 10 年和转变后期 10 年。
· 前后 10 年总结性分析：实现跨越的公司、直接对照公司和间接对照公司。
· 实现跨越的公司：转变日至现在。
· 实现跨越的公司与对照公司：转变日至 1998 年。
· 间接对照公司：转变日至 1998 年。
· 自转变日至 1998 年的总结：实现跨越的公司，直接对照公司和间接对照公司。

另外，在这种分析考察收购和撤资的定性方面，考察问题如下：

· 收购总体战略。
· 一体化收购总体战略。
· 每项收购最终成功。
· 总体收购战略的最终成功。

行业绩效分析

在这项分析中，我们对照了公司绩效和行业绩效。分析的目的是确定公司在转变期是否处于热门行业。我们建立了电子数据表，量化了每一行业与公司的数据，从而确定行业和公司的关系。

我们把每家实现跨越的公司的相关行业，与《标准普尔分析师手册》出现的从转变期至 1995 年所有其他行业做比较。

（1）对每家实现跨越的公司，确定《标准普尔分析师手册》列出的从转变年至 1995 年期间的所有行业。

（2）对每种行业，运用公司转变期至 1995 年全部收益来确定这一时期全部收益的百分比变化。

（3）根据本时期收益百分比对行业进行分类。

主管更换分析

本分析单元考察公司在历史上关键时期主管更换的情况。

通过运用《穆迪公司报告》，我们计算实现跨越公司和对照公司的主管更换频率：

转变前的 10 年里人员离职的平均比例。

转变后的 10 年里人员增加的平均比例。

转变前的 10 年里人员改换的平均比例。

转变后的 10 年里人员改换的平均比例。

对 1998 年做同样的分析。

目的：

（1）在实现跨越的公司转变的前后期里，如果存在主管变更或留任的量化差异，那么这种差异是什么？

（2）与对照公司相比，实现跨越的公司在主管变更或留任方面是怎样产生差异的？

（3）与间接对照公司相比，实现跨越的公司在主管变更或留任方面是怎样产生差异的？

首席执行官分析

我们对 3 类公司（实现跨越的公司，直接对照公司和间接对照公司）在转变期里的每届首席执行官进行定性分析。

（1）管理风格。

（2）领导角色。

（3）个人生活。

（4）他们对首席执行官具备前 3 个特点的看法。

我们考察了 56 位首席执行官。

我们也考察了 3 类公司首席执行官的个人背景和任期。我们选取所在公司于 1997 年转变，并在此之前已就任职 10 年的首席执行官为对象，进行以下项目的考察：

（1）他被从外部请来并直接就任首席执行官（即通过招聘成为首席执行官）吗？（是或不是。）

（2）他成为首席执行官之前，在公司的任职年数。

（3）他就任首席执行官时的年龄。

（4）他担任首席执行官的起止年。

（5）他担任首席执行官的年数。

（6）他就任首席执行官前担任的职务。

（7）他被选为首席执行官的因素（为何被选为首席执行官）。

（8）他的教育背景（特别是专业，如法律、商务，以及学位等）。

（9）他进公司前的工作经历和其他经历（如服兵役）。

高管报酬

本单元考察公司高管的薪资。我们收集了 28 家公司从转变期前 10 年至 1998 年期间的数据，并进行了多方面分析。

（1）所有高管和经理在转变年的薪资和奖金总和占公司纯利的百分比。

（2）首席执行官在转变年的现金总收入占公司纯利的百分比。

（3）首席执行官在转变年的薪金和红利之和占公司纯利的百分比。

（4）首席执行官的薪金和红利之和与职位处于前 4 位的经理的平均报酬的差异在转变年后 10 年占公司纯利的百分比。

（5）所有高管和经理在转变年的薪金和红利之和的平均值占公司纯利的百分比。

（6）所有高管和经理在转变年的薪金和红利总和。

（7）所有高管和经理在转变年的薪金和红利报酬的总和占销售额的百分比。

（8）所有高管和经理在转变年的薪金和红利报酬的总和占公司资产的百分比。

（9）前 4 位高管在转变年的现金总收入占纯利的百分比。

（10）前 4 位高管在转变年的薪金和红利总和占纯利的百分比。

（11）所有高管和经理在转变年的薪金和红利之和的平均值。

（12）首席执行官的薪金和红利总和占净收入的百分比。

（13）首席执行官薪金和红利总和与前4位高管薪金和红利总和平均值的差异。

（14）首席执行官薪金和红利总和与前4位高管薪金和红利总和平均值的差异占销售额的百分比。

（15）首席执行官薪金和红利总和与前4位高管薪金和红利总和平均值的差异占净收入的百分比。

（16）所有高管和经理在转变年的薪金和红利总和的平均值占销售额的百分比。

（17）所有高管和经理在转变年的薪金和红利总和的平均值占净收入的百分比。

（18）所有高管和经理在转变年的薪金和红利总和占净收入的百分比。

（19）首席执行官在转变年的现金总收入占净收入的百分比。

（20）首席执行官每年得到的股票价值在转变年占净收入的百分比。

（21）前4位高管每年得到的股票价值在转变年占净收入的百分比。

（22）前4位高管每年得到的股票价值在转变年占资产的百分比。

（23）前4位高管每年得到的股票价值在转变年占纯利的百分比。

（24）首席执行官的薪金和红利总和在转变年后10年占销售额的百分比。

（25）前4位高管的薪金和红利总和在转变年后10年占销售额的百分比。

目的：

（1）在实现跨越的公司转变的前期和后期，如果有量化差异，那么这种差异是什么？

（2）与对照公司相比，实现跨越的公司在报酬方面是怎样产生差异的？

（3）与间接对照公司相比，实现跨越的公司在报酬方面是怎样产生差异的？

裁员的作用

本节我们考察三类公司（实现跨越的公司、直接对照公司和间接对照公司），为证明裁员是提高公司业绩的重要策略寻找事实根据。

（1）在公司 1998 年转变前的 10 年里按年计算的雇员总人数。

（2）在转变年的前后 10 年能够证明裁员是提高公司业绩的事实根据。

（3）如果确实有裁员，计算出裁员人数，得出其与名义上占总劳动力的百分比。

公司所有制分析

分析重点在于确定处于转变期的各家直接对照公司的所有制之间是否有重大差异。考察以下几点：

（1）大股东和集团。

（2）董事会所有制。

（3）经理所有制。

媒体宣传分析

本单元考察围绕三类公司的媒体宣传力度。在公司转变年前10年到其后10年间，我们考察了以下几点：

（1）有关公司在转变前10年和后10年，以及总共20年间刊登的文章。

（2）有关公司在转变前10年和后10年，以及总共20年间刊登的专题报道。

（3）有关公司在转变前10年和后10年，以及总共20年间刊登的谈论“转变”“反弹”“转向”“改革”的话题的专题报道。

（4）有关公司在转变前10年和后10年，以及总共20年间刊登的基调积极的文章、中立性文章（轻微消极和轻微积极之间）、消极性文章。

技术分析

本单元考察技术的作用，主要依赖主管访谈和书面材料。

（1）先进技术运用。

（2）技术的时间安排。

（3）具体技术的选择和使用标准。

（4）对照公司在衰落期技术的作用。

比较分析的框架

最后，我们在做调查时除考察上述项目外，还建立了许多比较分析框架。虽然这些框架直接来源于调查事实，但它们不如上述项目分析严密。它们包括：

- 公司采取的大刀阔斧的行动。
- 逐渐演进与公司改革过程。
- 管理层与平等主义。
- 曾经辉煌过的对照公司衰落的原因。
- 三环理论分析及相应核心价值和目的。
- 突破前公司积累时期。
- 关于突破期刺猬理念的时间安排。
- 核心业务与刺猬理念的分析。
- 继任分析和继任者的成功概率。
- 曾经辉煌的对照公司在衰落过程中的领导者作用。

附录2.1

首席执行官：内部提升与外部引入分析

表附4至表附8列出了每家公司从内部提升与从外部引入首席执行官的总数。对每家实现跨越的公司，我们都详细考察了它在转变日之前的10年至1998年期间的所有首席执行官。对于直接对照公司，我们借用了对应的实现跨越的公司完成转变的日期，做了同样的分析。对其他间接对照公司，我们的考察期限是从它理应转变之日起的10年前至1998年。我们将所有的首席执行官都算在内，包括从外部聘用、任职只有一年甚至更短的首席执行官。

表附4 关于首席执行官的聘用途径的比较（实现跨越的公司）

实现跨越的公司	首席执行官数目	外来者数目	外来者所占百分比（%）
雅培公司	6	0	0
电路城	3	0	0
房利美	4	2	50
吉列公司	3	0	0

（续表）

实现跨越的公司	首席执行官数目	外来者数目	外来者所占百分比（%）
金佰利公司	4	0	0
克罗格公司	4	0	0
纽柯公司	2	0	0
菲利普·莫里斯公司	6	0	0
必能宝	4	0	0
沃尔格林	3	0	0
富国银行	3	0	0
合计	42	2	4.76

表附 5　关于首席执行官的聘用途径的比较（直接对照公司）

直接对照公司	首席执行官数目	外来者数目	外来者所占百分比(%)
普强公司	6	2	33
Silo公司	6	4	67
大西部金融公司	3	0	0
华纳—兰伯特公司	5	1	20
斯科特纸业	5	1	20
大西洋和太平洋食品公司	7	2	29
伯利恒钢铁公司	6	0	0
雷诺烟草公司	9	3	33
信件和文件复印机公司	10	7	70
埃克德公司	3	0	0
美洲银行	5	0	0
合计	65	20	30.77

表附 6 关于首席执行官的聘用途径的比较（间接对照公司）

间接对照公司	首席执行官数目	外来者数目	外来者所占百分比(%)
宝来公司	6	2	33
克莱斯勒汽车公司	4	3	75
哈里斯公司	5	0	0
孩之宝公司	3	0	0
乐柏美公司	4	1	25
特利丹公司	3	0	0
合计	25	6	24.00
对照组总计	90	26	28.89

表附 7 分析总结 I

项目	首席执行官总数	外来首席执行官总数	所占百分比（%）	与实现跨越公司的比值
实现跨越的公司	42	2	4.76	
直接对照公司	65	20	30.77	6.46
间接对照公司	25	6	24.00	5.04
对照组总合计	90	26	28.89	6.07

表附 8 分析总结 II

项目	公司数目	外聘首席执行官公司总数	所占百分比（%）	与实现跨越公司的比值
实现跨越的公司	11	1	9.09	
直接对照公司	11	7	63.64	7.00
间接对照公司	6	3	50.00	5.50
对照组总合计	17	10	58.82	6.47

附录3.1

行业分析排名

我们对实现跨越的公司所在的行业和《标准普尔分析师手册》中其他的行业进行了比较。比较期限是从转变之年起至1995年。比较程序如下：

（1）针对每家实现跨越的公司，确定在它转变之年至1995年间列入《标准普尔分析师手册》的所有行业。

（2）针对每一种行业，算出它从对应公司转变之年至1995年期间的总收益，从而确定在此期间总收益的百分比变化情况。

（3）根据这段时间各行业的总收益百分比，进行行业排名。

表附9表明：公司要创造卓越收益，不一定非要在卓越的行业中。

表附9　从转变之年至1995年，实现跨越的公司对应行业的绩效

公司	统计年限	参加排名行业数	公司所在行业	该行业排名	行业占有率（%）
雅培公司	1974—1995	70	药品业	28	40
电路城	1982—1995	80	特色零售业	17	21

（续表）

公司	统计年限	参加排名行业数	公司所在行业	该行业排名	行业占有率（%）
房利美	1984—1995	90	储蓄和贷款业①	69	77
吉列公司	1980—1995	76	化妆品业	19	25
金佰利公司	1972—1995	64	家用制品业	18	28
克罗格公司	1973—1995	66	食品连锁零售业	12	19
纽柯公司	1975—1995	71	钢铁业	70	99
菲利普·莫里斯公司	1972—1995②	57	烟草业	2	3.50
必能宝公司	1974—1995	70	计算机系统业	68	97
沃尔格林公司	1975—1995	71	零售药店	13	18
富国银行	1983—1995	84	主要地区银行业	64	76

注：① 储蓄和贷款业被认为是联邦国民抵押协会的最佳代表产业。

② 对菲利普·莫里斯公司的统计始于1972年，因为在此之前标准普尔指数尚未诞生。

附录4.1

对照公司的“厄运之轮”行为

直接对照公司

大西洋和太平洋食品公司

大西洋和太平洋食品公司（A&P）犹豫不决，不断转换策略，力求一次性快速解决存在的问题。公司不断召开动员大会，推行新项目，挖掘“新人”，解雇首席执行官，聘用首席执行官，继而再解雇他们。在大西洋和太平洋食品公司日趋衰落的日子里，描写这家公司的文章标题这样写道:《领奏变革号角》《唤醒巨人》《再创大西洋和太平洋食品公司辉煌》，以及《锦绣前程》。然而，这前程从未实现。

信件和文件复印机公司

由于核心业务衰退，它陷入小鸡式“天空要坠落”的恐慌。公司试图进军办公自动化领域，与IBM、施乐和柯达公司抗衡，实施“公司复兴”计划。然而这也只是幻想。当计划失败后，继任的首席执行官又发起了一场战略大转移，撤出了办公自动化领域。然而不到一年，这位首席执行官像“手术中从手术室消失的脑科大夫一样”，离职了。随后的那位首席执行官来了一次“180 度的大转弯”，企图在新兴的印刷业取得成功。但是厄运难逃，公司损失惨重。在 1984 年前的 6 年里，共有 4 位首席执行官相继卸任。随后公司两次破产，而不只是一次。

美洲银行

为了弱化规章制度，公司进入保守变革模式。在自动取款机和技术落后的情况下，公司实施追赶计划。通过聘用公司变革顾问，让他们主持“公司谈心小组”，力图成为变革的另一种翻版。同时它还引进了“啦啦队式的管理方式”。对查尔斯·施瓦布的盲目崇拜引发了文化冲突，后来通过高昂的资本代价才得以解决。接着公司钟情于太平洋银行，力图与富国银行的克罗克合并。然而并购最终失败，这给美洲银行带来了几十亿美元的损失。

伯利恒钢铁公司

公司经历了几番周折：先是多元化经营，后来聚焦钢铁业，再转回多元化经营，之后又回到钢铁业。在科技与现代化条件落后的情况下，公司全力以赴地实施追赶计划。刚开始是管理层适应工会，后来是工会配合管理层，然后是管理层配合工会，之后是工会配合管理层，反反复复，毫无定性。其间，国外的竞争对手与纽柯公司飞速发展，后来它们与伯利恒钢铁公司争夺市场份额。

埃克德公司

几次毫不相关的并购旨在大胆寻求发展契机，然而因忽略了占主导地位的刺猬理念，公司一度陷入恶性循环。公司相继购买了一家糖果公司，一家百货公司连锁店，一家证券服务机构以及一家食品服务供应商。其最大的厄运是收购了美国家用影碟公司，导致埃克德公司亏损达 3 100 万美元，后来又以低于收购价 7 200 万美元将它转卖给了天地公司。埃克德公司从此再也没有恢复实力，最终在一次所有权转让中被收购，后又被卖给了杰西潘尼公司。

大西部金融公司

公司计划没能保持前后一致，时而转向银行（力求更像一家银行），时而折回公司（力图成为多元化经营的公司）。它先是进军保险业，后从中撤出，进入房地产业，随后又折回走以融资和银行业为主的道路。"别担心人们怎样称呼我们——银行，储蓄贷款公司，甚至一匹斑马。"整家公司按一位首席执行官的个人远见运转，但是当他离任后，公司在这种笨重且不连贯的模式下不断摔跤，最后落得被动重组，委身于华盛顿共同基金的下场。

雷诺烟草公司

当公司开始走下坡路，发现自己受到反烟草势力的围攻时，公司立即采取对策，加紧实行收购，然而几次收购都考虑不周，比如对海陆公司的收购。在买下海陆公司后，雷诺烟草注入 20 亿美元的资金，试图启动此公司（然而与此同时，其烟草工厂在投资中却遭遇解体）。5 年后最终以赔本价将其卖出。每一位新任首席执行官都会带来一套全新的战略。后来，菲利普 · 莫里斯公司夺得了霸主地位，雷诺烟草公司只好求助于股权融资。其初衷只是为了扩大经营，而不是经营公司本身。

斯科特纸业

在其核心业务受到宝洁公司和金佰利公司冲击时，斯科特纸业走向另一个极端——多元化。伴随每一位首席执行官，公司都会有一条新道路、一项新方针、一个新视野。在20世纪80年代后期，公司大张旗鼓地进行了一场激进改革，但它远未达到效果。接下来是一股重组风。公司聘用了号称“链锯AI”的艾尔·邓拉普，他在一次突击裁员中裁了41%的雇员，后来他把公司卖掉了。

Silo公司

悉尼·库珀的去世使公司陷入后继无人的状态。新一代领导者为了增长而追求增长。当时电路城公司正从占有地区市场入手，建立配送中心，直至在附近每一个城镇都建起商店。鉴于这种情形，Silo公司一气之下从一个城市跳到另一个城市，四处建立商店，结果是公司形成了一个毫无体系的杂乱的商店聚合体，完全忽略了区域规模经济。公司没有恪守一个理念或构想。它先是被赛克劳丝公司收购，后来赛克劳丝公司又被迪克逊公司收购。新老板解雇了原整个管理层。

普强公司

普强公司陷入贩卖未来（未来从来都是暗淡的）和大肆宣传新产品潜力的模式，但是并没有达到预期的宣传效果。普强公司的股价变得反复无常，投机性极强，时起时伏，飘忽不定，或者只闻雷声，不见雨点。后来，它像拉斯维加斯的赌徒一样，将筹码下在“救世主产品系列”上，例如培健脱发治疗。无论是酣乐欣还是其他产品，由来已久的产品问题对于摇摆不定的股价来说，无疑是雪上加霜。最后公司不得不屈从于根除旧疾，与法玛西亚公司合并。

华纳—兰伯特公司

公司从消费产品到医疗保健品，然后再回到消费产品，接着是两者兼具，随后又是一种，再是另一种，反反复复，重心不定。每一位新上任的首席执行官都有新的想法，新的举动。他们终止以前的增长态势，在新的方向重新启动飞轮。公司也曾试图通过大胆收购，努力创造突破性进展，但是收购都以失败告终，最终公司损失达上亿美元。结果它最终投入了辉瑞公司的怀抱，把一个独立公司的动荡命运交付给了他人。

间接对照公司

宝来公司

在其上升期内，公司的首席执行官，一位才华横溢但脾气暴躁的领导者，进行了一场铺天盖地的企业再造。但是公司由于削减成本而影响了士气，人才流失严重。随后公司选择了一位软弱的继任者，他也失败了。之后他被一位“有才华的、傲气十足、进取心极强”的首席执行官替代。他谴责前任的工作，将公司带入新的方向。在一次大型重组中，400 名行政人员同时离职。鼓吹新方案的海报贴满了公司的墙壁。公司再次进行调整。后来另一位首席执行官试图进行另一次重整，开辟一个新的方向。结果只是公司更严重的衰退，以及又一位首席执行官上任。

克莱斯勒公司

在 5 年的辉煌业绩之后，公司陷入衰退危机。一位业内人士写道：“就像许多患有心脏病的病人一样，几年前他们在急诊手术中死里逃生，活下来却又重返从前不健康的生活方式中去。”公司把注意力转向意大利跑车，继而带来了许多新生意，增强了防御力。在 20 世纪 90 年代，又一次转型使公司复苏，但是公司终难逃厄运，最后被戴姆勒公司收购。

哈里斯公司

公司的辉煌史是与一位首席执行官紧密相连的。这位首席执行官心怀刺猬理念，创造了最初的飞轮效应。但是他未能将这一理念带到公司的决策层中。后来在他退休后，决策层用增长理念代替了刺猬理念。公司先是全力搞办公自动化，这后来被证明是一场灾难；接着又进行了几次毫无关联的并购；最后公司患了“雷声大，雨点小”的综合征，飞轮停止了旋转。

孩之宝公司

孩之宝是一家差点儿就符合标准的对照公司。他通过给著名玩具品牌，如G.I.Joe，不断注入新的活力，始终如一地追求刺猬理念，从而创下了不凡业绩。但实现最初转变的设计师英年早逝，他的接班人更像是第3级经理人（称职的领导者），而绝不是第5级经理人。因此，飞轮旋转的速度变慢。这位首席执行官用重整机构来摆脱困境，最后的结果是不得不从外部引进人才来重塑公司的增长。

乐柏美公司

如果有哪家公司跨越了积累阶段，那就是乐柏美公司。其转变期的首席执行官领导公司实行全面转型，这是一项富有戏剧性、杀伤力极强的事业。他甚至不惜牺牲飞轮的旋转势头，将增长视为最终发展目标。在这位首席执行官卸任后，人们才清楚地看到他是整个飞轮的原动力，而绝不是一个由系统的刺猬理念引导的强有力的团队。飞轮开始减速，公司不得不屈服于根除旧疾，并且卖掉了自己的前程。乐柏美公司从《财富》美国 500 强排行榜的首位跌落，在 5 年内被觊觎它已久的纽威尔公司收购。

特利丹公司

特利丹公司的命运随着人称“斯芬克斯”的亨利·辛格尔顿这位天才的命运而起起伏伏。公司的刺猬理念本质上就是追随亨利。辛格尔顿实现了 100 多次并购，范围涉及电子业、稀有金属业等多个领域。随着亨利的卸任，他的智慧也随他而去，公司出现了许多问题。从此，特利丹公司陷入漩涡之中，最终与艾勒格尼公司合并。

附录4.2

实现跨越的公司和对照公司收购概况

表附 10　收购分析

公司	考察期收购总数	1998 年平均收购金额（美元）	考察期出盘总数	1998 年平均出盘金额（美元）	收购策略成功率
雅培公司	21	169 818 207	5	137 217 603	+2
普强公司	25	28 138 169	7	345 320 294	不详
电路城	1	6 600 000	0	0	+3
Silo公司	4	11 424 141	0	0	–1
房利美	0	0	0	0	+3
大西部金融公司	21	97 094 394	3	235 285 336	–1
吉列公司	39	348 882 434	20	106 594 043	+3
华纳—兰伯特公司	32	337 860 155	14	174 589 830	–1
金佰利公司	22	1 171 873 946	18	338 404 045	+2
斯科特纸业	18	218 599 634	24	324 508 613	–2
克罗格公司	11	3 732 984 720	9	254 232 923	+2

（续表）

公司	考察期收购总数	1998 年平均收购金额（美元）	考察期出盘总数	1998 年平均出盘金额（美元）	收购策略成功率
大西洋和太平洋食品公司	14	154 907 076	4	—	–3
纽柯公司	2	22 322 080	3	109 744 379	+3
伯利恒钢铁公司	10	189 013 588	23	143 005 128	–3
菲利普·莫里斯公司	55	1 723 276 274	19	6 997 069 169	+1
雷诺烟草公司	36	955 695 029	29	603 549 096	–3
必能宝公司	17	97 233 030	8	209 682 701	+1
信件和文件复印机公司	19	94 309 099	9	162 484 305	–3
沃尔格林公司	11	26 013 766	8	15 534 739	+3
埃克德公司	22	84 842 102	9	103 450 742	–1
富国银行	17	1 448 694 030	6	157 643 123	+3
美洲银行	22	670 808 773	13	440 239 849	+1
宝来公司	22	648 232 383	7	264 428 815	–2
克莱斯勒公司	14	381 361 879	15	388 240 170	–1
哈里斯公司	42	123 867 786	7	125 718 587	–1
孩之宝公司	14	174 390 164	0	0	+1
乐柏美公司	20	153 344 542	5	152 718 587	+3
特利丹公司	85	64 609 576	3	38 853 138	–2

注：为了制作这张表格，我们首先测定出每家公司在转变前 10 年至 1998 年的收购总数，然后根据融资分析和定性分析对每次收购进行了评估，并给出在+3 至–3 间的一个分值。最后基于这些分值我们得出一个平均分。至于普强公司，因为时间的限制，我们未能进行一次彻底的分析研究，因此没能给它一个分值。

致　谢

如果说本书是由吉姆·柯林斯写的，那么未免言过其实：没有其他人的巨大贡献，它根本不可能面世。

感谢名单上排在最前面的是研究小组的成员。能拥有这样一个具有奉献精神的团队，我真是太幸运了。他们在这个项目上共花费了大约15 000个小时，他们在工作中给自己确立的标准对我而言是一个极大的鞭策。我一直在努力达到这一标准。当我艰难地撰写本书时，我回想起研究小组的所有成员。他们孜孜不倦，在此项目上花费了数月（甚至几年）时间。他们仿佛站在我身旁，使我深感责任重大，激励我创作出符合他们的标准、配得上他们的辛勤工作与奉献的作品。我希望本书能令他们满意。任何不尽如人意之处，均应由我负责。

这里附上《从优秀到卓越》研究小组的名单：布赖恩·J. 巴格利、斯科特·锡德伯格、安东尼·J. 奇里科斯、珍妮·库珀、杜安·C. 达菲、埃里克·哈根、莫滕·T. 汉森、莱恩·霍宁、克里斯廷·琼斯、斯科特·琼斯、斯蒂芬尼·A. 贾德、布赖恩·C. 拉森、伊夫·李、尼古拉斯·M. 奥斯古德、维基·莫瑟·奥斯古德、阿利森·辛克莱、彼德·范·杰德伦、保罗·韦斯曼、利·威尔班克斯、安伯·L. 杨。

另外，我想感谢科罗拉多大学商学院的丹尼斯·B. 诺克，是他引荐并帮助我挑选最优秀的研究生加入研究团队。挑选最合适的研究小组成员是这个研究项目取得成功最重要的步骤，丹尼斯在为研究小组挑选优秀人选的过程中起到了极其重要的作用。我还要感谢科罗拉多大学的卡罗尔·克里斯曼和她在威廉·M. 怀特商务图书馆的全体同人，他们都非常具有奉献精神，耐心帮助研究小组的成员搜寻各种隐秘的信息。除此之外，我想感谢马莎·乔·桑尼、琼·惠伦、莱内特·雷克尔、贝蒂·格里比和迪娜·麦凯等。

我还要特别感谢那些眼光敏锐的试读者，他们耗费了大量时间阅读书稿，针对需要改进的地方给我们提出了反馈意见。虽然有些反馈意见令我们倍受打击，但它们也是非常有益的。他们一直使我坚信这个项目很有潜力。我要感谢他们的坦率和真知灼见。

我们有幸得到实现跨越的公司的高管的参与。他们在一两个小时的采访和随后的谈话中耐心地回答了我们的问题。我希望本书能最好地体现他们取得的成就。他们是美国商界真正的无名英雄。

在这些公司中，对我们的研究工作帮助很大的人不胜枚举。他们帮助我们安排采访，提供关键的文件和信息。在此，我要特别感谢：雅培公司的戴维·A. 鲍德温、凯瑟琳·巴宾顿、安·费伊威德曼和米里亚姆·特朗斯罗德·韦尔蒂；电路城公司的安·M·科利尔；房利美的约翰·P. 迪夸罗；吉列公司的戴维·A. 福什和尼尔·M. 弗里齐；金佰利的蒂纳·巴里（感谢她的帮助和她关于达尔文·E. 史密斯的见解）；金佰利公司的莉萨·克劳奇和安吉·麦科伊；克罗格公司的杰克·科尼特；纽柯公司的特里·S. 里森比和科尼利亚·韦尔斯；菲利普·莫里斯公司的蒂莫西·A. 索姆波尔斯基和史蒂文·C. 帕里什；必能宝公司的谢里尔·Y. 巴特尔斯和戴安娜·L. 拉索；沃尔格林公司的托马斯·L. 马莫瑟和劳里·L. 迈耶；富国银行的直田尚通。

我想特别感谢：黛安娜·康帕格诺·米勒（在富国银行是她为我们打开层层大门）、约翰·S.里德（在菲利普公司是他为我们打开层层大门）、沙伦·L.沃泽尔（她在电路城公司为我们打开层层大门）、卡尔·M.布劳尔（他向我们提供了他对电路城公司的看法，并慷慨地让我们分享他的手稿）、詹姆斯·G.克劳森（他向我们提供了有关电路城公司的案例和他的见解）、卡伦·刘易斯（她在惠普公司档案处为我们提供帮助）、特蕾西·拉塞尔和她在证券价格研究中心的同事们（他们的辛勤工作确保了我们得到最新的数据）、尼克·萨戈、马文·布莱斯勒（感谢他的见解和智慧）、布鲁斯·伍尔珀特（他帮助我理解了机制的概念，而且令我至今仍然受益）、杰弗里·T.卢夫蒂格博士（感谢他担任我们的智囊）、威廉·布里格斯教授（感谢他将复杂的问题分解为简单且有用的问题）、斯托克代尔将军（感谢他的宝贵教导）、珍妮弗·富特尼克（在她的创意下我们创建了麦肯锡沙龙，并由此开始了这个项目），还有比尔·米汉（他给我们带来了最初的思想火花）。

在此我要特别感谢这项研究的导师杰里·波勒斯，詹姆斯·J.罗宾，他们在本书涉及的图表方面给了我极大帮助，而彼得·金斯堡是我在出版界值得信任的合作伙伴和顾问，丽莎·伯克维茨创造了奇迹，还有阿德里安·扎克黑姆，他从一开始就对本书充满信心，并给予热情的支持。

最后，我要深深感谢上帝让我幸运地娶到乔安娜·厄恩斯特。自我们结婚20年来，她一直容忍我有些神经质的性格，对我忘情于各种研究项目也不加干预。她不但是使我获益最大的批评者，而且是从不间断地给我最大支持的人。随着岁月流逝，你的爱人爱汝弥深，敬汝日盛，这才是人生成功的终极定义。如此说来，希望和她一样的成功者，舍我其谁。

译后记

一个作者在出版了成名作后，若想再创辉煌，往往像跳高运动员想要打破自己创造的纪录一样困难重重。但是，吉姆·柯林斯是一个例外。1994 年他和杰里·波勒斯出版了《基业长青》这本 20 世纪 90 年代的管理力作，2001 年年初又出人意料地推出了又一力作——《从优秀到卓越》。

《基业长青》对美国一些大公司永续成功经营的深层原因进行了探索，得出的结论真实可信，具有很大的现实指导意义。该书出版后的第二年即被《产业周刊》评为 1995 年头号商业畅销书，《今日美国》更是称之为“继《追求卓越》之后最引人瞩目的企业研究力作”。《华尔街日报》称之为“一本异乎寻常的书，很值得一读”。目前它的英文版重印超过 70 次，销售 100 多万册，并且已被译成 16 种语言在全球发行。

简单地说，《基业长青》说明了卓越的公司为何能历经上百年而长盛不衰，又是如何从创业时就将长期可持续的特征注入企业的DNA这样一个道理。但是，生来并不具备卓越DNA的公司怎么办？优秀的公司，一般的公司，甚至是很糟糕的公司，怎样成为一个能持续创造非凡业绩的企业？为什么有的公司实现了大跨越，而其他公司却没有？在长达 5 年的时间里，这个问题一直困扰着柯林斯的头脑。哪些公司可以摆脱平庸的万有引力，从大众化的泥沼中脱颖而出，实现长期的卓越？这些公司又具有哪些普遍的显著特征，使得它们能够从优秀转变为卓越呢？

怀着这样的好奇心和追求真理的决心，柯林斯和他的 21 人研究小组，对 1965 年至 1995 年 30 年间出现在《财富》500 强排行榜上的 1 435 家企业进行了逐一分析，从中找出了 11 家企业，它们实现了从优秀业绩到卓越业绩的跨越，并保持 15 年以上。在此期间，这些公司的平均股票收益是大盘股指的 6.9 倍，而像通用电气这样的超级公司也只有 2.8 倍。沃尔格林、电器城、房利美等 11 家实现跨越的公司为什么比耀眼的巨星，如英特尔、可口可乐、通用电气和默克的综合股指还要高出 2 倍以上呢？

为了发现黑匣子里的奥秘，柯林斯和他的研究小组将实现跨越公司与两组精心挑选出来的对照公司，即“直接对照公司”和“未能保持卓越的对照公司”进行对比，分析它们之间的差别。经过仔细分析 28 家公司的整个历史，包括数以吨计的全部资料和几万页的采访记录，他们终于发现了从优秀到卓越的内在机制和决定性因素。

- 第 5 级经理人：与一些个性十足、上头条、做名流的公司领导者相比，实现从优秀到卓越跨越公司的领导者似乎是从火星上来的。这些领导者都是矛盾的混合体：个性谦逊，但又表现专业。
- 先人后事：一般人会以为，实现跨越公司的领导者会从建立一套新构想、新策略入手。相反，他们首先请进合适的人，请出不合适的人，并令合适的人各就其位。尤其重要的是，这些慧眼识珠的领导者对待人才的观念：他们看重的是人才的内在素质，而非学历、专业背景和工作经历。（这对目前中国企业以及其他所有的组织形式主义的用人制度是个极大的提醒。)

- 刺猬理念：要想完成从优秀到卓越的转变，就必须超越仅仅是称职这一局限，如果因为某项业务是你的主营业务，或仅仅因为你在这一行已经干了好几年或几十年，就认为自己在这一行能做到最好，那么你就大错特错了。关键是要找到自己擅长的业务，只有令你心醉神迷的事业才会是你的前途所在。
- 训练有素的文化：有着训练有素的文化的公司并不多见，当把训练有素的文化和企业家的职业道德融合在一起时，你就得到了神奇的创造卓越业绩的炼金术。
- 技术加速器：实现跨越的公司对技术的作用有不同的理解，它们不把技术作为引发变革的首要工具，但它们均是运用技术的先锋。
- 飞轮与厄运之轮：那些发起革命、推行激动人心的变革和实行翻天覆地重组的公司，几乎注定不能完成从优秀到卓越的飞跃。只有当你做事的方式可以使人看得到并且感觉得到动能在积蓄时，人们就会站在你的一边支持你。相反，那些希望略过积累阶段，直接跳跃到突破阶段的公司注定会陷入厄运之轮。

诚然，这本书给我们的启发远远不止这些要点。一向话语犀利而刻薄的管理大师彼得·德鲁克对该书给予了高度评价，他认为："这本书经过精心研究，写得很好。它瓦解了时下绝大多数热门管理理论和实践——从对超级首席执行官的崇拜，对IT的热炒，到兼并和收购的狂潮，不一而足。它不会使平庸的公司成为优秀的公司，但是，它会使优秀的公司成为卓越的公司。"

说到底，宇宙间的道理是相通的：无论是公司还是其他组织，甚至是个人的行为，书中的道理均有很大的实战意义。因为所谓战略的根本点就是以奇用兵，出奇制胜。追随别人的道路，做到最好，也只是一流的“二流子”。流行的时候一哄而上，往往赶上个溃烂的尾巴。相反，战略定位意味着采取与竞争对手不同的行动，或以不同的方式从事相同的行为。因此，这本另类的管理宝典可能比流行的MBA课程有意义得多，它值得每一个追求极致和辉煌的人阅读。

俞利军

ljyu@uibe.edu.cn

对外经济贸易大学教授